*Lithographie nach John Martins Ölgemälde* The Temptation *(1933/34); bis vor kurzem als Aquarellarbeit Charlotte Brontë zugeschrieben. Eine Inspirationsquelle für die Vorstellung der »großen Bucht von Glass Town«?*

# CHARLOTTE BRONTË ERZÄHLUNGEN AUS ANGRIA

Herausgegeben und mit
einem Nachwort versehen von
Jörg Drews
Aus dem Englischen von
Michael Walter und Jörg Drews
Insel Verlag

Mit 14 Abbildungen
und einem Frontispiz

Erste Auflage 1987

Satz: Fotosatz Otto Gutfreund, Darmstadt
Druck: Nomos Verlagsgesellschaft, Baden-Baden
Printed in Germany

# *Inhalt*

*Anhang*

## *Die Geschichte dieses Jahres*

Einmal hat Papa meiner Schwester Maria ein Buch geliehen. Es war ein altes Erdkundebuch und sie schrieb auf sein Vorsatzblatt: »Papa hat mir dieses Buch geliehen«. Dieses Buch ist hundert und zwanzig Jahre alt; es liegt in diesem Augenblick vor mir. Während ich dies schreibe, bin ich in der Küche des Pfarrhauses, Haworth; Tabby, das Hausmädchen, spült gerade nach dem Frühstück, und Anne, meine jüngste Schwester (Maria war meine älteste), kniet auf einem Stuhl und betrachtet ein paar Törtchen, die Tabby gerade für uns gebacken hat. Emily ist im Wohnzimmer und bürstet es, Papa und Branwell sind nach Keighley gegangen. Tante ist droben in ihrem Zimmer und ich sitze am Tisch und schreibe dies in der Küche. Keighley ist eine kleine Stadt vier Meilen von hier. Papa und Branwell wollen die Zeitung holen, den *Leeds Intelligencer,* eine ganz hervorragende Tory-Zeitung, die Mr. Wood und der Besitzer, Mr. Henneman, herausgeben. Wir haben zwei Zeitungen abonniert und lesen noch drei weitere pro Woche. Abonniert haben wir den *Leeds Intelligencer,* Tory, und den *Leeds Mercury,* Whig, herausgegeben von Mr. Baines, und seinem Bruder, Schwiegersohn und seinen zwei Söhnen, Edward und Talbot. Außerdem lesen wir *John Bull;* der ist entschieden Tory, ganz heftig. Dr. Driver leiht uns den, wie gleichermaßen auch *Blackwood's Magazine,* die tüchtigste Zeitschrift, die es gibt. Der Herausgeber ist Mr. Christopher North, ein alter Mann von vierundsiebzig Jahren; der 1ste April ist sein Geburtstag; seine Mitherausgeber sind Timothy Tickler, Morgan O'Doherty, Macrabin Moredecai, Mullion, Warnell und James Hogg, ein Mann von höchst außergewöhnlichem Geist, ein schottischer Schäfer. Unsere Spiele wurden eingerichtet: *Junge Männer,* Juni 1826; *Unsere Kameraden,* Juli 1827; *Die Inselleute,* Dezember 1827. Dies sind unsere drei großen Spiele, die nicht geheimgehalten werden. Emilys und meine Bettspiele wurden angefangen am 1. Dezember 1827; die andern im März 1828. Bettspiele heißt geheime Spiele; die sind sehr schön. Alle unsere Spiele sind sehr seltsam. Ihre Art brauche ich nicht zu Papier zu bringen, denn ich glaube, daß ich sie immer im Gedächtnis behalten werde. Das Spiel *Junge Männer* ist entstanden aus ein paar Holzsoldaten, die Branwell hatte; *unsere Kameraden* aus *Aesops Fabeln;* und *Die Inselleute* aus verschiedenen Ereignissen, die passiert sind. Ich will den Anfang unserer Spiele ausführlicher hinschreiben, wenn ich kann. Zuerst *Junge Männer.* Papa kaufte Branwell ein paar Holzsoldaten in Leeds; als Papa nach Hause kam, war es Nacht und wir waren im Bett, also kam Branwell am andern Morgen an unsere Zimmertür mit einer Schachtel mit Soldaten. Emily und ich sprangen aus dem Bett, und ich griff mir einen heraus und rief aus: »Das ist der Herzog von Wellington! Das soll der Herzog sein!« Als ich das gesagt hatte, nahm Emily ebenfalls einen heraus und sagte, der solle ihrer sein; als Anne herunter kam, sagte sie, einer solle ihrer sein. Meiner war der hübscheste von allen, und der größte, und der vollkommenste in jedem Körperteil. Der von Emily war ein gravitätisch aussehender Bursche, und den nannten wir »Gravey«. Der von Anne war ein seltsames kleines Ding, ziemlich wie sie selbst, und den nannten wir »Laufbursche«. Branwell wählte seinen aus und nannte ihn »Buonaparte«.

12ten März 1829.

# *Eine romantische Erzählung*

## I. KAPITEL
## Das Land der Dschinnen

Eine Überlieferung besagt, daß vor einigen tausend Jahren zwölf Männer aus Britannien, von höchst riesiger Statur, und zwölf Männer aus Gallien, ins Land der Dschinnen hinüber kamen und während sie dort weilten einander unablässig bekriegten; und, nachdem sie viele Jahre geblieben waren, wieder nach Britannien und Gallien zurückkehrten. Und in den bewohnten Teilen des Dschinnenlandes gibt es jetzt keine Spuren mehr von ihnen, obwohl man sagt, daß einige kolossale Skelette gefunden worden sind in diesem wilden, unfruchtbaren Land, der bösen Wüste.

Aber ich habe ein Buch gelesen betitelt »Die Reisen des Kapitän Parnell«, woraus das Nachstehende ein Auszug ist:

›Ungefähr um vier des Nachmittags sah ich eine dunkle rote Wolke im Osten sich erheben, die nach und nach größer wurde, bis sie den ganzen Himmel bedeckte. Wie die Wolke sich ausdehnte, erhob sich der Wind zu einem furchtbaren Hurrikan. Der Wüstensand begann sich zu bewegen und wogte wie die Wellen des Meeres. Sobald ich dies sah, warf ich mich auf mein Gesicht und hielt den Atem an, denn ich wußte, daß dies der Tornado oder Wirbelwind war. Ich verharrte in dieser Haltung für drei Minuten; denn nach Verlauf dieser Zeit wagte ich aufzuschauen. Der Wirbelwind war vorbeigezogen und hatte *mich* nicht verletzt, aber nahebei lag mein armes Kamel ganz tot. Bei diesem Anblick konnte ich mich des Weinens nicht enthalten; aber meine Aufmerksamkeit wurde bald durch einen anderen Gegenstand abgelenkt. Ungefähr einhundert Yards entfernt lag ein riesiges Skelett. Ich rannte sofort hin und untersuchte es eingehend. Während ich die lange, geisterhafte Gestalt anstarrte, die da auf dem Sand vor mir ausgestreckt lag, kam mir der

Gedanke in den Sinn, daß dies das Skelett eines jener alten Britannier sein könnte, die, so sagt uns die Überlieferung, aus ihrer Heimat in dies böse Land kamen und hier elendiglich zugrundegingen. Während ich diesem Gedankenzug nachhing, bemerkte ich, daß es mit einer langen Kette aus rostigem Eisen gefesselt war. Plötzlich klirrte das Eisen, und die Gebeine machten Anstalten, sich zu erheben, aber ein großer Berg Sandes wälzte sich über das Skelett mit einem mächtigen Getöse, und als der Staub, der die Sonne verdeckt und alles in Dunkelheit gehüllt hatte, sich verzog, war keine Spur mehr zu entdekken, die einem zukünftigen Reisenden zeigen würde, wo die Gebeine gelegen hatten.‹

Sollte nun dieser Bericht wahr sein – und ich sehe keinen Grund, warum wir annehmen sollten, er sei es nicht –, so können wir, denke ich, billigerweise schließen, daß diese Skelette böse Dschinnen sind, in Ketten gelegt in diesen Wüsten durch die Fee Maimoune.

Es gibt mehrere andere Überlieferungen, aber sie sind alle so obskur, daß ihnen keine Verläßlichkeit zuzubilligen ist.

## II. KAPITEL
## Die Entdeckungsreise

Im Jahre 1793 setzte die »Invincible«, 74 Kanonen, die Segel und verließ mit günstigem Wind England; ihre Besatzung, zwölf Mann, jeder gesund und kräftig und besten Mutes. Ihre Namen wie folgt:

Marcus O'Donell,
Ferdinand Cortez,
Felix de Rothesay,
Eugene Cameron,
Harold FitzGeorge,
Henry Clinton,
Francis Stewart,
Ernest Fortescue,
Gustavus Dunally,
Frederick Brunswick, und
Arthur Wellesley.

Also, wie ich schon sagte, gingen wir mit günstigem Wind von England unter Segel am 1ten März 1793. Am 15ten kamen wir in Sichtweite von Spanien. Am 16ten landeten wir, kauften Ergänzungen unseres Proviantes etc. und setzten am 20ten wieder Segel. Am 25ten, um Mittag, rief Henry Clinton, der in den Wanten hing, er sehe das Ochsenauge.

In einer Minute waren wir alle an Deck, und aller Augen starrten begierig und ängstlich zu dem Berg hin, über dem wir am Himmel den ominösen Wolkenfleck hängen sahen. Sofort wurden die Segel eingeholt, auf dem Schiff alles festgezurrt, und das Rettungsboot wurde zum Aussetzen bereitgemacht für den äußersten Fall.

Als wir dergestalt alles fertiggemacht hatten, zogen wir uns in die Kabine zurück, und jeder schaute so schafsmäßig wie möglich aus und nicht im geringsten geneigt, unserem Schicksal wie Männer entgegenzutreten. Einige von uns begannen zu weinen; doch wir warteten lange Zeit und hörten kein Geräusch des Windes, und die Wolke nahm nicht zu an Größe.

Schließlich rief Marcus O'Donell aus: »Ich wollte, es ginge entweder vorwärts oder rückwärts.«

Dafür tadelte Stewart ihn, und Ferdinand gab ihm eine Ohrfeige. O'Donell erwiderte dies Kompliment; aber just in diesem Moment hörten wir das Geräusch des Windes, und Ronald brüllte: »Die Wolke ist so groß wie ich!«

Brunswick zog Ronald vom Fenster weg und befahl ihm, den Mund zu halten. Ronald sagte, das werde er nicht, und begann zu singen. Felix de Rothesay legte seine Hand über Ronalds Mund. H. FitzGeorge packte Rothesay von hinten an der Kehle. E. Fortescue hielt seine Faust in O'Donells Gesicht, und Marcus streckte Ernest zu Boden. Cameron sandte Clinton per Fußtritt ans andere Ende der Kabine; und Stewart brüllte so laut, sie sollten ruhig sein, daß er den größten Lärm von allen machte.

Aber plötzlich ließ sie alle ein gewaltiger Blitzschlag und ein großes Donnerrollen verstummen. Der Wind erhob sich, und die Planken unseres Schiffes ächzten. Ein weiterer Blitzschlag, heller und schreckenerregender als der erste, spaltete unseren Hauptmast und trug unser Vortoppsegel davon; und nun wurden die Blitzschläge schrecklicher, und der Donner dröhnte fürchterlich. Der Regen ergoß sich in Sturzbächen, und die Windstöße waren laut und schrecklich. Die Herzen auch der tapfersten Männer unserer Gruppe verzagten jetzt, und auch der Oberschiffsarzt hatte Angst.

Endlich legte sich der Sturm, aber wir stellten fest, daß er uns von unserem Kurs abgetrieben hatte, und wir wußten nicht, wo wir waren.

Am 30ten rief G. Dunally, der an Deck war: »Land!«

Darüber waren wir alle aufs äußerste erfreut. Am 31ten erreichten wir es und fanden, daß es die Insel Trinidad war.

Wir setzten unser Schiff instand und nahmen Verpflegung und Wasser zur Einlagerung auf und setzten erneut die Segel am 5ten Mai. Es wäre endlos, alle unsere Abenteuer im Südatlantik zu beschreiben. Es möge genügen zu sagen, daß, nach manchen Stürmen, in denen wir weit von unserem Kurs abgetrieben wurden und nicht wußten, in welcher Weltgegend wir waren, wir endlich Land entdeckten. Eine Zeit lang segelten wir an der Küste entlang, um einen guten Landeplatz zu finden. Schließlich fanden wir einen.

Wir landeten am 2ten Juni 1793. In einem kleinen Hafen gingen wir mit unserem übel zugerichteten Schiff vor Anker und drangen dann ins Land hinein vor. Zu unserer großen Überraschung fanden wir es bebaut. Getreide einer bestimmten Sorte wuchs sehr reichlich, und es gab ausgedehnte Pflanzungen mit Palmen, desgleichen eine große Zahl von Mandelbäumen. Es waren auch viele Oliven da und ausgedehnte Anlagen von Reis. Wir waren höchlich überrascht von diesen Anzeichen einer Bewohntheit des Landes. Es schien Teil eines unermeßlichen Kontinents zu sein.

Nachdem wir etwa zwei Meilen gegangen waren, sahen wir in einiger Entfernung zwanzig gut bewaffnete Männer. Wir trafen sofort Gefechtsvorbereitungen, da jeder von uns Pistole, Schwert und Bajonett hatte. Wir standen still, und sie kamen näher. Als sie ganz nahe zu uns gekommen waren, verharrten sie ebenfalls. Sie schienen höchlich überrascht über uns, und wir hörten einen von ihnen sagen: »Was für seltsame Leute!«

Der Häuptling sagte dann: »Wer seid ihr?«

Wellesley antwortete: »Wir wurden von einem Sturm an eure Küste geworfen und erbitten Aufnahme.«

Sie sagten: »Die sollt ihr nicht haben.«

Wellesley: »Dann werden wir sie uns einfach nehmen!«

Wir machten uns kampfbereit; sie taten dasselbe.

Es wurde ein sehr heftiger Zusammenprall, doch wir obsiegten: töteten zehn, nahmen den Häuptling gefangen, verwundeten fünf, und die übrigen vier zogen sich zurück.

Der Häuptling war ganz schwarz, sehr hochgewachsen; er hatte grimmige Züge und die feinsten Augen, die ich je sah. Wir fragten ihn nach seinem Namen, doch er wollte nicht sprechen. Wir fragten ihn nach dem Namen seines Landes, und er sagte: »Ashanti«.

Am nächsten Morgen kam eine Abordnung von zwölf Männern zu unsern Zelten und brachte Lösegeld für ihren Häuptling, desgleichen einen Friedensvorschlag von ihrem König. Diesen nahmen wir an, da er von für uns höchst vorteilhaften Bedingungen ausging. Unmittelbar nachdem der Friedensvertrag geschlossen war, machten wir uns daran, eine Stadt zu bauen. Die Stelle lag in der Mitte einer großen Ebene, begrenzt im Norden von hohen Bergen, im Süden vom Meer, im Osten von düsteren Wäldern und im Westen von bösen Wüsteneien.

Ungefähr einen Monat, nachdem wir unsere Stadt begonnen hatten, stießen uns die folgenden Abenteuer zu:

Eines Abends, als wir alle im großen Zelt versammelt waren und die meisten von uns um das Feuer saßen, das in der Mitte des Pavillons loderte, und dem Sturm lauschten, der außerhalb unseres Lagers tobte, trat tödliches Schweigen ein. Keiner von uns wollte sprechen, noch viel weniger lachen, und die Weinbecher standen bis zum Rande gefüllt auf dem runden Tisch. Inmitten dieses Schweigens hörten wir den Klang einer Trompete, der von der Wüste her zu kommen schien. Im nächsten Augenblick rollte ein Donnergrollen durch den Himmel, welches die Erde bis zu ihrem Mittelpunkt zu erschüttern schien.

Da waren wir alle schon auf den Beinen und von Schrecken erfüllt, der sich in Entsetzen verwandelte beim nochmaligen Erschallen der schrecklichen Trompete. Wir alle stürzten aus dem Zelt mit einem Schrei nicht des Mutes, sondern der Angst; und dann bot sich uns ein so schrecklich großartiger Anblick, daß noch jetzt, wenn ich aus der Entfernung von vierzig Jahren von dieser grausigen Nacht dieses Anblicks gedenke, meine Glieder zittern und mein Blut vor Angst erkaltet. Hoch in den Wolken stand ein großer und schrecklicher Riese. In seiner rechten Hand hielt er eine Trompete, in seiner linken zwei Pfeile mit feurigen Spitzen. Auf einer Donnerwolke, die vor ihm rollte, ruhte sein Schild. Auf seiner Stirn stand geschrieben: »Der Dschinn des Sturmes«. Weiter schritt er über die schwarzen Wolken, die unter seinen Füßen sich wälzten, und ohne der heftigen Blitze zu achten, die um ihn herum zuckten. Bald hörte der Donner auf und der Blitz krachte nicht mehr so grell.

Die rauhe Stimme des Sturms wurde gedämpft, und ein zarteres Licht als das des Feuers der Elemente verbreitete sich über das Antlitz des nun wolkenlosen Himmels. Der stille Mond erstrahlte in der Mitte des Firmaments, und die kleinen Sterne schienen sich ihres Funkelns zu freuen. Der Riese war auf die Erde niedergestiegen; er näherte sich der Stelle, an der wir zitternd standen, und beschrieb drei Kreise in der Luft mit seinem flammenden Krummschwert; dann erhob er die Hand, um zuzuschlagen. In dem Moment hörten wir eine laute Stimme sagen: »Dschinn, ich befehle dir einzuhalten!«

Wir sahen uns um und erblickten eine Gestalt so groß, daß der Dschinn im Vergleich dazu nur ein mickriger Zwerg schien. Sie warf uns einen freudigen Blick zu und verschwand.

## III. KAPITEL
## Die Wüste

Der Bau unserer Stadt ging glücklich voran. Die Halle der Gerechtigkeit war vollendet, die Festungsanlagen waren fertiggestellt, das Große Gästehaus wurde in Angriff genommen, der Große Turm war bereits beendet.

Eines Nachts, als wir in der Halle der Gerechtigkeit versammelt waren, rief Arthur Wellesley, damals ein gemeiner Trompeter, plötzlich, als wir über unser Glück sprachen, aus:

»Sieht nicht der König der Schwarzen unseren Reichtum mit anderen Augen als unseren an? Wäre es nicht am besten, sofort nach England zu senden, denen von der neuen Welt, die wir entdeckt haben und von den Reichtümern darin zu berichten; und glaubt ihr nicht, daß sie uns eine Armee schicken würden?«

Francis Stewart erhob sich sofort und sagte: »Junger Mann, denk nach, bevor du sprichst! Wie könnten wir nach England schicken? Wäre jemand zu finden, der beherzt genug wäre, den Atlantik nochmals zu überqueren? Erinnerst du dich nicht des Sturmes, der uns an den Strand von Trinidad warf?«

Arthur Wellesley antworte: »Es geschah in aller angemessenen Ehrerbietigkeit, daß ich es wagte, den Ansichten von Männern, die älter und erfahrener sind als ich, zu widersprechen; und nur nach vieler Überlegung habe ich gesagt, was ich sagte. Sehr wohl erinnere ich mich des Sturms, der uns zwang, Zuflucht bei Fremden zu suchen. Ich bin nicht so unbesonnen anzunehmen, daß wir aus eigener Kraft den Ozean in den beschädigten und undichten Schiffen, die wir besitzen, überqueren könnten, oder daß wir ein andermal genug bauen könnten, um die Gefahr abzuwenden, deren Kommen ich fürchte. Aber in welch kurzer Zeit haben wir doch die Stadt gebaut, in der wir jetzt sind! Wie lange hat es gebraucht, die Große Halle zu errichten, wo wir jetzt sind? Sind diese Marmorsäulen und das feierliche Gewölbe nicht von übernatürlichen Kräften erbaut worden? Wenn du von diesem gotischen Fenster auf die Stadt schaust und die Strahlen des Morgens die die Zinnen der mächtigen Türme vergolden siehst und die Säulen der glänzenden Paläste, die in wenigen Monaten hochgezogen wurden – kannst du dann leugnen, daß bei ihrer Errichtung Zauberkraft im Spiel war?«

Hier hielt er inne. Wir waren alle überzeugt, daß die Dschinnen uns die Stadt zu bauen geholfen hatten. Er fuhr fort:

»Wenn also die Dschinnen uns unsere Stadt gebaut haben, werden sie dann nicht gleicherweise helfen, unsere Landsleute zur Verteidigung dessen herbeizuholen, was sie trotz der feindlichen Angriffe erbaut haben?«

Er hielt wieder inne, denn das Dach erzitterte und die Halle füllte sich mit Rauch. Die Erde tat sich auf, und wir hörten eine Stimme sagen: »Wenn die Sonne über den Wäldern des Ostens erscheint, so seid alle an der Grenze zur bösen Wüste. Versäumt ihr dies, so werde ich euch zu Atomen zerschmettern.«

Die Stimme verstummte, der Boden schloß sich, und der Rauch verzog sich. Für Beratungen blieb uns keine Zeit; zur Wüste waren es zehn Meilen, und jetzt war es Mitternacht. Wir brachen sofort auf mit dem Herzog von York an unserer Spitze. Wir erreichten die Wüste ungefähr um 4 Uhr morgens, dort hielten wir. Weit im Osten gürtete die lange schwarze Linie der düsteren Wälder den Horizont. Im Norden erschienen die Jibbel-Kumri-Mondberge als dunstiger Grenzstreifen vor der Ebene von Dahomey; im Süden bewachte der Ozean die Küsten Afrikas; vor uns im Westen lag die Wüste.

In wenigen Minuten sahen wir einen dichten Dampf vom Sand aufsteigen, der nach und nach sich sammelnd die Form eines Dschinnen annahm, der größer war als einer der Riesen. Er bewegte sich auf uns zu und rief mit lauter Stimme: »Folgt mir!«

Wir gehorchten und betraten die Wüste.

Nachdem wir lange Zeit gegangen waren, gebot uns um Mittag der Dschinn, uns umzusehen. Wir waren nun ungefähr in der Mitte der Wüste. Nichts war fern oder nah zu sehen als weite Sandflächen unter brennender Sonne und wolkenlosem Himmel. Wir waren schrecklich ermattet und baten den Dschinn, uns einen Halt zu gestatten, aber er befahl uns, sofort weiterzugehen. Wir nahmen daher unseren Marsch wieder auf und legten einen langen Weg zurück, bis die Sonne unterging und der bleiche Mond im Osten sich erhob. Auch einige wenige Sterne waren nun undeutlich zu sehen, aber noch war der Sand brennend heiß, und unsere Füße waren sehr geschwollen. Endlich befahl uns der Dschinn anzuhalten und uns hinzulegen. Wir fielen bald in Schlaf. Wir hatten ungefähr eine Stunde lang geschlafen, als der Dschinn uns weckte und weiterzugehen befahl. Der Mond war nun aufgegangen und erstrahlte hell in der Mitte des Himmels – weitaus heller als je in unserem Land. Der Nachtwind hatte den Wüstensand etwas abgekühlt, so daß wir entspannter gingen als vorher; aber bald erhob sich ein Dunst, der die ganze Ebene bedeckte. Durch ihn hindurch glaubten wir ein schwaches Licht ausmachen zu können. Desgleichen hörten wir jetzt Klänge von Musik in großer Entfernung.

Als der Dunst sich verzog, wurde das Licht immer deutlicher, bis es in fast unerträglichem Glanz über uns hereinbrach. Aus der dürren Wüste erhob sich ein diamantener Palast, dessen Säulen von Rubin und Smaragd waren und so strahlend erleuchtet, daß es kaum auszuhalten war. Der Dschinn führte uns in eine saphirene Halle, worin goldene Throne waren. Auf den Thronen saßen die Fürstinnen der Dschinnen. In der Mitte der Halle hing eine Lampe wie die Sonne. Darum standen Dschinnen und Feen außenherum, deren Gewänder von getriebenem Gold waren, das von Diamanten glitzerte. Sobald die Fürstinnen der Dschinnen uns sahen, sprangen sie von ihren Thronen auf, und eine von ihnen rief aus, indem sie Arthur Wellesley ergriff: »Dies ist der Herzog von Wellington!«

Arthur Wellesley fragte sie, warum sie ihn nannte (Herzog von Wellington).

Die Fürstin antwortete: »Ein Fürst wird erstehen, der ein Dorn in der Seite Englands sein wird und der Verwüster Europas. Schrecklich wird der Kampf zwischen diesem Häuptling und dir sein! Er wird viele Jahre dauern, und der Sieger wird ewige Ehre und Ruhm erwerben. Desgleichen auch der Besiegte; und wenn er auch in der Verbannung sterben wird, so wird sein Name doch von seinen Landsleuten nur mit Gefühlen der Begeisterung erinnert werden. Der Ruf des Siegers wird bis zu den Rändern der Welt sich verbreiten; Könige und Kaiser werden ihn ehren; und Europa wird sich seiner Befreiung freuen; auch wenn zu seinen Lebzeiten Narren ihm's neiden werden, so wird er doch obsiegen. Bei seinem Tode wird Ruhm ihn bedecken, und sein Name wird immerwährend sein!«

Als die Fürstin der Dschinnen zu sprechen aufhörte, hörten wir in der Ferne den Klang von Musik, der näher und näher sich bewegte, bis er in der Halle selbst zu sein schien. Da fielen alle Feen und Dschinnen in einen großen Chor ein, der sich rollend zur mächtigen Kuppel und den stattlichen Säulen des Palastes der Dschinnen erhob und zu den Gewölben und Verliesen darunter hinabdrang; dann erstarb er nach und nach, bis er schließlich völlig verstummte.

Als die Musik ausging, schwand der Palast langsam, bis er verschwunden war und wir uns allein mitten in der Wüste wiederfanden. Die Sonne hatte gerade begonnen, die Welt zu erleuchten, und der Mond war schwach zu sehen; doch unter ihnen lag Sand, soweit unsere Blicke reichten. Wir wußten nicht, in welche Richtung wir gehen sollten, und waren nahe dran, vor Hunger ohnmächtig zu werden; doch da wir uns einmal mehr umschauten, sahen wir im Sand einige Datteln und Palmwein liegen. Davon machten wir uns Frühstück, und wandten dann unsere Gedanken wieder der Reise zu, als plötzlich eine ausgetretene Spur in der Wüste erschien, der wir folgten.

Um die Mittagszeit, als die Sonne in ihrem Meridian war und wir uns schwach und müde vor Hitze fühlten, erschien ein Palmenhain in Sichtweite, auf den wir zurannten; und nachdem wir eine Zeit in seinem Schatten geruht und uns mit seinen Früchten erfrischt hatten, nahmen wir unseren Marsch wieder auf; und am selben Abend durchschritten wir zu unserer unaussprechlichen Freude die Tore unserer schönen Stadt und schliefen im Schatten ihrer Dächer.

## IV. KAPITEL
## Nachrichten aus der Heimat

Am nächsten Morgen wurden wir durch den Schall von Trompeten und großen Kriegstrommeln geweckt, und als wir zu den Bergen hinüber blickten, sahen wir eine riesige Armee von Ashantis auf die Ebene herniedersteigen. Wir waren alle in die äußerste Verwirrung geworfen, außer Arthur Wellesley, der uns anwies, nach den großen Kanonen zu sehen und die Mauern zu bemannen, und der keinen Moment daran zweifelte, daß die Dschinnen uns zu Hilfe kommen würden, wenn wir selbst die Ashantis nicht würden mit Hilfe der Kanone und Raketen zurückschlagen können.

Dieser Anweisung folgten wir sofort, während die Ashantis wie ein reißender Strom näherkamen, alles niedermachend, die Palmen verbrennend und die Reisfelder verwüstend.

Als sie an unsere Stadtmauern kamen, stimmten sie ein gräßliches Geheul an, das besagte, daß wir vom Antlitz der Erde vertilgt werden würden und daß unsere Stadt verschwinden würde; denn da sie durch Magie entstanden sei, solle sie dergestalt auch vergehen. Unsere Antwort auf diese unverschämte Rede war ein Donnerrollen aus den Mündungen unserer Kanone. Zwei fielen tot um, und die anderen gaben Fersengeld, indem sie in Richtung der Berge mit unvorstellbarer Geschwindigkeit davonliefen, gefolgt vom Triumphgeschrei ihrer Überwinder.

Sie kamen am Nachmittag zurück und baten in den unterwürfigsten Worten um ihre Toten. Wir gewährten ihnen ihren Wunsch, und zum Ausgleich dafür erlaubten sie uns, Zeuge der Trauerzeremonie einige Tage später zu sein.

Am 21ten September kam Ronald in die Halle der Gerechtigkeit gelaufen, wo wir alle waren, und rief, daß da ein Schiff von England sei. Der Herzog von York sandte sofort Arthur Wellesley, um sich der Wahrheit zu vergewissern.

Als er an der Meeresküste ankam, fand er die ganze Besatzung, die fünfzig Mann umfaßte, an Land. Er untersuchte dann den Zustand des Schiffs und fand, daß es ein fast völliges Wrack war. Er stellte den Männern einige Fragen und sie schienen hoch erstaunt, ihn hier zu finden und fragten ihn, wie er es denn anstelle, in einem solchen Land zu leben. Er sagte, sie sollten ihm folgen.

Als er sie in die Halle der Gerechtigkeit brachte, befahl der Herzog von York ihnen, ihre Geschichte zu erzählen.

Sie riefen: »Wir wurden durch einen Sturm an eure Küste geworfen und bitten um Zuflucht.«

Der Herzog von York antwortete: »Englische Landsleute, wir sind glücklich, daß ihr an unseren Teil der Küste verschlagen wurdet, und wir werden euch Unterkunft bieten, wenn wir können.«

Dementsprechend blieben sie zwei Wochen bei uns, denn am Ende dieses Zeitraums hatten die Dschinnen ihr Schiff wieder instandgesetzt, worauf sie dann nach England unter Segel gingen, begleitet von Arthur Wellesley.

Für weitere zehn Jahre danach blieben wir im Kriegszustand mit den Schwarzen, und dann schlossen wir Frieden; wonach, für etwa zehn weitere Jahre, nichts Erwähnenswertes passierte.

Am 16ten Mai 1816 bewegte sich eine Stimme durch die Stadt, die sagte: »Postiert eine Wache auf dem Turm, der nach Süden blickt, denn morgen wird ein Eroberer durch eure Tore einziehen!«

Der Herzog von York entsandte sofort Henry Clinton zum höchsten Turm der Stadt. Um Mittag rief Clinton aus:

»Ich sehe etwas in großer Entfernung auf dem Atlantik.«

Wir alle liefen zu dem Aussichtsturm, und beim Hinausblikken auf den Ozean konnten wir ein großes schwarzes Objekt weit draußen am Horizont ausmachen, das, wie es sich der Küste näherte, wir klar als Flotte erkennen konnten. Schließlich ging es vor Anker, und die Besatzung begann, an Land zu kommen.

Als erstes kamen 12 Reiterregimenter, als nächstes drei Regimenter Infanterie, dann mehrere hohe Offiziere, die der Stab eines großen Generals zu sein schienen; und als letzter von allen kam der General selbst, der, wie verschiedene von uns behaupteten, die Haltung von Arthur Wellesley hatte.

Nachdem er die Regimenter sich hatte aufstellen lassen, gab er ihnen den Marschbefehl, und wir sahen sie durch die Stadttore einziehen. Als sie am Turm ankamen, machten sie halt, und wir hörten den General im Ton von Wellesley sagen:

»Hill, Sie bleiben hier mit der Armee, während ich zum Justizpalast gehe. Denn dort sind sie alle, nehme ich an, falls sie noch unter den Lebenden weilen. Und Sie, Beresford, müssen mit mir kommen.«

»Nein, nein, hier sind wir, Arthur, fast um den Verstand gebracht vor Angst, daß du den Turm anzünden und die Stadt plündern würdest!« rief der Herzog von York, als wir von unserem Versteck herabstiegen.

»Was! Ihr seid alle da, und keiner von Euch in der Schlacht gefallen oder tot im Lazarett?« sagte Seine Gnaden, indem er von seinem Schlachtroß sprang und wir einer nach dem anderen ihm die Hand schüttelten. »Aber kommt, meine tapferen Kameraden, gehen wir doch zum Großen Gästehaus, und in der Ferdinando-Halle wollen wir einander berichten, was wir getan und gelitten haben, seit wir uns das letzte Mal sahen.«

»Bitte, Eure Gnaden, in welchem Teil der Stadt soll die Armee Quartier beziehen?« fragte einer vom Stab.

»Ach, Sie müssen sich keine Sorgen machen wegen der Armee, Murray; wir sind ja nicht unter Spaniern. Sie sollen mir folgen.«

»Die Armee hat Seiner Gnaden, dem Herzog von Wellington zu folgen«, sagte Murray.

»Seiner Gnaden, dem Herzog von Wellington!« riefen wir sofort überrascht aus.

»Ja, Seine Gnaden, der Herzog von Wellington«, sagte ein anderer vom Stab. »Ich weiß nicht, wer Sie sind, aber unser Sehr Edler General ist der Bezwinger Bonapartes und der Befreier Europas.«

»Dann lügen die Dschinnen nicht immer«, sagte Marcus O'Donell, »und ich bin sehr froh darüber, denn ich dachte mir immer, Herzog, daß Sie mit mehr Ruhm zu uns zurückkehren würden als Sie hatten, da Sie uns verließen.«

»Ach nee«, sagte Murray mit einem Grinsen.

»Murray«, sagte Seine Gnaden streng, »ich werde Sie zur Rechenschaft ziehen für diese Frechheit und nach Kriegsrecht bestrafen, wenn Sie sich nicht geziemend entschuldigen bei diesem Gentleman.«

Murray trat sofort vor O'Donell und sagte: »Sir, ich bedaure meine törichte Frechheit und versichere Ihnen, daß ich Sie nie wieder dergestalt beleidigen werde.«

»In Ordnung, Murray, alles in Ordnung«, sagte der Herzog. »Reichen Sie sich die Hände und seien Sie Freunde. Ich hasse Bürgerkrieg.«

Unterdessen waren wir beim Großen Gästehaus angekommen, das ein äußerst [?] Gebäude war und groß genug, um 20000 Mann aufzunehmen. Bald hatten wir in der Halle Platz genommen und lauschten Beresford, der erzählte, wie Europa von der eisernen Fessel eines Despoten befreit worden und wie jener mächtige Sieg errungen worden war, von dem die ganze zivilisierte Welt widergehallt hatte; von den strahlenden Triumphen, die bei diesem ruhmreichen Anlaß stattgefunden hatten; und wie all die hohen Souveräne Europas England durch ihre Anwesenheit bei diesem großen Anlaß geehrt hatten. Länger noch hätten wir zuhören können und mehr noch hätte er erzählen können, wenn wir nicht den Schlag der Mitternachtsglocke gehört hätten, die uns daran erinnerte, daß es Zeit war, sich zurückzuziehen.

Einige Tage danach äußerte der Herzog von York den Wunsch, in sein Heimatland zurückzukehren, und eines der Schiffe mit ungefähr zwanzig Mann wurde dazu bestimmt, ihn dorthin zu bringen. In der Stadt waren nun fünfzehntausend Mann, und wir beschlossen, einen König zu wählen. Dementsprechend wurde ein Rat der ganzen Nation für den 14ten März 1827 einberufen. An diesem Tage versammelten sich alle im Justizpalast. Um den Thron saßen Marcus O'Donell, F. Cortez, H. Clinton, G. Dunally, Harold FitzGeorge, und der Herzog von Wellington und sein Stab.

Eine intensive Spannung erfüllte die Ratsversammlung, in Erfahrung zu bringen, wer als König vorgeschlagen würde, denn nicht einer von uns wußte es, und keine Andeutungen waren ausgestreut worden. Schließlich wurde der große Eingang geschlossen und Cortez erklärte die ganze Nation für anwesend. Stewart erhob sich sodann und sagte:

»Ich schlage den edlen Feldmarschall Arthur, Herzog von Wellington, als eine Persönlichkeit vor, die angemessen und geeignet ist, auf dem Thron dieses Königreichs zu sitzen.«

Sofort brach ein lauter Schrei aus der Menge, und die Halle hallte wider: »Lang lebe unser Hochedler Herzog.« Wellington erhob sich jetzt. Sofort erfüllte ein tiefes Schweigen das Haus. Er sagte wie folgt: »Soldaten, ich werde verteidigen, was ihr in meine Obhut gegeben habt.«

Dann zog er sich, vor der Ratsversammlung sich verneigend, unter dem Donnerschall enthusiastischer Freude zurück.

C. BRONTË.

# *Geschichten von den Inselleuten*

## I. WELLINGTON UND DIE INSEL DES TRAUMS

Das Spiel von den Inselleuten entstand im Dezember 1827, und zwar auf folgende Weise. Eines Abends, um die Zeit, wo der Graupelregen und die stürmischen Nebel des Novembers von den Schneestürmen und schneidenden Nachtwinden des harten Winters abgelöst werden, saßen wir alle um das warm lodernde Küchenfeuer; wir hatten eben einen Streit mit Tabby darüber beendet, ob es nicht schicklich sei, eine Kerze anzuzünden, aus dem sie siegreich hervorgegangen war. Es wurde nichts mit der Kerze. Es folgte eine lange Pause, die schließlich von Branwell unterbrochen wurde, der schläfrig sagte: »Ich weiß gar nicht, was ich machen soll.« Emily und Anne beteten es ihm nach.

Tabby – »Na dann geht doch ins Bett.«

Branwell – »Alles bloß das nicht.«

Charlotte – »Warum bist du heute abend bloß so grummelig, Tabby? Oh, stellt euch mal vor, jeder von uns hätte seine eigene Insel.«

Branwell – »Wenn, dann würde ich mir die Insel Man aussuchen.«

Charlotte – »Und ich mir die Insel Wight.«

Emily – »Ich nehme die Insel Aran.«

Anne – »Und meine wäre Guernsey.«

Dann entschieden wir, wer die Vornehmsten auf unseren Inseln sein sollten. Branwell wählte John Bull, Astley Cooper und Leigh Hunt; Emily wählte Walter Scott, Mr. Lockhart und Johnny Lockhart; Anne wählte Michael Sadler, Lord Bentinck und Sir Henry Halford; ich wählte den Herzog von Wellington und seine beiden Söhne, sowie Christopher North & Co. und Mr. Abernethy. An diesem Punkt wurde unser Gespräch unterbrochen durch das für uns unheilvolle Geräusch der Uhr, die sieben schlug, und wir wurden zu Bett geschickt. Am nächsten Tag fügten wir unserer Personenliste noch viele andere hinzu, bis wir die vornehmsten Männer des Königreichs fast alle beisammen hatten.

Danach geschah lange Zeit nichts Erwähnenswertes.

Im Juni 1828 gründeten wir auf einer erfundenen Insel, der Insel des Traums, eine Schule, die eintausend Kinder aufnehmen sollte. Die Insel hatte einen Umfang von fünfzig Meilen und wirkte gewiß mehr wie ein Werk der Zauberei und schönen Erfindung als der nüchternen Realität. In manchen Teilen – schrecklich erhaben gestaltet durch mächtige Felsen, rauschende Ströme und tosende Katarakte – standen vom Blitz versengte oder von der Zeit verdorrte Bäume. In anderen Teilen dieser Insel gab es grünen Rasen und glitzernde Fontänen, die in den blumigen Wiesen oder inmitten der gefälligen Wälder sprudelten, wo Elfen hausen sollten.

Ein klarer See, dessen Gestade von der Trauerweide, der eleganten Lärche, der ehrwürdigen Eiche und dem immergrünen Lorbeer überhangen wurden, wirkte wie ein kristallener Smaragd, ein gerahmter Spiegel eines gewaltigen Riesen. Von einem der allerschönsten Seen heißt es, wenn alles still sei, könne man die Musik aus dem Elfenreich hören und eine winzige Barke aus rotem Sandelholz (mit Segeln und Tauwerk aus Seide und mit Segelstangen aus feinem Elfenbein) über dem See flimmern sehen; und wenn ihre kleine Besatzung die Wasserlilie gepflückt hat, dann treibt sie wieder zurück, und wenn sie am blumigen Ufer landet, breiten die Elfen ihre durchscheinenden Flügel aus. Hören sie die Schritte eines Sterblichen, so vergehen sie wie die Morgennebel vor dem Glanz der Sonne.

Aus herrlichen Heckenrosen und rankendem Geißblatt ragt ein prächtiger Palast von reinem weißen Marmor empor, dessen zierlichgearbeitete Säulen und majestätische Türmchen das Werk mächtiger Dschinnen und nicht das schwacher Menschen zu sein scheinen. Steigt man eine Marmortreppe hinauf, gelangt man zu einem großartigen Eingang, der in einen Saal führt, der von korinthischen Säulen aus weißem Marmor umringt wird. In der Mitte des Saales ist eine kolossale Statue, die in jeder Hand eine Kristallvase hält, aus der ein klarer Wasserstrom fließt, der, in tausend Diamanten und Perlen zersprungen, in ein Becken aus lauterem Gold fällt. Er verschwindet schließlich in einer Öffnung und kommt in verschiedenen Teilen des Parks in Gestalt von funkelnden Fontänen wieder zum Vorschein, welche wieder zu gewaltigen Rinnsalen zusammenstürzen, die sich durch die Gegend schlängeln und in Ströme ergießen, die ins Meer fließen.

Am oberen Ende des Saales ist ein Hain mit Orangenbäumen, die oftmals die goldene Frucht und die duftenden Blüten am selben Zweig tragen. Von diesem Saal gelangt man zu einem weiteren prächtigen, geräumigen Gemach, das ganz mit kostbarem dunkelroten Samt ausgekleidet ist; und von der gewaltigen Kuppel hängt ein glänzender Lüster aus feinem Gold, dessen Prismen aus reinstem Kristall sind. Den ganzen Raum entlang ziehen sich große Sofas, die ebenfalls mit rotem Samt bezogen sind. An jedem Ende sind Kaminsimse aus taubengrauem italienischem Marmor, deren Säulen nach korinthischer Art kanneliert und mit Gold umkränzt sind.

Im Saal mit der Fontäne befindet sich hinter der Statue eine kleine Tür, vor der ein Vorhang aus weißer Seide hängt. Wenn diese Tür geöffnet wird, liegt dahinter ein kleiner Raum, an dessen hinterem Ende eine sehr große Eisentür ist, die auf einen langen dunklen Gang geht. Am Ende führt eine Treppe zu einem unterirdischen Verlies, ein großes Gewölbe, das von einer Lampe matt erleuchtet wird, die über einen Teil des Verlieses einen totenähnlichen, trübsinnigen Schimmer wirft und den Rest im düsteren Dunkel der Mitternacht läßt. In der Mitte ist eine Platte aus schwarzem Marmor, die von vier Säulen getragen wird. Am Ende steht ein Thron aus Eisen. In verschiedenen Teilen des Gewölbes sind Folterwerkzeuge.

Am Ende dieses Verlieses sind die Zellen zum persönlichen

oder besonderen Gebrauch für unartige Kinder. Diese Zellen haben finstere Wölbungen und befinden sich so tief unten in der Erde, daß ein Bewohner der Oberwelt nicht einmal das lauteste Kreischen hören könnte. Dort und auch im Verlies könnten die allerungerechtesten Folterungen ohne Furcht vor Entdeckung vollstreckt werden, hätte ich nicht den Schlüssel zum Verlies in Verwahrung und Emily den Schlüssel für die Zellen und für das große Eisentor, das jedem Angriff trotzen wird, es sei denn, er wird mit dem rechtmäßigen Instrument ausgeführt.

Die Kinder, die diesen herrlichen Palast bewohnen, bestehen nur aus den jungen Adligen des Landes. Der Oberdirektor ist der Herzog von Wellington. Unsere Titel sind »Kleiner König und Kleine Königinnen«. Die Aufpasser, die die Kinder zur Ordnung anhalten und mit ihnen spazierengehen, sind der Marquis von Douro und Lord Charles Wellesley (Wellingtons Söhne), eine Aufgabe, für die sie besonders geeignet sind, weil sie sie in die wildesten und gefährlichsten Teile des Landes führen, über Felsen, Klippen, Klüfte usw. springen und sich wenig darum kümmern, ob die Kinder vorauslaufen oder zurückbleiben; und schließlich mit rund einem Dutzend weniger nach Hause kommen, die findet man dann ein paar Tage später in Hecken und Gräben mit gebrochenen Beinen oder Köpfen, was Sir A. Hume, Sir A. Cooper und Sir H. Halford ein schönes Betätigungsfeld bietet, um ihre verschiedenen Methoden des Knocheneinrichtens und Schädelbohrens vorzuführen.

Es gibt Aufpasser, die die Kinder verdreschen, wenn es nötig ist. Und dann habe ich noch vergessen, daß Branwell einen großen schwarzen Prügel hat, mit dem er die Kinder gelegentlich verkloppt und zwar ganz unbarmherzig.

Für einige Zeit nach der Gründung der Schule machte sich die Anstalt sehr gut. Alle Regeln wurden peinlich genau eingehalten, die Direktoren oblagen ihrer Pflicht vortrefflich, aus den Kindern wurden so etwas wie zivilisierte Wesen, dem äußeren Anschein nach wenigstens; sie machten nicht mehr so häufig Glücksspiele, sie stritten nicht mehr so roh miteinander, und sie achteten von selber ein klein wenig auf Ordnung und Reinlichkeit. In dieser Institution residierten wir ständig in dem prächtigen Palast der Schule, genauso wie alle Direktoren, so daß nichts ausschließlich der Obhut von Dienern und Untergeordneten überlassen war. Das große Zimmer war für alle berühmten Minister in ihren Mußestunden zur Zuflucht geworden, denn, weil sie sahen, wie gut alles verwaltet wurde, beschlossen sie, die Anstalt mit aller Macht zu erhalten.

Dieser ersprießliche Zustand währte etwa sechs Monate. Dann war der Herzog genötigt, ständig in London zu sein, und auch wir verfügten uns bald an den nämlichen Ort, und die ganze Leitung der Schule wurde dem Marquis von Douro und Lord Charles Wellesley überlassen.

Einige Zeit hörten wir kein Wort von der Schule und machten uns auch nie die Mühe nachzuforschen, bis schließlich eines Morgens, als wir beim Frühstück saßen, ein Brief eintraf; und als wir ihn geöffnet hatten, stellten wir fest, daß er von Lord Wellesley war. Der Inhalt war folgender:

8. Juni 1830, Insel der Phantasie.

Kleiner König und Kleine Königinnen:

Ich schreibe diesen Brief, um euch von einer Rebellion zu unterrichten, die in der Schule ausgebrochen ist. Ich befinde mich im Augenblick in einer kleinen Hütte im Freien ... aber sie kommen, und ich kann nicht mehr sagen.

Euer usw., Charles IV.

PS.: Seit ich obiges geschrieben habe, hat es eine Schlacht gegeben, in der unsere Bluthunde tapfer kämpften, und wir haben gesiegt. Wir sind jedoch wegen Nahrungsmangel auf das Äußerste heruntergekommen; wenn ihr euch also nicht beeilt und uns zu Hilfe kommt, müssen wir uns ergeben. Bringt den großen Bluthund meines Vaters mit.

Sobald wir diesen Brief gelesen hatten, beorderten wir einen Ballon, den bestiegen wir und steuerten ihn dann durch die Luft nach Strathfieldsay. Wir gingen auf den Anlagen um die Schule nieder; und als wir unsere Blicke auf den Myrtenhain richteten, sahen wir den majestätischen Palast, der sich in seiner Pracht aus den grünen Bäumen erhob, die in stiller Erhabenheit über dieser Insel wuchsen, die zu recht den Namen »Traum« trägt, denn nur in den Gesichten der Nacht hat des Menschen Auge solch glanzvolle Schönheit, solch abenteuerliche Pracht erschaut wie hier in diesem Elfenland; und niemals als nur in den Einbildungen seines Herzens hat sein Ohr solche Musik gehört wie jene, die von des Riesen Harfe rührt, die inmitten dieser Bäume verborgen ist.

Nachdem wir ungefähr eine halbe Stunde auf der Insel geweilt hatten, sahen wir in einiger Entfernung Lord Wellesley herannahen. Als er näherkam, sprach er uns so an: »Nun, Kleine Königinnen, ich bin froh, daß ihr gekommen seid. Beeilt euch und folgt mir, denn es gilt keinen Augenblick zu verlieren.«

Kein Geräusch außer dem Echo einer fernen Kanone, die abgefeuert wurde, als wir die Bergschlucht betraten, und dem Schrei der von ihrem Horst und ihrer Brut hochgeschreckten Adlerin störte die totenähnliche Stille. In kurzer Zeit kamen wir zu dem Platz, wo die rebellischen Kinder lagerten. Die Hütte des Marquis von Douro und Lord Wellesley war im Schatten einer ausladenden Eiche erbaut. Als wir die bescheidene Bleibe betreten hatten, sahen wir den Marquis von Douro auf einem Lager aus Laub liegen. Sein Gesicht war sehr blaß, und seine feinen Züge wirkten so starr wie eine Marmorstatue. Seine Augen waren geschlossen, und sein glänzendes, wallendes Haar starrte an manchen Stellen vor Blut. Sobald wir diesen Anblick erschauten, stürzte Charles nach vorn, fiel neben seinem Bruder auf das Bett und sank in Ohnmacht. Dann verarztete ihn Doktor Hume mit den üblichen Heilmitteln, und nach einer langen Zeit kam er wieder zu sich. Arthur hatte die ganze Zeit über weder gesprochen noch sich gerührt, und wir glaubten er sei tot. In diesem Notfall hielten wir es für ratsam, sogleich nach dem Herzog von Wellington zu schicken.

Als wir den Herzog über das Geschehene unterrichteten, wurde er totenbleich, seine Lippen zuckten, und seine ganze Gestalt zitterte vor Erregung. In kurzer Zeit traf er bei der Hütte ein, dann begab er sich zum Bett, ergriff eine leblose Hand und sagte mit bebender und kaum vernehmlicher Stimme: »Arthur, mein Sohn, sprich mit mir.« Beim Klang der Worte seines Vaters öffnete Arthur langsam die Augen und blickte auf. Er versuchte zu sprechen, doch er konnte es nicht. Im Überfluß unserer Herzensgüte und Wohlgesonnenheit kurierten wir ihn dann sofort durch die Anwendung einiger Elfenarzeneien, und kaum hatten wir es getan, da zog sich der Herzog einen Diamantring vom Finger und schenkte ihn uns.

Nach diesen Verrichtungen setzten wir Seine Gnaden von der Schulrebellion in Kenntnis. Er ging ohne ein Wort zu sagen augenblicklich hinaus, und wir folgten ihm. Er schritt zu dem Platz, wo sie lagerten und rief mit lauter Stimme, wenn sie sich nicht ergäben, wären sie alle tote Männer, denn er hätte mehrere tausend Bluthunde mitgebracht, die sie im Nu in Stücke reißen würden. Davor hatten sie am meisten Angst und willigten deshalb ein, sich zu ergeben, was sie auch gleich taten, und danach gedieh die Schule für eine kurze Zeit so gut wie vorher. Aber weil sie uns langweilig wurde, schickten wir die Kinder heim, und jetzt hausen nur noch Elfen auf der Insel des Traums.

## II. DIE ELFEN ENTFÜHREN WELLINGTONS SOHN

Eines Abends schrieb der Herzog von Wellington in seinem Zimmer in der Downing Street in London, er ruhte dabei behaglich in einem geräumigen Lehnstuhl und schmauchte eine schlichte Tabakspfeife (denn diesen ganzen modernen Zigarrentand verschmähte er) neben einem lodernden Feuer. Der einarmige Hardings stand an seinem Schreibtisch und kritzelte linkisch ein Armeebudget auf einen Bogen feines Briefpapier mit Goldschnitt. Der geckenhafte Roslyn schlug gegen den Kaminsims aus poliertem grünen Marmor und beäugte mit unaussprechlicher Verachtung den kuriosen alten Pekinesen, der gegenüber saß und hin und wieder einen Seitenblick auf seine stutzerhafte Gestalt warf, die von einem prächtigen Spiegel reflektiert wurde, der an der Wand hing, die mit gemustertem Purpursamt tapeziert war. Castlereagh, der auf einer türkischen Ottomane saß, jammerte und gähnte unablässig, während Herr Staatssekretär Peel, der dicht neben Seiner Gnaden auf einem Ministerdreifuß thronte, dem Herzog ohne Unterlaß ins Ohr flüsterte und schmeichelte.

Während sie so beschäftigt waren, hörte man draußen laute Schritte. Die Tür ging auf, und ein kleines, verschrumpeltes, altes Weib, ganz vermummt und verhüllt bis auf das Gesicht, trat ein. Ihr Erscheinen löste keine Überraschung aus, denn dies war eine von den berühmten Kleinen Königinnen. Sie trat zum Herzog und übergab ihm einen mit Blut geschriebenen und mit einem Siegel versiegelten Brief. Er nahm ihn ehrerbietig entgegen und las ihn. Während er dies tat, wechselte er mehrmals die Farbe und bekundete eine unbezähmbare Gemütsbewegung. Seine Gnaden läutete sofort, beorderte das geschwindeste Pferd aus seinen Stallungen und bestieg, gekleidet in einen König-Georgs-Mantel mit einem breiten Soldatengürtel, Bronzehelm und hoher schwarzer Feder, das feurige Tier und spornte es zu vollem Galopp an.

Er ritt mit einem solchen Tempo, daß er, als die Sonne aufging, die Türme von Strathfieldsay erblickte, die, rot von den ersten Strahlen des Morgens, ihre stolzen Häupter reckten. Von den uralten Eichenwäldern aus, die sie umgaben, dehnte sich sein ganzer großer Besitz vor seinem Blick – das friedliche Dorf, das sich zwischen die ehrwürdigen Wälder schmiegte, die weiten fruchtbaren Felder, die sich bis an den Rand des

Horizonts erstreckten, die stattlichen Bäume, die die Szenerie mit ihrem Schatten verdunkelten, die weißen Cottages, die aus ihren Lauben lugten, die Obstgärten und der große Fluß, der im Vorbeiströmen alles erquickte. Alles gehörte ihm, gewonnen durch sein unüberwindliches Schwert, die Denkmäler von Englands Dankbarkeit gegenüber seinem glorreichen Retter.

Er vernahm leichte, beschwingte Schritte und eine Stimme, die in einiger Entfernung die folgenden Worte jubilierte:

Oh, wo war Arthur heute Nacht?
Warum kam er nicht heim?
Lang' schien der Sonne helle Pracht
Vom Himmel klar und rein.

Im Waldesschatten schlummert' er;
Der Himmel deckt' ihn zu.
Von oben weint' das Sternenmeer
Tautränen immerzu.

Und als der erste Tagesschein
Von Osten her sich stahl,
Funkelte wie ein Edelstein
Sein Aug' im Morgenstrahl.

Er reckte sich und schüttelt' dann
Die Gemmen aus dem Haar,
Die die Natur auch rings im Tann
verstreut hatt' wunderbar.

Als er erhaben weiterschritt,
Der Blumen Duft er roch;
Der Hirsch flinker vorüberglitt.
Im Strauch der Hase kroch –

Hier brach die Stimme plötzlich ab; und Seine Gnaden trat vor und rief: »Guten Morgen, mein Sohn, wohin des Wegs?«

»Oh, lieber, lieber Vater«, rief er aus, »wie freue ich mich, dich zu sehen! Ich bin auf der Suche nach Arthur, der seit letztem Abend nicht mehr zu Hause war.«

»Es stimmt, sie haben mich nicht getäuscht«, sagte der Herzog, und die dunkle, kummervolle Wolke, die durch die Gegenwart seines fröhlichen Sohnes für einen Augenblick verjagt worden war, verfinsterte seine edle Stirn noch düsterer als zuvor. »Charles, dein Bruder ist in Lebensgefahr«, sagte er ernst.

»In Lebensgefahr«, wiederholte Charles, und sofort wich alle Freude aus seinem Gesicht.

Inzwischen war Seringapatan, der die Wehklagen und Seufzer von Lord Wellesley gehört hatte, aus dem Haus gekommen.

»Seringapatan«, sagte Seine Gnaden, »ich halte dich für einen ehrenwerten und aufrechten Mann, treu gegenüber meinen Interessen und dankbar für die Gefälligkeiten, die ich dir erwiesen habe; darum will ich dir ein sehr wichtiges Geheimnis anvertrauen. Letzte Nacht erhielt ich einen Brief, der angeblich vom Geist meines verstorbenen Vaters stammt. Er teilte mir mit, daß Arthur, mein ältestes Kind und dein zukünftiger Gebieter, der während seiner schwermütigen Streifzüge durch eine geheime Anziehungskraft in die Behausung übernatürlicher Wesen geraten sei, in diesem Augenblick alle Martern erleidet, die sie ersinnen können, und wenn du mich nicht an einen bestimmten Ort begleiten würdest, sei ihm der Tod gewiß. Wegen deiner Untertanenpflicht mir und den Meinen gegenüber fordere ich dich auf, meinen Befehlen in allem zu gehorchen.«

Hier hielt der Herzog inne, und Seringapatan fiel auf die Knie und gelobte feierlich, alle Befehle Seiner Gnaden bis zum letzten Atemzug zu befolgen.

Dann wandte sich der Herzog zu Charles und fragte ihn, ob er auch mitkäme.

»Ich würde bereitwillig sterben, um Arthurs Leben zu retten«, erwiderte der junge Lord glühend.

In wenigen Augenblicken waren sie bereit. Sie wanderten bis zum Abend, als sie an einen Ort kamen, wo mächtige Felsen lotrecht zu einer riesigen Höhe aufstiegen. Ein gewaltiger Katarakt, der sich donnernd den Absturz hinunterwälzte, höhlte sich unten im massiven Fels ein Becken aus. Das Wasser strömte rasend weiter. Sie kletterten den schmalen, zerklüfteten, steilen Pfad weiter hinan, bis sie wieder ein Plateau erreichten, über dem die Felsen, die zu schwindelnder Höhe anstiegen, völlig unzugänglich schienen. Hier blieb der Herzog plötzlich stehen und befahl Seringapatan und Lord Wellesley haltzumachen, da es für sie nicht notwendig sei weiterzugehen. Sie musterten ihn mit ernsten Blicken, denn sie sahen, daß es ohne Hilfe einer übernatürlichen Macht jedem Sterblichen unmöglich war, die lotrechte Wand zu erklimmen. Ungefähr fünfzehn Fuß von dem Plateau entfernt gab es einen vorspringenden Felsbrocken, der das darunterliegende Tal überhing.

Der Herzog stand einen Augenblick lang da und schaute sich gespannt um, so als suche er nach einem Hilfsmittel, um sein Ziel zu erreichen. Schließlich heftete er den Blick auf den Brokken, warf rasch den dunklen Mantel ab, schritt zum Rand des Plateaus und sprang von dort auf den Sims, so als wäre ihm plötzlich das Wesen eines Steinbocks oder einer Gemse verliehen worden.

Als Lord Wellesley seinen Vater diese waghalsige Tat vollbringen sah, brach ein erstickter Schrei von seinen Lippen. Der Herzog drehte sich um, ungeachtet seiner gefahrvollen Lage, und indem er seinen Sohn mitempfindend anblickte, sagte er: »Mein lieber Charles, fürchte nicht um mich. Ich werde ganz gesund und wohlbehalten mit Arthur zurückkehren.« Dann bog er um eine Ecke des Felsens und entschwand ihren Blicken. Er setzte seinen Weg fort, der mit jedem Schritt immer gefährlicher wurde, und kam zu einer gewaltigen Höhle, die mit Eisentoren verschlossen war. Sie schwangen auf und ließen ihn in einen riesigen steinernen Saal. Das Tor schloß sich hinter ihm, und er fand sich in diesem sonderbaren Gemach, das von einer blauen Flamme trüb erleuchtet war. In der Mitte strebten gewaltige massive Säulen zur gewölbten Decke empor. Ihre Kapitelle waren mit Totenköpfen und gekreuzten Armknochen geschmückt, ihre Schäfte hatten die Gestalt von Menschenskeletten, und ihre Sockel waren wie Grabsteine geformt. Der Saal war so lang, daß er nicht bis ans Ende sehen konnte, und in der Ferne hörte er das Echo seiner Schritte, so als würde ihr Klang von Verliesen oder Zellen zurückgeworfen. Nach geraumer Zeit hörte man, wie eine Tür aufging, und leichte, wohlvertraute Schritte drangen an sein Ohr; und im nächsten Augenblick schloß er seinen geliebten Sohn in die Arme. Fast im selben Moment fanden sie sich auf dem Plateau wieder, wo Seringapatan und Lord Wellesley sie sehnsüchtig erwarteten. Nachdem sie kurze Zeit Tränen der Rührung vergossen und sich beglückwünscht hatten, kehrte die ganze Gesellschaft wohlbehalten nach Strathfieldsay zurück. Auf alle Fragen, die man dem Marquis bezüglich seiner Qualen während seines Aufenthalts in jener Höhle stellte, hat er stets nur geantwortet, sie seien unbeschreiblich gewesen.

## III. WELLINGTONS SOHN WIRD VON DEN ELFEN GEPRELLT

Eines schönen Herbstabends war der Herzog von Wellington von London nach Strathfieldsay unterwegs. Er war gerade durch das Dorf gekommen und hatte einen schmalen Reitweg betreten, der zum Parktor führte. Die Sonne war eben untergegangen, und die Schnecken kamen aus den Hecken am Rain gekrochen, um der erfrischenden Feuchtigkeit zu genießen, die zu dieser Jahreszeit der Abenddämmerung unmittelbar vorausgeht. Von den Eichen und Weißdornbäumen, die den Pfad säumten, fiel selten ein Blatt, denn die satte Färbung ihres Laubwerks hatte kaum begonnen, mit der sinkenden Jahreszeit zarter zu werden. Die einzigen Laute, die sich vernehmen ließen, waren das Geräusch eines hin und wieder vorbeisummenden Marienkäfers und das Rieseln eines Bächleins, das unsichtbar in uralten Karrenfurchen dahinfloß, verborgen von Wildgras und anderen Heckenpflanzen, mit denen der Weg völlig überwachsen war. Ein zur einen Hand ansteigender Berg verbarg das Herrenhaus mit seinen Parks, welches in einem lieblichen Tal lag, das sich auf der anderen Seite tief hinuntersenkte.

Als der Herzog ruhig weiterging, hörte er plötzlich ein murmelndes Geräusch, als unterhielten sich mehrere Leute mit gedämpfter Stimme. Ein paar Schritte weiter konnte er hinter einer Wegbiegung die Gestalten von drei alten Frauen sehen, die auf einer grünen Böschung unter einer Stechpalme saßen, mit größter Schnelligkeit strickten und ihre Zungen die ganze Zeit nicht stillstehen ließen. Neben ihnen lag müßig ausgestreckt der Kleine König und pflückte Veilchen und Sauerampfer. Beim Kommen des Herzogs sprang er auf, und die alten Frauen taten es ihm gleich. Sie knicksten, und er verbeugte sich wie ein Haubentaucher. Nach einem hellen, schallenden Gelächter seiner Gefährtinnen sprach er den Herzog so an:

»Nun, Herzog von Wellington, hier sind drei Freundinnen von mir, die ich Ihnen vorstellen möchte. Sie haben eine Zeitlang als Waschfrauen in der Familie des verstorbenen Sir Robert Peel, Bart. gelebt, der sie so sehr schätzte, daß er sie in seinem Testament mit je zwanzig Guineen bedachte. Nach seinem Tod jedoch entließ sie der jetzige Baronet, um diesem modernen Unfug Raum zu geben und gezierte Pagen anzustellen, die heutzutage den Haushalt jedes Gentleman ausmachen. Sie haben jetzt auf der weiten Welt kein Obdach und kein Heim; und wenn Ihr einverstanden wäret, sie in Eure Dienste zu nehmen, würde das mir und ihnen eine große Verpflichtung auferlegen.«

»Ich bin es eigentlich nicht gewohnt, Diener anzustellen«, erwiderte Seine Gnaden, »doch Ihr könnt sie zu meiner Haushälterin bringen, und wenn ihre Dienstzeugnisse der Prüfung der alten Dame standhalten, habe ich keine Einwände.«

»Herzog von Wellington«, erwiderte der Kleine König.

Dann stieg der Herzog wieder aufs Pferd und ritt in leichtem Trab davon, um der Gesellschaft seiner neuen Bekannten zu entkommen. Aber sie folgten ihm beharrlich, redeten und lachten und versuchten, ihn ins Gespräch zu ziehen. Bald hatten sie den Berg umrundet, gingen rasch ein langes abschüssiges Landstück hinunter und betraten den großen Wald, der den Strathfieldsay Park auf einer Seite begrenzt.

Nachdem sie sich durch die wirren Irrgänge des Labyrinths gewunden hatten, das zu Seringapatans Cottage führt, blieben sie vor der Tür stehen. Seringapatan kam sofort herausgesprungen und riß das Parktor auf. Dann beugte sich Seine Gnaden seitlich herunter und flüsterte dem alten Mann etwas ins Ohr und befahl ihm, den Kleinen König und seine Genossinnen solange aufzuhalten, bis er das Herrenhaus erreicht hätte. Seringapatan verbeugte sich wieder, tiefer als zuvor, und der Herzog kitzelte Blancos Flanken und galoppierte geschwind davon.

»Wollen Sie gütigst in meine Küche treten und sich ausruhen?« sagte Seringapatan.

Sie dankten ihm und traten ohne weitere Umschweife hinein. Es war ein kleines, reinlich getünchtes Zimmer. Ein Eichenbüfett mit blitzendem Zinngeschirr und Delfter Steingut nahm die eine Seite ein. Darüber hingen blankpoliert eine Muskete und ein Schwert; verschiedene alte Bücher lagen sorgfältig auf einer schwarzen Eichentruhe gestapelt. Zwei gediegene Lehnstühle standen zu beiden Seiten eines heißlodernden Feuers, und der Fensterbank gegenüber waren eine Anzahl derber, dreibeiniger Schemel aufgereiht. Der Fußboden und der Herd waren so sauber und weiß, wie man sie nur scheuern konnte. Mrs. Seringapatan saß an einem runden Kieferntisch und stopfte die Strümpfe ihres Gatten. Sie war mit einem dunkelgrünen Stoffgewand, einer schneeweißen Haube und Schürze bekleidet und wirkte so gesetzt, als sei sie sechzig und nicht fünfundzwanzig.

Als der Kleine König und die alten Frauen eintraten, erhob sie sich und bat sie, Platz zu nehmen. Nachdem sie eine Weile geplaudert hatten, stand sie auf und ging hinaus, kehrte aber nach kurzer Zeit mit einem Teller nahrhaften Johannisbeerkuchen und einem Einmachglas voller Leckereien zurück. Dann lud sie ihre Freunde zum Zugreifen ein.

Seringapatan, der wußte, daß sein Herr inzwischen an seinem Bestimmungsort angekommen war, öffnete die Tür und gestattete ihnen zu gehen. Sie setzten ihren Weg durch den Park ohne anzuhalten fort, denn die Nacht nahte rasch.

Nun traf es sich, daß Lord Charles Wellesley an diesem Tag einen seiner wilden Streifzüge durch das Gebiet seines Vaters unternommen hatte und eben jetzt heimkehrte. Aus der Ferne sah er die drei alten Frauen mit ihrem Führer, und er beschloß, dicht hinter ihnen zu gehen und ein heimlicher Lauscher zu bleiben, da er sich von diesem Plan viel Vergnügen für sich verhieß. Darin täuschte er sich jedoch; denn, so redselig sie in Seringapatans Cottage auch gewesen waren, jetzt schwiegen sie vollständig. In etwa einer Viertelstunde erreichten sie den tiefen, reißenden Strom, der das Gebiet durchfließt. Zu seiner größten Überraschung jedoch glitten sie lautlos zur Flußmitte, drehten sie sich dort dreimal in den schimmernden Lichtsplittern, worin sich der Mond spiegelte, und wurden von einem rasenden Strudel aus Wogen und Schaum verschlungen.

Er stand einen Augenblick ohnmächtig vor Entsetzen, dann sprang er über den Damm, rannte durch die Bäume auf der anderen Seite, und als er den freien Pfad gewann, sah er einige Schritte vor sich den Kleinen König und die alten Frauen heil und wohlbehalten gehen. Überraschter denn je, musterte er sie eine Weile schweigend und schloß dann, daß sie Elfen waren, die der Kleine König mit sich auf die Erde gebracht hatte. Er wollte sich mit dieser Vermutung bescheiden; doch ungeachtet seiner Bemühungen fühlte er sich immer noch unbehaglich, schwankend und überhaupt nicht wohl, als er ihre kleinen, spitzen Gesichter betrachtete und den schrillen unangenehmen Klang ihrer Stimmen vernahm.

Am nächsten Morgen um neun ließ Mrs. Douro wissen, daß

sie bereit sei, sie zu empfangen. Als sie in ihrem Gemach anlangten, saß sie in einem Lehnstuhl beim Frühstück und hatte die Füße auf eine gepolsterte Fußbank gelegt. Ihre Gestalt war in ein altmodisches schwarzes Seidengewand gekleidet, dazu eine Haube und eine Halskrause, die starr wie Steifleinen waren. Zufällig war sie an diesem Morgen guter Laune, und nachdem sie ihnen einen Platz angeboten und ein paar Fragen gestellt hatte, war sie einverstanden, sie vor ihre Herrin, die Herzogin von Wellington, zu bringen.

Nachdem sie durch einen langen Gang, eine Galerie und ein Vorzimmer gegangen waren, kamen sie zu ihrem privaten Wohnzimmer. Es war in einem sehr prächtigen, aber nichtsdestoweniger schlichten und bescheidenen Stil ausgeschmückt. Die Herzogin war wie üblich damit beschäftigt, für die Armen zu arbeiten. Sie war gewandet in eine kostbare, karmesinrote Samtrobe, die bis auf den strahlenden Diamanten, der den Gürtel zusammenhielt, schmucklos war. Ihr überquellendes Haar war in einem Seidennetz gebändigt, über dem eine einzige weiße Straußenfeder anmutig wehte. Ihr Gesicht und ihre Gestalt waren ungemein schön, und ihre großen haselnußbraunen Augen strahlten ausdrucksstark. Doch das Reizvollste an ihr waren die Milde und Lieblichkeit ihres Antlitzes. Es schien unmöglich, daß sie tobte, die Stirn runzelte oder auch nur ärgerlich war, denn wenn ihre Diener und Vasallen irgend etwas falsch machten, schaute sie sie nur bekümmert an, aber nicht finster und düster.

Nach einem kurzen Gespräch wurde abgemacht, daß die drei alten Damen einen Monat lang auf Probe als Waschfrauen arbeiten sollten, und daß sie dann, wenn sie sich während der vereinbarten Zeit gut benahmen, in Dauerstellung genommen werden sollten mit einem Lohn von zehn Guineen per annum. Am nächsten Tag begannen sie mit ihren Dienstpflichten, die sie einige Wochen über mit derselben Pünktlichkeit, Emsigkeit und Ernsthaftigkeit erledigten, aber nicht ohne viele Streitereien untereinander, die häufig in wütenden Kämpfen endeten, bei denen Zähne, Nägel, Füße und Hände mit gleicher Wut eingesetzt wurden. Bei diesen Spektakeln war der Kleine König außerordentlich rührig und tat alles, was in seiner Macht stand, um sie anzustacheln, sich gegenseitig auf das gräßlichste zu zerfleischen und zu verstümmeln. Über diesen Umstand wunderte man sich jedoch nicht sehr, weil seine ständige Neigung zu jedem nur erdenklichen Schabernack wohl bekannt war, und jedes Mitglied des Hauses von Strathfieldsay sah in ihm mehr einen bösen Kobold als einen echten Elf.

Lord Charles hatte niemand das sonderbare Gebaren der alten Frauen, dessen Zeuge er gewesen war, verraten. Er beobachtete sie genau, aber es geschah nichts mehr, was seinen Argwohn bestätigte, sie seien übernatürliche Wesen. Eines Nachmittags ging er allein zu jenem Stück des Flußufers, wo er sie auf den Wellen tanzen gesehen hatte. Nachdem er eine Weile zwischen den Bäumen gewandert war und Feldblumen gepflückt hatte, legte er sich auf den grünen Rasen, richtete den Blick in den blauen Himmel und lugte hin und wieder durch das dichte, niederhangende Laubwerk. Alle Klänge, die sein Ohr grüßten, waren einlullend und beruhigend, nur das sanfte Gemurmel des fließenden Wassers, das ferne Gurren der Turteltauben in den Hainen und das Flüstern des Winds in den Bäumen. Allmählich fielen ihm die Augen zu, und die angenehme Empfindung ruhiger Abgeschiedenheit durchströmte ihn; und er sank nach und nach in einen tiefen, balsamischen Schlummer, da ertönte plötzlich im Wind eine deutlich vernehmbare Stimme, welche sprach: »Triff uns um Mitternacht im Korridor.«

Er fuhr hoch und lauschte: der Klang war erstorben, und in der ringsumher webenden wildromantischen Musik des Waldes blieb von ihm nicht Hauch noch Hall zurück. »Ich bin behext«, rief er laut. »Diese Wesen haben mich gewiß verzaubert, aber zu dem Stelldichein will ich trotzdem kommen.« Bald drang das volle, mächtige Geläut der großen Fluruhr an sein Ohr: zwölfmal erscholl der Hammerschlag. Er stand auf, löschte die Leuchte und verließ den Raum durch einen geheimen Ausgang. Mit einem unwillkürlichen Schauder glitt sein Blick die lange Galerie entlang. Schließlich erschien ein helles Licht, das sich zwischen den Säulen bewegte. Er schritt voran, und es wich langsam vor ihm zurück; doch er folgte ihm weiterhin.

Nach einer Weile sah er, wie es eine Treppe hinaufstieg, die sich den großen Rundturm emporwand. Die Tür öffnete sich mit einem mißtönenden Kreischen, und man erkannte ein gewaltiges, himmelhohes Gemach, das von einer langen Reihe schimmernder Fackeln trübe erleuchtet wurde, die nach allen Seiten ein blutiges und erschröckliches Licht verströmten. Ein Dach gab es nicht; doch der Himmel darüber wirkte wie eine sternhelle und wolkige Kuppel. In der Mitte schwankte ein schwarzer Baldachin im Wind, der durch den offenen Giebel rauschte; und darunter standen drei Särge, und jeder barg eine in ein Grabtuch gehüllte Leiche. Lord Charles näherte sich ihnen, schlug die Leichentücher zur Seite und sah, daß es die drei alten Waschfrauen waren. Er zitterte vor Furcht, und in diesem Augenblick dröhnte schallendes Gelächter in seinen Ohren. Er blickte auf und entdeckte neben sich den Kleinen König und die Kleinen Königinnen. Eine von ihnen schlug ihm herzhaft auf die Schulter. »Hab keine Angst, Charles, sie waren nur unser Blendwerk.«

Bei diesem Gruß schlug er die Augen auf, schaute sich verwundert um und war bestürzt; denn siehe da, er lag im bleichen Mondenschein am Flußufer und kein Lebewesen war in der Nähe. Er lief sofort zum Haus und wiederholte die Geschichte vor seinem Vater, seiner Mutter und seinem Bruder. Natürlich lachten sie darüber, doch als man Erkundigungen einzog, stellte sich heraus, daß die alten Frauen seit dem Morgen abwesend waren.

Nachforschungen wurden ins Werk gesetzt, doch es wurde kein Hinweis gefunden, durch den man sie aufspüren konnte. Ein Landmann sagte, daß er sie gegen Mittag mit dem Kleinen

König auf dem Moor gesehen hätte, doch habe er Anlaß gehabt, einen Moment wegzuschauen, und als er wieder hinblickte, sah er den Kleinen König und die Kleinen Königinnen am selben Ort stehen, doch von den alten Frauen fehlte jede Spur. Das war alles, was die eingehende Suche erbrachte, und von dieser Zeit an hat man bis heute nichts mehr von ihnen gesehen oder gehört.

CHARLOTTE BRONTË
31ten Juni 1829
bis
30ten Juli 1830

# *Charakterbilder der gefeierten Männer der Gegenwart von Hauptmann Tree*

## ERSTES KAPITEL
### Charakter und Beschreibung des Herzogs von Wellington

Das erste Mal, daß ich Seine Gnaden sah, war vor ungefähr zwanzig oder 21 Jahren. Er war damals im 19ten Jahr seines Alters und im Aussehen sehr ähnlich dem des Marquis von Douro jetzt, außer daß sein Antlitz männlicher war und ein gewisser Ausdruck von Sarkasmus um seinen Mund lag, der zeigte, daß er viele derer, mit denen er umging, als weit unter ihm stehend betrachtete. Das nächste Mal ist nur 3 oder vier Jahre her. Er war mit seiner Feldmarschallsuniform angetan und stand auf dem Cloud Square, von seinem Stab umgeben. Seine Erscheinung entsprach meinen höchsten Vorstellungen davon, wie ein großer General zu sein habe – die hohe steile Stirn, edle römische Nase, zusammengepreßte verächtliche Lippen, und kurz, der ganze Umriß seiner Züge war genau, was ich mir für den Helden von Waterloo, Überwinder Bonapartes, gewünscht hätte. Und nun zum Charakter Seiner Gnaden. Er ist unbestritten einer der größten Männer, die je lebten.

Seiner Veranlagung nach ist er entschieden, ruhig, mutig und edelgesonnen. Sein Genie ist nicht auf militärische Dinge beschränkt. Er ist im Kabinett ebenso unwiderstehlich wie im Felde. Die Feldzüge auf der Halbinsel beweisen, daß die Ressourcen seines großen Geistes unerschöpflich sind. An seiner Tapferkeit und Klugheit hing das Schicksal ganz Europas 6 Jahre lang, und wie würdig er sich des Vertrauens erwies, das in ihn gesetzt wurde, ist jedermann bekannt. Es gab keinerlei Läßlichkeit in ihm, kein Schwanken in seiner Entschlossenheit.

Wenn eine Angelegenheit einmal entschieden war, so war sie entschieden, und es wurde entsprechend gehandelt. Sein ganzes Betragen war so angelegt, den Gemütern seiner Soldaten Vertrauen einzuflößen und sie entschlossener zu machen in ihrer Verteidigung von König und Vaterland. Und jetzt erfrechen sich einige zu sagen, dieser große, mächtige Mann wisse nicht, wie England zu verteidigen sei, um es aus seiner schrecklichen Lage zu erretten – daß er, der England rettete, als der Stern der Zerstörung seine wildverwüstenden Strahlen über seine sanftgewellten Felder und stattlichen Städte warf, es jetzt nicht retten kann, da kein ausländischer Feind ihren Ruin droht. Die dies sagen, mögen sich der Zeit erinnern, als der hochmütige Napoleon unaufhörlich eroberte und weiter eroberte – als jeder General, der gegen ihn entsandt wurde, dahinwelkte und starb beim Schmettern seiner Trompete und in Schrecken und Verstörung floh bei jedem Sieg und dergestalt den Sieger noch hochmütiger als vorher zurückließ.

Als endlich dann der ruhmreiche Wellington sich erhob und die freudvollen, herzerhebenden Nachrichten in den Ohren einer ohnmächtig dahinsterbenden Nation widerhallten, Buonaparte sei geschlagen und besiegt, wer war da der schreckliche Sieger? Es war der Unsterbliche Wellington. Wenn er England in jener Stunde überwältigender Gefahren rettete, wird er es nicht abermals retten? ... Die Antwort auf die Frage überlasse ich jenen meiner Leser, die die Geistesgröße haben, sie zu erfassen.

C. B. HAUPTMANN TREE
12ten Dezember 1829

## 2TES KAPITEL
## Charakter des Marquis von Douro und des Lord C. Wellesley

Der ältere dieser jungen Edelleute, der Marquis von Douro, ist jetzt im 22ten Jahr seines Alters. Im Aussehen gleicht er stark seiner noblen Mutter. Er hat dieselbe schlanke hohe Gestalt, dieselbe feine und leicht römische Nase. Seine Augen jedoch sind groß und braun wie die seines Vaters, und sein Haar ist dunkelrotbraun, lockig und glänzend, recht sehr wie das seines Vaters, als der jung war. Sein Charakter gleicht ebenfalls dem der Herzogin, mild und menschenfreundlich, aber sehr mutig, dankbar für jeden Gefallen, der ihm getan wird, und bereit, Verletzendes zu vergeben, freundlich zu anderen und uneigennützig.

Sein Geist ist von höchstem Range, elegant und kultiviert. Er ist von hehr und erhaben schweifender Denkweise, doch entzückt es ihn mehr, unter tiefsinnigen Gedanken zu wohnen als in den lichten Regionen der Einbildungskraft zu schweifen. Die Meditationen eines einsamen Reisenden etwa in der Wildnis oder der traurige Gesang eines einsiedlerischen Verbannten – dies sind Sujets, die ihn am tiefsten entzücken und denen er sich hauptsächlich hingibt, wenngleich seine Lieder doch auch oft in großartigen und lebhaften Schilderungen von Stürmen und Gewittern bestehen – vom wilden Dröhnen des Ozeans, das sich mischt mit der erschütternden Stimme des Donners, wenn der gleißende Blitz fahl leuchtet im Gleichklang mit der hellen Lampe irgendeines bösen Geistes, der über das Antlitz der aufgewühlten Wasser schreitet oder seinen Schrei aus dem Busen einer schwarzen und schrecklichen Wolke entläßt. Dergestalt ist der Marquis von Douro, und nun zu seinem Bruder.

Lord Charles Wellesley ist in dem 19ten Jahr. Sein Antlitz ist eindrucksvoll und schön. Sein Auge ist voller Leben und Kraft. Sein Haar fällt in hellblonden Ringellocken in seine Stirn. All seine Bewegungen sind der Lebhaftigkeit voll, und sein Gesichtsausdruck ist so begeistet, hat so viel Belebtheit in sich, daß jeder Betrachter bezaubert und aufgeheitert ist. Seine Geistesart steht in genauer Entsprechung zu seiner Erscheinung – lebhaft, froh und elegant. Sein Verstand ist scharf und durchdringend, doch läßt er ihn oft harmlos um seinen Gegner spielen, trifft ihn dann aber gnadenlos ins Herz. Seine Einbildungskraft ist extrem lebhaft, wie die Zeichnung seiner Natur und seines Charakters. Manche seiner Erzählungen bezeugen die natürliche Höhe und Helle seiner Begabung und seines Geistes. Seine Gedichte sind von erlesener Schönheit und bestehen meist aus leichten und luftigen Visionen übernatürlicher Gegenstände, aus wilden, doch zarten Träumereien von der Welt der Unsterblichen; doch seine Geister sind im allgemeinen jene milden und zartschönen Wesen, welche den lieblichen grünen Wald bevölkern oder die kristallne Quelle umschweben, welche den duftenden Tau des Himmels aus der Lilie weißer Blüte oder aus der Primel goldenem Kelch trinken, welche im tiefen Tal unter gedämpft-purpurnen Veilchen weilen oder unter Schlüsselblumenknospen wohnen, und nicht das schreckliche Ungeheuer, das in der Ferne laut brüllt und ganze Armeen von Männern mit einem einzigen Schlag seines schwarzsilbernen Flügels niederstreckt.

Man nimmt allgemein an, daß die Erzählung »Die goldene Lilie« von Lord Charles verfaßt wurde, und dies ist auch meine Ansicht, denn die üppige und erhabene und dennoch leichte und luftige Großartigkeit ihres Stils passen nicht im geringsten zu der – soweit bekannt – Veranlagung seines Bruders. Es gibt da in der Tat gloriose Beschreibungen von Feenpalästen und Gemächern und Lauben und Bäumen, alle erblickt von schweifenden Augen Sterblicher; an den Himmel geworfen in der feierlichen Stille der Mitternacht oder am Mittag schwebend zwischen Himmel und Erde unter dem Klang geheimnisvoller Musik und der Stimmen unsichtbarer Barden; doch welch ein Unterschied zu »Wanderungen eines Verbannten« vom Marquis von Douro. Hier gibt es auch Geister, doch sie sind verhüllte, wolkige Gespenster, die aus dem Reich der Toten kommen, um ihre noch lebenden Verwandten vor Gefahren zu warnen, die bevorstehen. Auch hier gibt es Klänge, doch sie sind seltsam, wild und unirdisch, und ganz ungleich jener heiteren Musik, die so klar erglüht in der »Goldenen Lilie«. Kurz, die Weisen des Marquis von Duro sind wie die sanften Schwingungen einer äolischen Harfe, die mit dem Dahinsterben und Anschwellen der Noten die Seele zur Höhe wilder Erhabenheit erheben oder sie zu trauererfüllten und feierlichen Gedanken führen, und wenn man von der Lektüre seiner Werke sich erhebt, so ist man ganz nachdenklich gestimmt, ohne doch die Ursache zu wissen, und einzig kann man der Jahre der eigenen Kindheit gedenken und strahlender Tage, die nun für immer verflogen.

Im Gegensatz hierzu gleichen die Lieder von Lord Charles der frohen, süßen Musik des Hackbretts, und wenn man eines seiner Bücher gelesen hat, so fühlt man sich leicht und fröhlich und heiter, als ob man auf Luft schreiten könnte. Das also ist der Unterschied.

C. B. HAUPTMANN TREE
16ten Dez. 1829

## KAPITEL 3
## Charakter des Rittmeisters Bud

Dieser große Politiker zählt jetzt 45 Jahre. Er ist hochgewachsen, knochig und muskulös. Sein Antlitz ist harsch und abstoßend. Seine Augen sind tiefliegend, blitzend und durchdringend. Alle seine Bewegungen sind ziemlich langsam und schleppend. Sein Gang ist schiach. Seine eine Schulter schiebt sich weiter vor als die andere, und, kurz, seine ganze Erscheinung ist nicht die gefälligste. Er ist jedoch der fähigste politische Schriftsteller der Gegenwart, und seine Werke zeugen von einer Tiefe des Gedankens und Wissens, die selten erreicht und nie übertroffen wurde. Sie sind allerdings manchmal zu lang und zu trocken, und das wären sie öfter, wenn sie nicht eben doch von großer Kompetenz wären. Aufblitzende Beredsamkeit findet sich nur selten und weit verstreut, aber seine Gedankengänge sind klar und schlüssig. Manche seiner rhetorischen Aufschwünge sind erhaben, bisweilen sind sie aber auch lächerlich und bombastisch. Er läßt sich nie dazu herbei, auch mal spaßig zu sein, sondern bleibt immer bei einem ermüdend ernsthaften Diskurs – und dies in solchem Maße, daß ich oft über seinen besten Werken eingeschlafen bin und mich dafür ebenso häufig geschämt habe.

Er ist von nervöser, griesgrämiger und leicht aufbrausender Natur, doch nichtsdestoweniger ist seine Integrität aufrecht und flexibel. Man sagt, er sei ein Hypochonder, und daß er sich bisweilen einbilde, er sei eine Flamme, ein Stein, eine Auster und ein Bachkrebs, und daß er sogar manchmal selbst glaubt, eine Glockenheideblume zu sein, die leicht hinweggetragen werden kann von jedem Windstoß; daß aber in solchen Fällen seine Freunde dafür sorgen, daß er außer Sicht bleibt. Inwieweit man diesen Behauptungen trauen kann, weiß ich nicht, meine jedoch, daß sie auf Tatsachen beruhen.

HAUPTMANN TREE C. BRONTË
17ten Dez. 1829

## KAPITEL IV
Charakter des jungen Soult

Dieser wahrhaft große Dichter steht in seinem 23ten Lebensjahr. Er ist ungefähr mittelgroß und lebt offenbar gut. Seine Züge sind regelmäßig und sein Auge ist groß und ausdrucksvoll. Sein Haar ist dunkel und er trägt es so wirr, daß man denken könnte, er komme eben aus einem Ginsterbusch. Seine Kleidung ist allgemein abgerissen, und er trägt sie in einer sorglos-schmuddeligen Manier. Seine Schuhe sind oft schiefgetreten und seine Strümpfe voller Löcher. Der Ausdruck seines Antlitzes ist hager und wild, und ewig verzieht er seinen Mund in sämtliche Richtungen. Seinem Wesen nach ist er teuflisch, aber menschenfreundlich und gutmütig. Er scheint dauernd an einem Zustand von Übererregtheit zu laborieren, der sich herleitet von exzessivem Trinken und Glücksspiel, denen er unglücklicherweise stark verfallen ist. Seine Gedichte zeigen eine edle Einbildungskraft, aber seine Verstechnik taugt nichts. Ideen und Sprache sind schön, doch sind sie nicht so geordnet, daß sie gefällig fließen, und daher denke ich, er hätte wohl am ehesten Erfolg in Blankversen. In der Tat höre ich, daß er demnächst ein Gedicht in diesem Versmaß herausbringen will, welches, wie man erwartet, sein bestes sein wird. Er ist von wahrem Genie erfüllt, das er mit großer Anstrengung kultiviert hat. Seine Anfänge waren bescheiden, doch glaube ich, daß er dereinst groß sein wird und daß sein Name auf den Seiten des Buches der Geschichte neben denen der größten Männer seines Vaterlandes stehen wird.

HAUPTMANN TREE 17ten Dez. 1829
C. B.

## KAPITEL V
### Charakter des Sergeanten Bud

Diese Person ist in ihrem 25ten Jahr. Er ist hochaufgeschossen und dünn. Im Profil ist er hübsch, aber en face häutig. Sein Auge ist strahlend und er ist insgesamt einigermaßen gutaussehend. Er ist ein gerissener Anwalt und ein großer Lügner, ein einschüchternder Ankläger und ein unverschämter Verteidiger, als Schriftsteller umständlich und als Diskutant fähig, ein tierischer Geizkragen und ein niederträchtiger Schuft, ein ungeselliger Bursche und stolzes Subjekt, ein wirklicher Halunke und ein staubiger Bücherwurm. Er ist in der Tat der Sohn seines Vaters. Jedermann kann ihn bestechen, wie ich zu meinem eigenen Schaden weiß. Er wird dir ins Gesicht hinein schmeicheln wie ein Höfling und dich hinter deinem Rücken verleumden wie ein Spitzbube, und es ist eine glatte Schande für Tally, daß sie ihn so in Schutz nimmt. Die Leute, die ihm den Arsch versohlten, taten ganz recht daran, und wenn es nach mir ginge, würde ich ihn erst ins Wasser tauchen, dann würde ich ihm 70 Hiebe mit der neungeschwänzten Katze geben, dann würde ich ihn auf einem Kamel mit dem Gesicht nach hinten durch Glass Town zu reiten zwingen und schließlich würde ich ihn an einen 60 Fuß hohen hängen. Wenn er tot ist, würde er abgeschnitten und den Anatomen zur Zergliederung überantwortet werden.

C. B. HAUPTMANN TREE 17ten Dez. 1829

## 6TES KAPITEL
## Charakter Rogues

Rogue ist ungefähr 47 Jahre alt. Er ist sehr groß, ziemlich breit. Sein Gesicht ist hübsch, außer daß da etwas sehr Beunruhigendes in seinen stechenden grauen Augen und in seiner furchtbaren Stirn liegt. Sein Gang (auf den er sich viel zugute hält) ist imposant und soldatisch, und er bildet sich ein, daß er höchlich dem des Herzogs von Wellington gleiche. Er tanzt gut und spielt bewundernswert Karten, da er in allen Kartentricks versiert ist, mit denen man am Spieltisch Leute ausmanövriert. Daß er übertrieben stolz ist auf diese (wie er meint:) Fähigkeit, setzt dem Ganzen die Krone auf.

C. T. 17ten Dez. 1829

## 7TES KAPITEL
## Charakter des jungen Herrn Ungezogen

Dieser Mann ist in seinem 54ten Jahr. Er ist von riesenhafter Statur, sehr knochig, faltig, und muskulös. Seine Gesichtszüge großflächig und grob. Sein Auge ist klein, grau und ruhelos. Seine Sinnesart ist von schwärzester und blutigster Färbung. Alle seine Taten kennzeichnet die kalte Grausamkeit eines Mörders. Sein Benehmen ist frech und brutal. Seine Morde sind von der wildesten Art. Es entzückt ihn, sein Opfer zu quälen, ehe er es tötet. Kurz, keine Tat ist ihm zu schlimm.

H. TREE 17ten Dez. 1829

## 8TES KAPITEL
## Doktor Hume Badry

Badry ist sehr groß, stämmig und tonnenförmig. Er hat so viel Gefühl wie ein Stein, aber ist einer der besten Chirurgen und Ärzte, die zur Zeit leben.

C. B. HAUPTMANN TREE
17ten Dez. 1829

## 9TES KAPITEL
## Schweineschwanz

Schweineschwanz ist 7 Fuß hoch. Er ist so häßlich, wie man sich nur vorstellen kann, und unheimlich mürrisch zu jenen unseligen Sterblichen, denen es widerfährt, in seine Klauen zu geraten.

H. TREE C. B. 17ten Dez. 1829

## 10TES KAPITEL
## Die Charaktere von Delisle, Le Brun, Dundee und Vernet

Diese Männer sind alle ungefähr mittelgroß und weder sehr hübsch noch sehr häßlich. Sie sind 4 Maler so gut als je welche gelebt haben – De Lisle groß im Schönen, Le Brun in den Leidenschaften, Dundee im Erhabenen und Vernet in der Tiermalerei.

CHARLOTTE BRONTË
HAUPTMANN TREE
17ten Dez. 1829.

## INHALT



CHARLOTTE BRONTË
Den 17ten Dez. 1829
HAUPTMANN TREE

## *Ein interessanter Abschnitt in den Leben einiger herausragender Männer der Gegenwart. Von Lord Charles Wellesley. 18ter Juni 1830. Von Charlotte Brontë*

Ich bin überzeugt, daß in vornehmen Häusern nur wenige genauer über Familienangelegenheiten bescheidwissen als die Diener, und auch in gewöhnlichen Haushalten verhält es sich so. Da ich im allgemeinen freundlich zu Pferdeknechten, Kammerdienern, Bedienten und Lakaien bin, machen sie mich oft zu ihrem Vertrauten und lassen mich an manchen wichtigen Geheimnissen teilhaben, was mich nach und nach in die Lage versetzt hat, eine solche Menge von Informationen über fast jede Größe in Glass Town anzuhäufen, daß ich, so ich dies wollte, eine Szenerie von Morden, Diebstahl, Heuchelei, Meineid und so weiter enthüllen könnte, für die es kaum eine Parallele gibt in den Annalen irgendeiner anderen Stadt.

Viele sind auch nicht ganz so weit oder so tief in den Morast des Verbrechertums gewatet, sind aber nichtsdestoweniger schmutzbesudelt durch geringfügigere Sünden wie Täuschung, Gemeinheit, Speichelleckerei, Hinterlistigkeiten, üble Nachrede, Neid etc. Aus dieser letzteren Sorte gedenke ich eine Auswahl zu treffen und hebe mir den Rest für einen zukünftigen Zeitpunkt auf; dann werde ich ohne Zweifel mich der wunderbar ausgedehnten vermischten Informationen, in deren Besitz ich bin, bedienen, um das öffentliche Bewußtsein noch weiter aufzuklären über dieses erfreuliche Thema.

Ich bin dessen gewärtig (um eine stehende Redewendung

zu gebrauchen), daß meine Enthüllungen beträchtliche Unruhe hervorrufen werden bei denen, die in die verschiedenen Vorgänge verwickelt sind, auf die ich anspielen werde, aber da ich mir aus ihnen, ihren Meinungen und Taten, so viel mache wie mein Esel, werden ihre Rügen mich mit so wenig Wirkung streifen wie Zephyre, die eines heißen Sommertages einen meerumschlungenen Felsblock fächeln. Ich schreite nun zum Gegenstand des vorliegenden Bandes.

## DAS ERSTE KAPITEL

Eines warmen und sonnigen Nachmittags im August 1829 ruhte ich mich in einem der Orangenhaine aus, welche das fruchtbare Tal zieren, von dem das Große Babylon umgeben ist. Niedergedrückt von der brüllenden Hitze pflückte ich lustlos die goldenen Früchte von einem Zweig, der mir Schatten spendete, warf die leuchtenden Orangen in ein kühles künstliches Flüßchen, das vorbeifloß, und beobachtete ihr Dahingleiten, bis dazwischenhängende Zweige den kristallenen Strom meinen Blicken entzogen. Tringia lag zu meinen Füßen, hingegossen in friedlichem Schlummer; er träumte zweifellos, er sei in den Schatten seines heimatlichen Chile und hole sich reiche, wilde Trauben, die sich an jedem Rebstock ballten, oder er tolle mit seinen behaarten Brüdern unter dem alten Schattendach, durch das nicht das geringste Stückchen Himmel jenes tiefe Zwielicht stört, welches seit alters unterm Laubdach des Waldes herrscht.

Während ich so in der Hitze der afrikanischen Sommersonne briet, hielt ich meine Blicke weiter auf einen Zenith gerichtet, der intensiver brilliantblau war als der makelloseste Saphir, der je in Golconda blinkte, und wünschte mir, wie eine Ente, wenn's donnert, eine Wolke herbei, die – und führte sie auch einen Tropensturm mit sich – eine Abwechslung in das eintönige Azur brächte. Derweilen ich so lag, hörte ich jemand den

Hain betreten und gewahrte im selben Augenblick einen livrierten Herrn, der näherkam. Im Herankommen zog er seinen Hut und sprach mich vertraut an wie folgt:

»Nun, my Lord, was meinen Sie zu diesem Tag? Ich jedenfalls zerfalle fast zu Asche vor Hitze.«

»Oh«, sagte ich, da ich nicht mit ihm einer Meinung sein wollte, »es ist doch erträglich kühl, finde ich. Sie sehen ja, daß ich mich in dieses abgeschlossene Wäldchen zurückziehen mußte, um mich auch nur einigermaßen warm zu halten.«

»Also«, erwiderte er mit einem glucksenden Lachen, »das ist doch merkwürdig. Ich bin hierhergekommen zum genau entgegengesetzten Zweck, um nämlich meinen Kopf vor den brennenden Sonnenstrahlen zu schützen.«

Angewidert von seiner Schnippischkeit wollte ich ihm gerade befehlen, den Ort zu verlassen, aber dann dachte ich, seine Gegenwart könnte mir Amüsement verschaffen, und befahl ihm also, sich in einiger Entfernung von mir hinzusetzen. Der Kerl war Kammerdiener bei dem berühmten Autor Hauptmann Tree, und da ich ihm Gefälligkeiten erwiesen hatte, als er mal in abgerissenem Zustand war, glaubte er, frei von der Leber weg reden zu dürfen. Er war jedoch kein schlechter Charakter, hatte vielmehr eher einen Anflug von Gutmütigkeit und Intelligenz, aus welch letzteren Gründen er sich als für mich bisweilen nützlich erwies.

Ich fragte ihn, wie es seinem Herrn gehe.

»Ganz gut«, antwortete er, und fügte dann lauernd hinzu: »Wenn es Eurer Lordschaft genehm ist, so könnte ich, ihn betreffend, zwei oder drei kleine Vorfälle erzählen, die Sie für eine halbe Stunde zu unterhalten vermöchten.«

Ich stimmte zu, und das Wesentliche seiner Erzählung ist das Folgende. Ich gebe sie nicht wörtlich wieder, sondern sinngemäß und gewandet, wie ich es für am angemessensten halte.

## DAS ZWEITE KAPITEL

Eines Morgens im vergangenen Mai – ich stand gerade hinter einem Baum der Auffahrtsallee des Landhauses meines Herrn – kam ein Herr in flottem Tempo die Straße heraufgeritten. Als er näher kam, merkte ich, daß es Leutnant Brock, der Chefbibliothekar der Stadt war. Ich trat aus meinem Versteck und verbeugte mich. Er fragte, ob Hauptmann Tree zu Hause sei. Ich bejahte dies, und in diesem Augenblick erschien mein Herr. Sie schüttelten sich die Hände und schienen froh, einander zu sehen, aber mich deuchte, daß da etwas war im Schielauge des Bibliothekars (er hat nämlich nur eines), das Harm verriet.

Die beiden gingen ins Haus, nachdem sie mir aufgetragen hatten, mich um das Pferd zu kümmern. Das tat ich und führte es die Allee auf und ab, bis schließlich Leutnant Brock wieder zurückkam. Als ich sie kommen hörte, glitt ich über die Hecke und legte mich auf der andern Seite flach hin und horchte, was sie sagen würden, denn ich konnte mir nicht denken, warum er hergekommen war, was er nämlich gewöhnlich nie tat.

Sie sprachen sehr leise, und ich konnte nur diese Worte verstehen, die mein Gebieter sprach, als sie sich trennten: »Auf dem Platz um 12 Uhr nachts? Gut. Auf Wiedersehn.« Er ging dann zum Haus zurück, und Brock sprengte davon.

Als es acht Uhr des Abends war, bestellte man mich zu Hauptmann Tree. Ich fand ihn in seiner Bibliothek. Er befahl mir, mich in aller Eile fertigzumachen für eine Reise nach Glass Town, wohin er sich zu verfügen hatte, um an einem Begräbnis teilzunehmen, das dort um Mitternacht stattfinden würde. Ich fand das eine ungewöhnliche Zeit für das Begräbnis eines ehrlichen Mannes, und meine Neugier beflügelte mich. In einer halben Stunde war alles bereit. Wir machten uns auf den Weg (denn ich kam mit ihm) und kamen vor elf in der Stadt an. Am Fetish Inn stieg er aus seiner Kutsche und ließ sie dort zurück mit allen seinen Dienern außer mir, dem er ihn zu begleiten befahl.

Wir gingen durch viele düsterliche Straßen, aus denen wir plötzlich auf einen weiten, von zerfallenden Häusern umgebenen Platz kamen, von denen nur ein einziges bewohnt schien. In einem oberen Zimmer desselben brannte Licht. Wir gingen hinein, stiegen eine baufällige Treppe hinauf und betraten eine niedrige Mansarde, wo – siehe da! – der Bibliothekar stand, bekleidet mit Umhang und Maske. Er flüsterte mit meinem Gebieter und überreichte ihm dieselbe Sorte Kleider, die der Hauptmann auf der Stelle anlegte.

Dann sagte er mit leiser Stimme: »Ich fürchte mich davor, den großen Platz zu überqueren.«

»Es muß aber sein«, erwiderte Leutnant Brock. »Es führt kein anderer Weg zum Friedhof.«

Danach stiegen sie beide schnell die Treppe hinunter, und ich folgte.

Als wir das Haus verließen, kamen zwei vollständig maskierte Männer (doch zwei Männer, in denen ich klar an ihrem Gang Sergeant Tree und Sergeant Bud erkennen konnte, der eine Rechtsanwalt, der andere Buchhändler); mit großer Anstrengung trugen sie einen sehr langen, breiten und offensichtlich schweren Sarg. Dem folgend fünfundzwanzig Trauergäste. Wir alle bewegten uns nun langsamen Schritts zum großen Platz. Dort kamen wir nach kurzer Zeit an. Ungefähr zwanzig oder dreißig Edelleute und Generäle standen lachend und in angeregter Unterhaltung um das Bildnis herum. Unter ihnen konnte ich leicht Ihren Vater, my Lord, den Herzog von Wellington erkennen. Keiner der anderen schien den Trauerzug zu beachten, der sich leise im Schatten eines hohen Häuserzuges vorbeistahl. Der Herzog jedoch warf, ohne ein Gespräch zu unterbrechen, das er gerade mit einem dunklen, großen, häßlichen Mann in Uniform führte (sein Name ist, wie ich später erfuhr, General Bobadill) einen höchst interessierten Blick auf den Trauerzug, der, nachdem er alle Gestalten gestreift hatte, sich gänzlich auf Tree konzentrierte. Er zuckte zusammen und zitterte, doch der Herzog wandte seinen Blick wieder ab, und wir gingen weiter. Ich kann nicht sagen, wie viele Straßen und Gassen die Prozession durchquerte, bis sie an einem Haus in Charles Row hielt. Sergeant Bud läutete hier, und nach wenigen Minuten kam sein Vater, der große politische Schriftsteller heraus. Als er sich uns anschloß, hörte ich ihn zum Bibliothekar sagen: »Magrass hat die Bestechungssumme angenommen.« Dann herrschte Schweigen.

Wir beschleunigten unseren Schritt und hatten, als die Glokke von St. Andrews eins schlug, eine große schwarze Marmorhalle erreicht, deren Blechtor stärkstens verschlossen und verriegelt war. Daran pochten wir mehrere Male, ohne daß jemand erschien.

Hauptmann Bud wurde ungeduldig. Er stampfte auf und murmelte: »Hat der Schurke uns betrogen?«

Just in dem Moment öffnete sich die Tür eines kleinen, in die Mauer eingebauten Turmes, und ein Mann kam heraus. Er lief einige Treppenstufen hinunter und verschwand auf der anderen Seite. Sofort wurde das Tor entriegelt, und wir erblickten ein ausgedehntes Areal voller Gräber und Grabmonumente. Eines der Gräber war offen; zu diesem hin bewegten wir uns. Es war ein sehr tiefes Gewölbe voller Kisten. Der Sarg wurde hinabgelassen und mit Erde bedeckt und alle entfernten sich außer mir und meinem Gebieter, wir blieben zurück als Aufpasser. Wir blieben bis zum Tagesanbruch da ohne irgendeinen Zwischenfall und verließen dann das Gelände ebenfalls. Eine Kutsche, die am Tor wartete, brachte uns zu Trees Wohnsitz. Als wir dort ankamen, befahl er mir, sofort zu Bett zu gehen. Ich gehorchte, konnte aber nicht schlafen, obgleich ich sehr erschöpft war, da ich dauernd an das dachte, was geschehen war.

In der nächsten Nacht begaben wir uns wieder zu dem Friedhof. Etwa zwei Stunden lang erreichte uns nicht das geringste Geräusch, und wir dachten schon daran, nach Hause zu gehen, aber dann sahen wir drei Männer die Mauer herabrutschen. Einer war Dr. Hume Badry, der andere der Junge Herr Ungezogen, der dritte Ned Laury. Da wurde Hauptmann Tree, der ein großer Feigling ist, blaß, und obwohl er geschworen hatte, das Grab zu verteidigen, verdrückte er sich und duckte sich hinter ein Grabmonument. Ich folgte seinem Beispiel, da ich keine Lust hatte, meine Haut für etwas zu riskieren, das mich nichts anging.

Als sich seine Helfershelfer näherten, hörte ich Ungezogen sagen: »Der Bursche wurde hier beerdigt. Ich schätze, daß er noch frisch ist verglichen mit einigen, die ihr sonst so bekommt.« Sie begannen die Gruft abzudecken und brachten nach kurzer Zeit den Sarg zum Vorschein. Tree entfuhr unwillkürlich ein Schrei bei dem Anblick; das ließ die Auferstehungsspezialisten auffahren, sie wandten sich um und erspähten ihn, wie er hinter einem Stein zitterte. Ned zog ihn am Kragen hervor, während ich unbeobachtet zu einem sichereren Versteck davonkriechen konnte.

»Wie kamst Du hierher?« sagte Hume. »Sprich, oder ich hau Dir den Spaten durch den Schädel.«

»Niemals.«

»Haltet ihn fest«, rief Ungezogen. »Aber schaut euch mal diesen Sarg an! Mein Wort drauf, der ist voller Bücher statt Gebeine, und da sind noch unzählige Kisten, vollgestopft mit derselben Art von Ware.«

»Die gehören mir«, rief Tree, »und ich hab sie zur Sicherheit hier vergraben.«

»Das ist eine Lüge«, erwiderte Hume, nachdem er einen Blick darauf geworfen hatte. »Diese Bücher gehören der Öffentlichen Bibliothek. Du hast sie gestohlen und sie zur Sicherheit hier vergraben. Ich werde Anzeige erstatten gegen dich!«

»Oh nein, nein, tun Sie das nicht!« rief der Hauptmann. »Wenn Sie niemand je davon erzählen, verspreche ich, Ihnen wöchentlich eine lebendige Versuchsperson zu beschaffen. Außerdem sind Hauptmann Bud, Sergeant Bud, Leutnant Brock, Sergeant Tree und Magrass der Beschließer alle ebenso in die Sache verwickelt wie ich, und die müssen dann genauso hingerichtet werden.«

»Hm, das ist mir ziemlich gleich«, antwortete Hume. »Aber da Sie sagen, daß Sie mir eine lebendige Versuchsperson pro Woche verschaffen wollen, werde ich nichts verraten. Sollten Sie allerdings bei der Einhaltung dieses Versprechens auch nur ein Mal versagen oder mich sonst irgendwie verärgern, so liegt Ihr Leben in meiner Hand. Jetzt hauen Sie ab.«

»Ich werd gewiß aufpassen«, versetzte Tree. »Aber denken Sie dran, Dr. Hume, daß ich Sie auch bei einer nicht gerade legalen Tätigkeit betroffen habe. Auch ich habe eine Zunge, die notfalls reden kann.«

»Am sichersten ist es wohl, Sie beiseite zu schaffen«, sagte Hume, und er schlug ihn auf der Stelle tot. Ungezogen und Hume warfen die Bücher wieder in das Grab und deckten es zu, und alle verließen den Friedhof und schleppten Tree mit.

Nachdem diese tragische Szene sich abgespielt hatte, tauchte ich aus meiner versteckten Lage auf und kehrte nach Hause zurück, was auch mein Gebieter wenige Tage später tat. Aber ich habe ihn später sagen hören, daß er zwei Tage und zwei Nächte in Dr. Hume Badrys Sezierwanne verbracht habe.

* * *

Hier hielt mein geschwätziger Informant inne, und nachdem ich meine Anerkennung für das Geschick ausgedrückt hatte, mit dem er den Vorfall berichtet hatte, überließ ich ihn dem einsamen Genuß des Waldschattens, in dem er sich nun ausstreckte.

Nach einem Spaziergang von etwa einer Meile kam ich zu einer der erfrischenden grünen Alleen, die mit majestätischen Ulmen, Limonen oder Aloen gesäumt sind und öffentliche Promenaden bilden für die höchsten Kreise der Metropole. Hier gewahrte ich eine Ansammlung von Edelleuten und Gentlemen, die sich mit großem Ernst unterhielten. Der junge Rogue mit dem Körper eines männlichen Mandrill, dem Kopf eines Esels und dem Kostüm eines Hanswursts; der alte Rogue, der Inbegriff eines glücklosen Bankrotteurs; der junge Bud wie

Pergament auf zwei Beinen, ausgestopft mit Stroh oder Paragraphen, wie Sie wollen; der alte Bud, eine Schnapsflasche; Sergeant Tree, ein absoluter Affe; Hauptmann Tree, die Eitelkeit in Person; Lord Lofty, ein Stutzer; des alten Rogue jüngster Sohn, ein vielversprechender Jüngling. Hier also diskutierte diese zusammengewürfelte Gruppe mit gebeugten Stirnen und von der eigenen Wichtigkeit durchdrungenen Blicken offenbar kein unwichtiges Thema. Ich bemerkte den Marquis von Douro, meinen Bruder, in ihrer Mitte und bekam folgenden Wortwechsel zwischen ihm und Lord Lofty mit:

*Lofty:* Nun, Herr Marquis, haben Sie von dieser kleinen Affäre gehört, dem Raub in der Öffentlichen Bücherei?

*Douro:* Ja. Das hat mich überrascht, das räume ich ein.

*Lofty:* Brock wurde verhaftet und wird hoffentlich der Folter unterzogen werden.

*Douro:* Das wäre in seinem Fall eine nicht zu rechtfertigende Grausamkeit. Meiner Meinung nach sollte kein Blut vergossen werden.

*Lofty:* Gut, aber sie könnten ihn aufs Streckbett spannen. Dieses Instrument läßt einen Menschen zwar ganz heile, wenngleich etwas gedehnt. Hahahahaha!

Hier wandte sich Arthur von ihm ab und Hauptmann Tree zu, den er folgendermaßen anredete.

*Douro:* Tree, da Sie glaub' ich mitleidiger sind, was wäre Ihre Art des Procedere?

*Tree:* Den Kerl stracks umbringen ohne Prozeß oder Vernehmung. Er könnte unschuldige Leute der Mittäterschaft bei seinem Verbrechen beschuldigen.

Nun trat ich vor und sagte: »Ja, Tree, bring ihn und alle seinesgleichen um auf der Stelle. Sie könnten jemand so Unschuldiges wie Dich beschuldigen, zum Beispiel, und leicht sind Zeugen aufzutreiben, die schwören könnten, Dich in seiner Gesellschaft in einer gewissen Nacht gesehen zu haben, wie Ihr einem schwarzen Sarg folgtet, der nicht mit Fleisch und Blut gefüllt war.«

*Tree* (errötend): Was meinen Sie, Sir?

»So manches«, fuhr ich fort, aber Arthur hielt mich zurück mit den Worten »Charles, Charles! Psst, Lieber!« Dann ergriff er meine Hand und führte mich eilends weg von der Promenade.

Es war nun Abend, und als wir den Palast erreichten, ergoß ein flammender südafrikanischer Sonnenuntergang sein allübersteigendes Licht über die ganze große Stadt, die von einem lauten Gemurmel widerhallte, und strahlte aufs herrlichste den staunenerregenden Turm an, der sich von großartigen Eichen umstellt erhob, die nun in einer ungegliederten Masse von Dusternis gegen einen goldenen Himmel sich abhoben. In der Ferne lag der ausgedehnte Hafen gepunktet von unzähligen weißbesegelten Schiffen. Der Ozean wogte in schrecklicher Schönheit. Seine mächtige Stimme wurde tiefer mit der Stille des Abends. Hundert Flüsse im Tal, die ihre wetteifernden Sänge sich ergießen ließen, blieben unhörbar inmitten des ehrfurchteinflößenden Donnergrollens, das über die verblassende Erde durch eine Atmosphäre von Duft und Balsam rollte. Mein Bruder und ich standen lange Zeit ganz hingerissen von Bewunderung auf der Terrasse, bis schließlich Finic kam und uns mahnte, daß der Tau falle und Kälteschauer die Luft durchzögen.

Charles Wellesley
18ten Juni 1830
C. Brontë

# *Albion und Marina*

EINE ERZÄHLUNG
VON LORD WELLESLEY,
DIE IN IHREN WICHTIGSTEN TEILEN
AUF TATSACHEN BASIERT.
VERLEGT UND VERTRIEBEN
VON SERGEANT TREE
UND ALLEN ANDEREN BUCHHÄNDLERN
IN DER CHIEF GLASS TOWN,
PARIS ETC.

## VORREDE

Ich habe diese Erzählung aus Boshaftigkeit und Rache für die Beleidigungen geschrieben, die mir in letzter Zeit zugefügt wurden. Viele Teile, insbesondere zu Beginn, wurden unter einem geheimnisvollen Einfluß verfaßt, den ich nicht erklären kann. Mein Leser wird mühelos die Charaktere durch den dünnen Schleier hindurch erkennen, den ich über sie geworfen habe. Ich habe Lady Zelzia Elrington beträchtlich geschmeichelt. Sie ist lange nicht so hübsch, wie ich sie dargestellt habe, und sie bemühte sich viel energischer, jemand aus der Gunst einer anderen Person zu verdrängen, als ich sage. Doch ihre Bemühungen schlugen fehl. Albion ist bis jetzt standhaft. Was er tun wird, kann ich nicht einmal auch zu erraten vorgeben: aber ich glaube, daß Marinas unvergleichliche Übelegenheit die Oberhand behalten wird über ihre französisierte Rivalin, die, wie alle Welt weiß, eine Herumtreiberin, eine Betrügerin, eine Schwatzliese, ein Blaustrumpf, ein Mannweib und eine alte Hexe zugleich ist ...

Der Schluß entbehrt jeder Fundierung in Wahrheit, und ich schrieb ihn aus Rache. Albion und Marina sind, soviel ich weiß, am Leben und wohlauf.

Eines jedoch wird mir sicher das Herz brechen, und das ist, wenn es zu irgendwelchen üblen Nachreden über Tree (den Verleger) kommt; aber ich hoffe, meine Leser werden mir dies vergeben, da ich verspreche, es reichlich wettzumachen, wenn ich das nächste Mal ein Buch schreibe.

12ten Oktober 1830 C. WELLESLEY

Das habe ich in vier Stunden geschrieben. C. B.

## I. KAPITEL
## Albion

Im Süden Englands liegt ein gewisses kleines idyllisches Dorf, das ich besser kenne als die meisten Menschen. Die umgebende Landschaft besitzt keine hervorstechenden Züge von romantischer Grandeur oder Wildheit, die sich vorteilhaft in einem Roman ausmachen würden, auf welche vornehme Bezeichnung diese kurze Erzählung keine Prätensionen macht.

Weder zerklüftete hochaufragende Felsen noch ins Ungefähre sich hinaufreckende Berge zeichnen mit ihrem Stirnrunzeln das ungestörte Antlitz der Natur; einzig kleine friedliche Täler, von Wald gekrönte niedrige Hügel, murmelnde Wasserfälle und Bäche, üppig bestellte Felder, Bauernhöfe, kleine Bauernhäuser und ein breiter Fluß bilden die Züge der Landschaft. Und jeder Weiler hat einen großen Mann oder mehrere. Dieser hier nun hatte einen, und er war »keene Kleinigkeit«. Jedes Ohr der Welt hatte von seinem Ruhm gehört, und jede Zunge konnte davon Zeugnis ablegen. Ich werde ihn den Herzog von Strathelleraye nennen, und auf diesen Namen hörte gleichermaßen das Dorf. Mehr als vierzig Meilen im Umkreis gehörte ihm jeder Zoll Grundes, und jeder war sein Lehensmann.

Die großartige Villa, oder besser: der Palast dieses Edelmanns stand auf einer Anhöhe und war von einem ausgedehnten Park und dem laubenartigen Schatten uralten Waldes umgeben, und stolz schien er die Huldigung der ganzen Ländlichkeit zu erwarten.

Geist, Vorzüge und Charakter ihres großen Besitzers dürfen, ja *können* nicht von einer so schwachen Feder wie der meinen abgeschildert werden; denn wenn ich auch kindliche Liebe und hingegebene Bewunderung zu Hilfe rufen könnte, so wären doch beide gänzlich wirkungslos.

Obwohl der Herzog nur selten in eigener Person unter seinen ihm zugetanen Vasallen weilte, da er durch wichtige Tätigkeiten andernorts festgehalten wurde, so residierte doch seine Gemahlin, die Herzogin, beständig im Schloß. Von ihr kann ich nur sagen, daß sie einem Engel auf Erden glich. Ihr Wesen machten Nächstenliebe, Wohltätigkeit, Adel und Süße aus. Alle, Alt und Jung, liebten sie, und die Segenswünsche jener, die im Sterben lagen, kamen wieder und wieder über sie.

Ihro Gnaden hatte auch zwei Söhne, die häufig Strathelleraye besuchten.

Über den jüngeren, Lord Cornelius, ist alles gesagt, wenn ich den Leser darüber unterrichte, daß er siebzehn Jahre alt war, wichtigtuerisch, salbungsvoll, stoisch, ziemlich hochmütig und sarkastisch, mit feinen Gesichtszügen, wenn auch etwas schwärzlich; daß er langes dichtes Haar hatte so schwarz wie Krähenflügel; und daß er nichts so sehr mochte als in schwermütigem Schweigen der Eitelkeit aller menschlichen Dinge nachzusinnen oder seinen Geist zu veredeln und zu erweitern durch das abstruse Studium der höheren Zweige der Mathematik und jener erhabenen Wissenschaft der Astronomie.

Der ältere Sohn, Albion, Marquis von Tagus, ist der Held meiner vorliegenden Erzählung. Er hatte sein neunzehntes Lebensjahr begonnen; seine Erscheinung war stattlich, seine Gestalt in ihrem wunderbaren Ebenmaß der des Apoll von Belvedere gleich. Der strahlende Lockenreichtum seines üppigen Haares wallte über eine Stirn von reinstem Marmor, von adernloser milder Weiße. Seine Nase und Mund waren nach dem vollkommensten Muster geformt. Doch sah ich irgend je, das seinem Auge gleichkam?! Ach, in Fesseln der Bewunderung geschlagen hätte ich stundenlang stehen und es anstarren können! Welche Klarheit, Tiefe und lichte Durchsichtigkeit in jenen großen Kreisen strahlenden Brauns! Und der Zauber seines Lächelns war unwiderstehlich, obzwar nur selten dies Sonnenlicht des Gemütes durch den gedankenschweren und fast melancholischen Ausdruck seiner noblen Züge brach. Er war Soldat, Rittmeister im Königlichen Garderegiment zu Pferde, und alle seine Haltungen und Taten waren von kriegerischer Grazie. Seine geistigen Fähigkeiten entsprachen exakt solchem Äußeren: sie waren von höchstem Rang; und wenn er auch nicht, wie sein jüngerer Bruder, gänzlich der Gelehrsamkeit ergeben war, so war er doch wohlbewandert in den alten Sprachen und sehr belesen in den griechischen und römischen Klassikern, zusätzlich zu den besten Werken in der britischen, deutschen und italienischen Zunge. Solchergestalt war mein Held. Der einzige Makel, den ich je in seinem Charakter entdecken konnte, war der einer leichten Heftigkeit oder Hitzigkeit des Temperaments, die ihn manchmal außer sich geraten ließ, wobei er allerdings auf den leisesten Blick oder Ordnungsruf seines Vaters hin sofort seine Leidenschaft zügelte und völlig ruhig wurde.

Kein Wunder, daß der Herzog stolz auf solchen Sohn sein sollte – wie er's ja auch war.

## II. KAPITEL
## Marina

Ungefähr zwei Meilen vom Schloß, den Blicken gänzlich verborgen durch einen dichten Forst, stand auf einer Lichtung desselben ein hübsches Haus.

Dahinter war ein weicher Rasen, eingerahmt von duftenden Sträuchern, und davor ein geschmackvoller Blumengarten.

Dies war die Bleibe von Sir Alured Angus, einem Schotten, der Leibarzt Seiner Gnaden war, und obgleich er die Umgangsformen eines Gentleman hatte, war er doch harsch, streng und etwas streitsüchtig in Antlitz und Charakter.

Er war Witwer und hatte nur ein Kind, eine Tochter, die ich Marina nennen werde, was ihrem wirklichen Namen ziemlich nahekommt. Keine wilde Rose, einsam erblühend, auch keine Glockenblume, die von einer Mauer herabblickt, glich je an Lieblichkeit dieser Blume des Waldes. Die Färbung ihrer Wange überträfe auch die delikateste Nuance der ersteren, auch wenn deren Knospe sich eben erst dem Anhauch des Sommers öffnete, und das klare Azur ihrer Augen ließe die letztere so langweilig wirken wie eine trübe Hyazinthe. Auch erschienen die seidenen Strähnen ihres haselnußbraunen Haares, die leicht geringelt einen schneeweißen Hals und eine ebensolche Stirn hinunter tändelten, eleganter als die jungen Ranken einer Weinrebe. Ihr Kleid war fast Quaker-haft in seiner Schlichtheit. Reinweiß oder Frühlingsgrün waren die Farben, die sie stetig trug, ohne alle Juwelen außer einer Perlenreihe um den Hals. Nie rührte sie sich über den Bereich hinaus, der von einem grünen Heckenweg begrenzt wurde, der ein langes Getreidefeld in der Nähe des Hauses säumte. Dort pflegte sie an warmen Sommerabenden sich zu ergehen und zu verweilen und dem Gesang der Heidelerche zu lauschen, und zuweilen gesellte sich auch ihre eigene harmonischere Stimme zu deren entzückendem Zwitschern.

Wenn die düsteren Tage und Nächte von Herbst und Winter solche Spaziergänge nicht erlaubten, vergnügte sie sich mit Zeichnen (wofür sie einen sehr akkuraten Geschmack hatte), Harfespielen, mit der Lektüre der besten englischen, französischen und italienischen Werke (alle diese Sprachen beherrschte sie nämlich) in der ausgedehnten Bibliothek ihres Vaters, und bisweilen mit etwas leichter Nadelarbeit.

Und so war sie in dieser fast vollständigen Zurückgezogenheit (denn sogar Sir Alureds Gesellschaft hatte sie nur selten, da er gewöhnlich in London wohnte) völlig glücklich und konnte nur mit unschuldigem Staunen an jene denken, die imstande waren, an den lärmenden Vergnügungen dessen Geschmack zu finden, was man die ›vornehme Gesellschaft‹ nennt …

Eines Tages, als Lady Strathelleraye im Wald spazierenging, traf sie Marina, und als sie erfuhr, wer sie war, bezaubert auch von ihrer Schönheit und ihren süßen Manieren, lud sie sie ein, morgen aufs Schloß zu kommen. Dies tat sie und lernte dort den Marquis von Tagus kennen. *Er* war noch mehr überrascht und angetan von ihr als die Herzogin, und als sie gegangen war, stellte er seiner Mutter viele Fragen zu ihr, die sie alle zu seiner Zufriedenheit beantwortete.

Einige Zeit danach schien er lustlos und gedankenverloren. Der Leser wird leicht erraten, daß er, wie der gängige Ausdruck lautet, »sich verliebt« hatte.

Lord Cornelius, sein Bruder, warnte ihn vor der Närrischkeit solchen Tuns, aber statt seinen weisen Mahnungen zu lauschen, versuchte er zunächst ein Gelächter und gebot ihm dann stirnrunzelnd Schweigen.

Nach einigen Tagen machte er einen Besuch in Oakwood House (Sir Alureds Landsitz) und war danach düsterer gestimmt denn zuvor.

Sein Vater bemerkte es und sagte es Albion eines Tages, als sie allein saßen, wobei er hinzufügte, daß er die Gründe sehr wohl kenne. Albion errötete, aber erwiderte nichts.

»Ich stelle mich«, fuhr der Herzog fort, »deinen Wünschen nicht in den Weg, wenngleich gewiß ein beträchtlicher Standesunterschied besteht zwischen dir und Marina Angus, doch dieser Unterschied wird wettgemacht durch die vielen bewundernswerten Eigenschaften, die sie besitzt.«

Als er diese Worte hörte, erhob sich Arthur – ich meine, Albion – rasch, warf sich seinem Vater zu Füßen und schüttete in Ausdrücken glühender Dankbarkeit seinen Dank aus, wobei seine von der Erregung geröteten edlen Gesichtszüge noch beredter waren als seine beredten Worte.

»Erhebe dich, Albion«, sagte der Herzog, »du bist ihrer würdig und sie deiner; doch seid ihr beide noch zu jung. Einige Jahre müssen noch verstreichen, bis eure Vereinigung statthat; übe dich daher in Geduld, mein Sohn.«

Albions Freude wurde durch diese Neuigkeit leicht gedämpft, aber Dankbarkeit und kindlicher Gehorsam ebenso wie Liebe zwangen ihn, sich zu beruhigen, und sofort danach verließ er den Raum und schlug den Weg nach Oakwood House ein.

Dort berichtete er Marina die neuen Umstände, die, obwohl sie ungläubig errötete, sich doch so froh und von allem geradezu an Verzweiflung grenzenden Zweifel befreit fühlte wie er auch.

## III. KAPITEL
## Glass Town

Wenige Monate später beschloß der Herzog von Strathelleraye, jenes Weltwunder, die große Stadt von Afrika zu besuchen: Glass Town, von deren Glanz und Herrlichkeit, Ausdehnung, Stärke und Reichtümern bisweilen aus weiter Ferne Zeitungen kamen, herübergetragen ins fröhliche AltEngland auf Meeresbrisen.

Für die meisten Bewohner dieser kleinen Insel aber hatte Glass Town den Charakter eines Traums oder einer prunkvollen Phantasie. Sie konnten nicht begreifen, wie menschliche Wesen Gebäude von solch wunderbarer Größe und Pracht errichten konnten, wie sie von vielen der öffentlichen Gebäude berichtet wurden, und was gar den »Turm Aller Nationen« anging, so glaubten nur wenige an seine Existenz. Er schien wie die Städte der Vorzeit: Niniveh oder Babylon mit den Tempeln ihrer Götter, Ninus oder Jupiter Belus, und ihre Hallen von Astarté und Semalt. Die meisten Leute glauben ja, daß der Dunstschleier dazwischenliegender Zeiten und die immer zu

Übertreibungen neigenden Seiten des Buchs der Geschichte als des Mediums, durch das wir sie wahrnehmen, diese Bauwerke vergrößert hat.

Der Herzog, da er viele Einladungen von Glass-Townians erhalten hatte, die ungeduldig waren, einen zu sehen, dessen Ruf sich so verbreitet hatte, und da er selbst auch ausgedehnte Ländereien nahe der afrikanischen Küste besaß, unterrichtete seine Gemahlin, den Marquis of Tagus und Lord Cornelius davon, daß er in einem Monat mit ihnen zusammen abreisen würde; er erwarte, daß sie zu diesem Zeitpunkt reisefertig seien, und fügte hinzu, daß bei ihrer Rückkehr dann Marina Angus zur Marquise von Tagus erhoben werden solle.

Auch wenn es für Albion eine harte Prüfung war, von einer zu scheiden, der er nun so völlig ergeben war, gehorchte er doch, getröstet vom Schluß der Worte seines Vaters, ohne Murren. Am letzten Abend seines Aufenthaltes in Strathelleraye sagte er Marina ein trauriges Lebewohl, die weinte wie hoffnungslos; doch plötzlich zügelte sie ihren Kummer, schaute auf mit ihren schönen Augen, die nun von einem Lächeln erglänzten, das wie ein Lichtstrahl ihre kristallenen Tränen erleuchtete, und flüsterte:

»Ich werde glücklich sein, wenn du zurück bist.«

Dann verließen sie einander, und oft während seiner Reise über den weiten Ozean dachte Albion trostsuchend an ihre Worte. Es ist ein verbreiteter Glaube, daß die Worte, die von einem Freund beim Abschied gesagt werden, prophetisch sind, und gewißlich versprachen diese hier nichts als Frieden.

## IV. KAPITEL
## Literarische Strebungen

Nach angemessener Zeit kamen sie in Glass Town an und wurden mit enthusiastischer Herzlichkeit willkommen geheißen. Nachdem der Herzog sein Reich besucht hatte, kehrte er in die

Hauptmetropole zurück und schlug seine Residenz im Salamanca Palace auf.

Durch die edle Schönheit seiner Person zog der Marquis von Tagus beträchtliche Aufmerksamkeit auf sich, wo immer er hinging, und in kurzer Zeit hatte er manche treuen Freunde von höchstem Stand und Fähigkeiten gewonnen und für sich eingenommen. Da er die höhere Literatur und die Künste allgemein liebte, waren bald Maler und Dichter unter seinen wärmsten Bewunderern. Er selbst besaß einen höchst erhabenen Geist, doch war bis jetzt dessen ganzer Umfang ihm selbst noch verborgen.

Eines Tages, da er jener Welt von Wassern nachsann, die zwischen ihm und der schönen Marina wogten, beschloß er, seine Gefühle zu Papier zu bringen, in eine greifbare Form, auf daß er sie später ihr zeigen könne, wenn die Vorfreude dem Vollgenuß gewichen sein würde. Er ergriff die Feder, und in ungefähr einer Viertelstunde hatte er ein kurzes Gedicht von exquisiter Schönheit vollendet. Der Versuch gefiel ihm und dämpfte die Pein, die in seinem Herzen weilte. Zugleich gab ihm dies auch einen Einblick in die erstaunlichen Fähigkeiten seines Geistes, und ein Verlangen nach Unsterblichkeit, der ehrgeizige Wunsch nach Ruhm ergriff ihn.

Er war ein ergebener Verehrer der göttlichen Werke, welche die griechischen Tragiker dem Staunen aller folgenden Zeiten hinterlassen haben, insbesondere derer des majestätischen Sophokles, und seine Seele war durchdrungen von dem Geist ihres Adlerflugs in Regionen, höher als die Erde und auch als der Parnass selbst.

Da er nun in gewissem Maße seiner stolzen Fähigkeiten gewärtig war, entschloß er sich, wie Milton, etwas zu schreiben, das die Musen der Überlieferung nicht willens sein würden sterben zu lassen, und also begann er eine Tragödie mit dem Titel »Nekropolis, oder die Stadt der Toten«. Darin wurden mit dem Schwung eines großen Geistes die Geheimnisse der Götterverehrung AltÄgyptens dargestellt: und er hat mir gestanden, daß er sich ganz entrückt fühlte, während er dies schrieb, obwohl es doch von ihm selbst gesetzte Worte waren.

Erhaben ist diese überraschende Hervorbringung! In der Tat ist das Werk – den Worten eines bedeutenden Autors (Hauptmann Tree) zufolge – »ein edles Beispiel für die beinahe Perfektibilität des menschlichen Intellekts«; doch es liegt darüber auch ein Gefühl zarter Melancholie, denn das Bild Marinas spukte in seinen Gedanken, und Amalthea, seine Heroine, ist nur eine Verkörperung von ihr.

Diese Tragödie schlang den Lorbeer des Ruhms um seine Stirn, und seine Folge-Werke, deren jedes das andere zu übertreffen schien, fügten neue Kränze denen hinzu, die seine Schläfen bereits verschönten.

Den Glanz seiner literarischen Laufbahn kann ich nicht verfolgen, noch die Titel seiner verschiedenen Werke auch nur erwähnen. Es genüge zu sagen, daß er einer der größten Dichter seiner Zeit wurde; und einer der mächtigsten Antriebe bei seinem Streben nach Berühmtheit war, sich des Besitzes eines solchen Schatzes wie Marina würdig zu erweisen. Was immer er tat, stets war sie in seinen Gedanken, und bis jetzt hatte er keine erblickt unter den Damen von Glass Town – auch wenn reiche, hochrangige und hübsche durch unzählige Künste seine Gunst zu gewinnen suchten –, die er mit ihr je vergleichen könnte.

## V. KAPITEL
## Lady Zelzia Ellrington

Eines Abends war Albion in das Haus des Grafen Cruachan eingeladen, wo eine große Gesellschaft versammelt war. Unter den Damen war eine von offenbar fünfundzwanzig oder sechsundzwanzig Jahren. Sie war von hoher Gestalt, und sowohl diese wie auch ihr Gesicht waren von vollkommen römischem Schnitt. Ihre Züge waren regelmäßig und fein geformt, ihre vollen und leuchtenden Augen jett-schwarz wie die Flechten ihres reichgelockten Haares. Ihre dunkelglühende Gesichtsfarbe wurde unterstrichen durch eine Robe von karmesinrotem, mit Hermelin besetztem Samt, und ein nickender Busch schwarzer Straußenfedern trug zur imponierenden Würde ihrer Erscheinung bei.

Trotz ihrer ungewöhnlichen Anmut bemerkte Albion sie kaum, bis Graf Cruachan sich erhob und sie ihm als Lady Zelzia Ellrington vorstellte.

Sie war die gebildetste und berühmteste Frau in Glass Town, und er war erfreut über diese Gelegenheit, sie zu sehen. Eine Zeitlang unterhielt sie ihn mit einem Gespräch von lebhaftester Eloquenz; tatsächlich hätte auch Madame de Staël selbst Lady Zelzia nicht in der Gabe der Konversation übertreffen können. Und bei dieser Gelegenheit nun strengte sie sich aufs äußerste an, da sie in der Gegenwart eines so hervorragenden Mannes war, eines Mannes, dem zu gefallen ihr angelegen war.

Endlich bat einer der Gäste sie, der Gesellschaft das Vergnügen eines Liedes und einer Melodie auf dem Flügel zu gewähren. Sie weigerte sich zunächst, doch als Albion dem Wunsch sekundierte, erhob sie sich, und öffnete den schmalen Gedichtband, den sie vom Tisch des Salons zur Hand nahm, bei einem Gedicht des Marquis von Tagus. Sie wählte sodann eine zarte Melodie dafür aus und sang wie folgt, indem sie geschickt ihre Stimme auf dem Instrument begleitete:

Ich denke dein, wenn Mondlicht dahlt
Auf ruh'gen Wassers Flut;
Denn deiner Augen Bläue strahlt
Ganz ähnlich hell und gut.

Ich denke dein, wenn still den Fluß
Ein Schwan ganz schneeweiß ziert;
Die Brise küßt die Federn bloß,
Von dir gedämpft, sediert.

Denn laute Winde zähmten sich,
Um deine Schönheit nur zu streifen;
Wollten nur zart und spielerisch
Durch deine Haarpracht schweifen.

Und wilde Vögel kreisten schrill
Hoch über deinem Scheitel;
Doch du standst lilienweiß und still,
Unschuldig, fromm, uneitel.

Ach, eines Tags werd' wieder ich
Mit diesem Aug dich sehen,
Wenn auch noch zwischen mir und dir
Des Ozeans Wellen gehen.
Der heult und schwillt
Noch wütend, wild –
Einst werd ich vor dir stehen!

Dies Lied hatte Albion bald nach seiner Ankunft in Glass Town komponiert. Es war an Marina gerichtet. Das reiche, volle Timbre von Lady Zelzias Stimme ließ dem Thema volle Gerechtigkeit widerfahren, und in angemessenen Worten gab er seiner Wertschätzung der Ehre Ausdruck, die sie ihm erwiesen hatte. Als sie geendet hatte, brach die Gesellschaft auf, denn es war schon ziemlich spät.

## VI. KAPITEL
## Der Geist Marinas

Auf dem Heimweg begann Albion unmerklich über den majestätischen Charme von Lady Zelzia Ellrington nachzudenken und ihn mit dem zarteren Zauber von Marina Angus zu vergleichen. Zuerst wußte er kaum, welchem er den Vorzug geben sollte, denn obwohl er Marina immer noch fast vergötterte, so hatte doch eine Abwesenheit von vier Jahren seine Erinnerung an ihre Person beträchtlich abgetötet.

Während er dergestalt beschäftigt war, hörte er eine zarte, aber traurige Stimme flüstern: »Albion!«

Hastig wandte er sich um und sah einen Umriß, welcher der von Marina selbst war, in geringer Entfernung deutlich im Mondlicht. »Marina! Meine liebste Marina!« rief er aus und sprang zu ihr hin, während unsägliche Freude sein Herz erfüllte; »wie kommst du hierher? Haben die Engel des Himmels dich gebracht?«

Mit diesen Worten streckte er seine Hand aus, doch sie entzog sich seinem Griff und sagte, langsam zurückgleitend: »Vergiß mich nicht; ich werde glücklich sein, wenn du zurück bist.« Dann verschwand die Erscheinung. Sie schien nur aufgetaucht zu sein, um ihre Überlegenheit über ihre Rivalin zu bekräftigen, und wirklich fühlte Albion in dem Moment, da er ihre Schönheit sah, daß sie unvergleichlich war.

Doch nun bemächtigten sich Staunen und Verwirrung seines Geistes. Er wußte nicht, wie er sich diese Vision erklären sollte, es sei denn er nähme zur üblichen Erklärung, der Wirkung übernatürlicher Instanzen, seine Zuflucht, und diesen alten Glauben hatte sein aufgeklärtes Verständnis bisher zurückgewiesen, bis er sich ihm durch diesen außergewöhnlichen Vorfall wieder aufdrängte. Etwas war ja auf jeden Fall, in dessen Auslegung er nicht fehlgehen konnte, und das war die Wiederholung ihrer letzten Worte: »Ich werde glücklich sein, wenn du zurück bist.« Dies zeigte, daß sie noch am Leben war und das, was er gesehen hatte, nicht ihr Geist sein konnte. Er prägte sich jedoch Tag und Stunde ein; der 18. Juni 1815 war es, um zwölf Uhr mitternachts.

Von diesem Moment an nahm die naturgegeben melancholische Neigung seines Gemüts wieder zu, denn die drohende Möglichkeit ihres Todes vor seiner Rückkehr stand ihm stets vor Augen, und die Glut seiner Verehrung sowie die Begierde, sie wiederzusehen, verdoppelten sich.

Schließlich konnte er seinen Kummer nicht mehr länger ertragen und offenbarte dies seinem Vater, und der Herzog, gerührt von seinem Kummer und von der Unwandelbarkeit seiner Zuneigung, gab ihm sein bedingungsloses Einverständnis, England zu besuchen und Marina mit ihm nach Afrika zurückzubringen.

## VII. KAPITEL
## Albions Rückkehr

Ich brauche den Leser nicht mit den Details der Umstände der Reise Albions belästigen, gehe vielmehr gleich weiter zu dem, was nach seiner Ankunft in England sich ereignete.

Es war ein schöner Septemberabend 1815, als er Strathelleraye erreichte.

Ohne sich Zeit zu nehmen für einen Besuch im Haus seines Vaters begab er sich direkt nach Oakwood House. Als er näher kam, wurde ihm einen Moment fast schlecht bei dem Gedanken, sie könnte nicht mehr sein, doch er rief HOFFNUNG zu seiner Hilfe, und gestützt auf ihren goldenen Anker ging er den Rasen hinauf und erreichte die Glastüren des Gesellschaftszimmers. Beim Näherkommen schwoll eine süße Symphonie von Harfenmusik an sein Ohr. Sein Herz hüpfte in ihm bei dem Klang. Er wußte, daß nur ihre Finger solche melodiösen Töne erzeugen konnten, in welche sich nun der Wohlklang einer süßen und traurigen, aber wohlbekannten Stimme mischte. Er schob den Rebzweig beiseite, der die Tür beschattete, und erblickte Marina, schöner denn je, so deuchte ihm, wie sie an ihrer Harfe saß und mit ihren schlanken Fingern über die zitternden Saiten fuhr.

Ohne von ihr bemerkt zu werden, da sie ihr Gesicht von ihm abgewandt hielt, trat er ein, setzte sich hin, stützte den Kopf in die Hand, schloß die Augen und lauschte mit Gefühlen überwältigender Freude den folgenden Worten:

Lange hat mein Ohr gelauschet
Auf den Schritt, der doch nie tönte;
Sehnsucht hat mein Herz umrauschet,
Keine Thräne mich versöhnte.
Doch ruh ich nun.

Die Natur selbst schien zu trauern;
Auch der Antlitz-Stern der Blume
Schien gebeugten Haupts zu schaudern;
Nieder hingen ihr zur Krume
Alle Blätter.

Aus des Berges tiefen Höhlen,
Aus Hainen, die den Hügel krönen,
Vom Strom, aus allen seinen Quellen
Murmellaute dumpf ertönen,
Kummer kündend.

Omen-trächt'ge Winde fielen
Seufzend durch der Bäume Blätter;
Vögel, Unheilsboten spielten
In den Lüften, immer satter
Böses krächzend.

Ach, bei allen Zeichen bebt' ich,
Hob voll Todesfurcht das Haupt;
Immer zuckte und durchlebt' ich
Unruh, die den Herzschlag raubt:
Kommt er doch?

Ja, mein täglich Brot war Weinen;
Lähmender Verzweiflung Pein
Ließ mich allen Trost verneinen;
Nichts mehr war an Hoffnung mein.
Gram fraß mein Herz.

Hier setzten Musik und Gesang plötzlich aus.

Albion blickte auf. Alles war Düsternis, ausgenommen da, wo die silbernen Mondstrahlen eine verlassene und zerfallene Behausung zeigten statt des eleganten Salons, der wenige Minuten zuvor seinen Blick erfreut hatte.

Keine Spur von Marina war zu sehen, keine Harfe oder anderes Harmonieinstrument, und das kalte Mondlicht ergoß sich durch einen leeren Raum anstelle der Glastür. Er sprang auf und rief laut: »Marina! Marina!« Doch nur ein Echo wie aus leeren Räumen antwortete. Fast von Sinnen stürzte er hinaus ins Freie. Ein Kind stand einsam an der Gartentür; es kam auf ihn zu und sagte: »Ich werd dich zu Marina Angus führen; sie ist von diesem Haus in ein anderes umgezogen.«

Albion folgte dem Kind, bis sie zu einer langen Reihe hoher Bäume kamen, die zu einem Friedhof führten. Sie traten ein; das Kind verschwand und ließ Albion stehen neben einem weißen Grabstein, in den eingemeißelt stand:

MARINA ANGUS
Sie starb
AM 18ten Juni 1815
um
12 Uhr mitternachts

Als Albion dies gelesen hatte, fühlte er, wie ein schrecklich stechender Schmerz ihm das Herz abwürgte und seinen ganzen Körper konvulsivisch zucken ließ. Mit einem lauten Stöhnen stürzte er über das Grab und lag dort besinnungslos geraume Zeit, bis er endlich aus seiner todesähnlichen Trance erwachte und den Geist Marinas erblickte; für einen Augenblick stand sie neben ihm, murmelte dann: »Albion, ich bin glücklich, denn ich habe nun Frieden«, und verschwand.

Einige Tage lang verweilte er in der Nähe ihres Grabes, und dann verließ er Strathelleraye wo man nie wieder von ihm gehört hat.

* * * * *

Den Grund für Marinas Tod werde ich in Kürze berichten. Vier Jahre nach Albions Abreise erreichten Gerüchte das Dorf, daß er tot sei. Diese Nachricht brach Marinas treues Herz. Einen Tag später war sie nicht mehr.

C. B.,
12ten Oktober 1830

# *Die Vermählung*

Im Herbst des Jahres 1831, überdrüssig des Studierens und der melancholischen Einsamkeit der gewaltigen Straßen und ungeheueren Handelsplätze unseres großen Babel und müde des ewigen Donnerhalls der See, des Lärms von abertausend sich selbst bewegender Maschinen, des mißtönenden Geschreis aller Völker, Stämme und Zungen, die in diesem gigantischen Bazar des Handels, der Künste, der GOttähnlichen Weisheit, der grenzenlosen Gelehrsamkeit und des übermenschlichen Wissens versammelt sind; geblendet vom steten Anblick der Herrlichkeit, der Macht, der Reichtümer, Gewalt und der strahlenden Schönheit der Stadt, die wie eine Königin am Meeresgestade thront; mit einem Wort, Verdopolis' und all seiner Pracht leid, beschloß ich eine Landpartie.

Tags darauf also, nachdem dieser Vorsatz gefaßt worden war, erhob ich mich mit der Sonne, packte ein paar unentbehrliche Kleidungsstücke und dergleichen zusammen, tat sie ordentlich in einen leichten Tornister, räumte meine Stube auf, genoß eine bekömmliche Mahlzeit und machte mich dann, nachdem ich die Türe zugeriegelt und den Schlüssel meiner Wirtin ausgehändigt hatte, leichten Herzens und freudigen Schrittes auf den Weg.

Als ich drei Tage unaufhörlich gewandert war, kam ich an die Ufer eines breiten und tiefen Stromes, der sich durch ein gewaltiges, hügelumschlungenes Tal wand, dessen reiches und geblümtes grünes Kleid nur durchbrochen ward von den langen Hainschatten und hier und dort von traubenbildenden Rudeln und Herden, die, weiß wie Schnee, in den grünen Senken zwischen den Bergen lagen. Es war am Abend eines ruhigen Sommertages, als ich dieses bezaubernde Fleckchen erreichte. Man vernahm jetzt nur die anschwellenden und dann wieder verhallenden Lieder der Hirten und das Gemurmel sanftfließender Wellen. Ich wußte weder, wo ich war, noch kümmerte es mich. Mein Gesichts- und mein Gehörsinn waren von der Kontemplation dieser entzückenden Szene ganz in Anspruch genommen, und sorglos umherschweifend verließ ich den leitenden Strom und betrat, angelockt vom Gezwitscher Hunderter Waldessänger, einen Forst. Bald bemerkte ich, daß sich der enge, verschlungene Waldpfad verbreiterte und allmählich das Aussehen einer grün=schattigen Allee gewann. Gelegentlich säumten Rosen- und Myrtenlauben den Wegrand, deren Moosbänke den Müden zur Rast luden. Ungeachtet dieser Anzeichen, daß es sich hier um einen Privatbesitz handelte, hießen mich Neugier und die Lockung von Musik und kühlem Schatten weitergehen. Schließlich trat ich auf eine Waldlichtung, in deren Mitte ein kleines, aber ungemein schönes Marmorgebäude von reinem und blendendem Weiß stand. Auf den breiten Stufen des Portikus ruhten zwei Gestalten, bei deren Anblick ich sogleich hinter einen niedrigen, weitausladenden Feigenbaum wich, von wo aus ich das ganze Geschehen ohne Angst vor Entdeckung verfolgen konnte. Die eine war ein Jüngling von stattlichem Wuchs und auffallend anmutigen Betragen, gewandet in ein köstliches purpurnes Wams und einen ebensolchen Mantel, dazu enganliegende weiße Pantalons aus weißer gewirkter Seide, die sein herrliches Ebenmaß vorteilhaft zur Geltung brachten. Eine reichverzierte Koppel gürtete straff seine Hüfte, von der ein Krummsäbel hing, auf dessen goldenem Heft und der Scheide aus feinstem Damaszener=Stahl Edelsteine von unschätzbarem Wert glitzerten. Sein stählerner Helm, den hohe, schneeweiße Federn krönten, lag neben ihm, sein Fehlen ließ die vollen, schwarzen, schimmernden Haarlocken deutlicher hervortreten, die ein Antlitz umrahmten, das sich schon durch die edle Schönheit seiner Züge auszeichnete, aber mehr noch durch das strahlende Feuer von Genie und Intellekt, das im heftigen Glanz seiner großen, schwarzen und leuchtenden Augen zu sehen war.

Die andere Erscheinung war die einer sehr jungen und schlanken Maid mit zarter, heller, beinahe durchscheinender Haut. Ihre Wangen tönte ein volles, weiches Karmesin, ihre Züge waren zu vollendeter Lieblichkeit modelliert; während das klare Leuchten der haselnußbraunen, strahlenden Augen und die sacht=schwingenden, kastanienbraunen Ringellöckchen den Reiz der ohnehin schon überirdisch Schönen mehrten. Ihre Kleidung bestand aus einer weißen Robe von der feinsten Webart, die der indische Webstuhl zu fertigen vermag. An Schmuck trug sie nur eine lange Kette – zweimal um den Hals geschlungen und über die Taille hinabhängend – auf deren Schnur abwechselnd die schönsten Smaragd- und Goldperlen gereiht waren; sowie einen schlichten Goldring am dritten Finger ihrer linken Hand, der, zusammen mit einer auf ihrer Stirn glitzernden Perlensichel (verheiratete Edeldamen von Verdopolis tragen diese stets) anzeigte, daß sie den Weg des Ehelebens betreten hatte. Mit holder Lebhaftigkeit in Blick und Gebaren sprach die junge Braut zu ihrem Gebieter just in dem Augenblick, da ich des unvergleichlichen Paares ansichtig wurde:

»Nein, nein, Mylord; wenn ich ein Lied singe, dann sollt Ihr es auswählen. Nun also, was soll ich singen? Der Mond ist aufgegangen, und wenn Ihr Euch nicht rasch entscheidet, so werde ich gar nicht singen!«

Hierauf antwortete er: »Nun, da ich des Vergnügens sonst ganz verlustig zu gehen drohe, wenn ich meine Wahl hinausschiebe, so wünsche ich mir das süße Lied, das ich Euch an jenem Abend ablauschte, bevor ich nach Schottland aufbrach.«

Sie errötete lächelnd, nahm eine kleine Elfenbein=Lyra zur Hand und sang mit zutiefst anrührender, melodischer Stimme die folgenden Strophen:

Er ist fort, und mit ihm schwand der Gebirge Helle;
Die Schönheit wich auch aus dem Strom und der Quelle;

Von Schleiern verhangen
Ist der Himmel auf Dauer,
Und wo Vögel einst sangen,
Da wispert nun Trauer;
Der Wind klagt warnend-jämmerlich
In der Bäume Szenerie;
In jedem Seufzer höre ich
Des Schicksals Melodie.

Drum, O Herr aller Meere! In Deinem Allwissen
Bewahr' seine Reise vor schlimmen Fährnissen;
Er vertrau' Deiner Macht,
Wenn wilde Stürme brüllen,
Und die Tinten der Nacht
Alle Himmel verhüllen;
Doch sanft soll tragen ihn Neptun
Auf seiner Wellenhand;
Und alle Stürme mögen ruh'n
In Äols Höhl' gebannt.

Eh' er mir zurückkehrt, werden Jahre verstreichen,
Doch nie soll die Hoffnung aus dem Herzen mir weichen;
Ich will harren der Zeit,
Da sein Schritt leicht und beschwingt
Auf dem Felsen ertönt,
Wo der Wasserfall singt;
Wenn hoch von seines Vaters Schloß
Wehen wird das Fahnenband,
Zu grüßen ihn, den hehrsten Sproß
Von Englands Ritterstand.

Doch die Hoffnung hemmt nicht den Strom meiner Tränen,
Und dumpfe Verzweiflung umfängt all mein Sehnen;
Und ist er noch fern mir,
Pflück' ich Blumen im Grund,

Am Rain und Spalier
Zur mondhellen Stund;
Um einen Kranz draus zu binden
Für ihn, der mein Idol;
Mich dünkt, ich hört' in Abendwinden
Das ernste Wort: »Leb'wohl!«

Als die Lady ihr Lied beendet hatte, trat ich aus meinem Versteck, und sogleich bemerkte mich der edle Jüngling (in dem natürlich jeder Leser den Marquis von Douro erkannt haben wird).

Er hieß mich artig willkommen und lud mich ein, mit ihm seinen Landpalast aufzusuchen, da die Stunde nunmehr vorgerückt sei. Ich leistete der Einladung bereitwillig Folge, und binnen kurzem langten wir dort an.

Es ist ein wahrlich edles Gebäude, erbaut im rein Griechischen Stile, gelegen inmitten eines mächtigen Parks, gebettet in reichbewaldete Hügel, durchduftet von Orangen- und Citronenhainen und bewässert von einem Arm des Gambia, der hinter dem Mutterstrom an Größe kaum zurückbleibt.

Das Innere steht dem Äußeren an Pracht nicht nach. Die hochkuppligen Gemächer atmen allesamt eine königliche Würde und Pracht, die dem Betrachter Ehrfurcht einflößen vor dem Gebieter einer so imposanten Residenz. Der Marquis ist besonders stolz darauf, sich als Eigentümer einer der glänzendsten, auserlesensten und umfangreichsten Bibliotheken zu wissen, wie sie derzeit nur einer besitzt. Seine Gemälde- und Bildsäulengalerien enthalten gleicherweise viele der vortrefflichsten Werke, sowohl antiker wie moderner Meister, vorzüglich aber der letzteren, denen der Marquis ein höchst generöser und freigebiger Gönner ist. In seinem Raritätenkabinett bemerkte ich eine herrliche Schatulle aus getriebenem Gold. Auf meine Bitte hin öffnete er sie und wies ihren Inhalt vor, viz., ein handschriftliches Exemplar jenes raren Werks *Die Autobiographie des Hauptmann Leaf*.

Es war auf eine Pergamentrolle geschrieben, doch mit der Zeit sehr blaß und beinahe unleserlich geworden. Auf meine drängenden Erkundigungen hin, wie er denn einen so unermeßlichen Schatz erlangt habe, erwiderte er mit einem Lächeln:

»Diese Frage zu beantworten, muß ich ablehnen. Es ist dies ein Geheimnis, um das alleine ich weiß.«

Ich entdeckte weiters ein Paar Pistolen, herrlich gefertigt und höchst vollendet. Er sagte mir, sie seien das *chef-d'œuvre* von Darrow, dem besten Feuerwaffen=Manufakteur des Universums. Ich zählte 100 Gold- und Silbermedaillen, die diesem jugendlichen, aber vollendet gebildeten Edelmann von verschiedenen literarischen und wissenschaftlichen Instituten überreicht worden waren. Sie lagen alle aufbewahrt in einem fürwahr herrlichen Goldkelch, den ihm letztes Jahr die Akademie der Modernen Athener (wie sich diese gelehrte Gesellschaft etwas dünkelhaft zu titulieren beliebt) als dem Verfasser des besten griechischen Epigrammes verliehen hatte. Darüber hingen ein silberner Bogen und Köcher, als Erster Preis vergeben vom Königlichen Bund der Bogenschützen, sowie Kandare, Zaumzeug, Sporen und Steigbügel, alles aus feinem Gold, zugesprochen von der Ehrenwerten Gesellschaft der Kunstreiter. Nahebei lagen mehrere verwelkte Myrten-, Lorbeer- und derlei Kränze, die er als Sieger der zweijährlich stattfindenden großen Afrikanischen Spiele errungen hatte. Auf einer prächtigen Stellage aus poliertem Ebenholz reihten sich dreiundzwanzig schöne Vasen aus Marmor, Alabaster, undsoweiter, alle mit Basreliefs ziseliert, die durch ihre klassische Eleganz der Form, des Entwurfs und der Ausführung hervorstachen. Einige davon waren mit Kameen gefüllt, andere mit antiken Münzen und wieder andere bargen scharlachfarbene und weiße Korallenäste, Perlen, verschiedenste Edelsteinsorten, Fossilien etc.; doch mehr als all diese Siegestrophäen und Exemplare der Kunst und Natur, so kostbar, herrlich und schier unschätzbar sie auch waren, interessierte mich eine kleine Figur des Apoll, die etwa sechs

Zoll maß, zierlich aus weißem Achat geschnitzt war, eine Lyra in der Hand hielt und auf einem Sockel aus dem gleichen wertvollen Material stand, der die folgende Inschrift trug:

In unserer Zeit erschauen wir den Gott der Bogen-, Rede- und Verskunst in unendlich schönere Gestalt gefaßt als die, die der antike Apoll annahm, und sehen ihn weit glorreichere Beweise seiner Göttlichkeit ablegen, als der Licht=Gott den Bewohnern der alten heidnischen Welt jemals gewährte. Zenobia Ellrington erfleht von Arthur Augustus Wellesley, dies kleine Andenken anzunehmen und es als Zeichen zu achten, daß sie, obwohl verlassen und verachtet von ihm, dessen gute Meinung und Freundschaft ihr teurer waren als das Leben, keinen Groll hegt.

Diese Inschrift barg ein Geheimnis, das ich nicht zu ergründen vermochte. Mir war zuvor noch nie etwas von einer Verstimmung zwischen seiner Lordschaft und Lady Zenobia zu Ohren gekommen, und auch ihr Auftreten in der Öffentlichkeit ließ keinen Argwohn keimen, daß eine solche bestand. Viel später jedoch erfuhr ich die folgenden Umstände. Die Quelle, aus der sie mir zuflossen, ist über jeden Zweifel erhaben, doch Namen zu nennen, steht mir nicht frei.

Als der Marquis von Douro eines Abends um die Zeit der Dämmerung von einem Jagdausflug auf dem Land zurückkehrte, hörte er plötzlich in einem tiefen Graben am Wegrand ein Rascheln. Schon machte er die Vogelflinte schußbereit, da tauchte plötzlich die Gestalt von Lady Ellrington vor ihm auf. Sie war barhaupt, ihre hohe Gestalt in die zerfetzten Reste eines schwarzen Samtcapes gehüllt. Das zerzauste Haar hing ihr in Elfenklatten wirr über Gesicht, Hals und Schultern und verbarg fast ihre abgezehrten, leichenblassen Züge. Erschreckt von der jähen und grausen Erscheinung, wich er einige Schritte zurück. Sie warf sich vor ihm auf die Knie und rief mit wüsten und tollen Lauten:

»Mylord, sagt mir ehrlich, aufrichtig und offenherzig, wo

Ihr gewesen seid. Ich hörte, daß Ihr Verdopolis verlassen habt, und ich bin Euch fünfhundert Meilen zu Fuß gefolgt. Dann versagten mir die Kräfte, und ich legte mich an diesem Ort nieder, wo ich zu sterben dachte. Doch es war beschlossen, daß ich Euch noch einmal sehen sollte, bevor ein kühles Grab mich aufnimmt. Antwortet mir, Mylord: Habt Ihr diese Elende, habt Ihr Marian Hume getroffen? Habt Ihr mit ihr gesprochen? Natter! Natter! Oh, könnt' ich ihr diesen Stahl doch nur ins Herze bohren!«

Hier stockte sie atemlos, zog unter dem Mantel ein langes, scharfes, blitzendes Messer hervor und gestikulierte ungestüm damit. Der Marquis musterte sie unverwandt und antwortete ihr, ohne jeden Versuch, sie zu entwaffnen, mit großer Fassung:

»Ihr habt mir da eine sonderbare Frage gestellt, Lady Zenobia; doch bevor ich sie zu beantworten versuche, folgt Ihr mir besser zu unserem Lager. Ich werde Euch ein Zelt herrichten lassen, wo Ihr wohlbehalten die Nacht verbringen könnt, und morgen, wenn Ihr durch Ruhe und Erfrischung ein wenig gestärkt seid, werden wir diese Angelegenheit besonnen bereden.«

Ihr Zorn hatte sich jetzt durch seine eigene Hitzigkeit verzehrt, und sie erwiderte mit einer bislang nicht dargetanen Ruhe:

»Mylord, glaubt mir, ich bin vom Himmel gesandt, Euch vor einer großen Gefahr zu warnen, in die Ihr sonst geraten werdet. Haltet Ihr an Eurer Absicht fest, Euch Marian Hume zu verbinden, so werdet Ihr zum Mörder und Selbstmörder. Deutlicher darf ich nicht werden, doch wägt meine Worte wohl, bis ich Euch wiedersehe.«

Indem sie dann anbetungsvoll die Stirn zu Boden senkte, küßte sie ihm die Füße und murmelte gleichzeitig ein paar unverständliche Worte. In diesem Moment ließ sich ein lautes Rauschen wie von einem Strudel vernehmen, und Lady Zenobia wurde von einer unsichtbaren Macht fortgerissen, ehe der

Marquis noch die Arme ausstrecken konnte, um ihren Fortgang zu hindern oder eine Entgegnung auf ihre mysteriöse Anrede zu ersinnen vermochte. In tiefes Nachdenken über das eben Gehörte und Gesehene versunken, schritt er langsam dahin. Eh' er den Lagerplatz erreichte, war Luna über den schwarz=kahlen Bergen aufgegangen. Er betrachtete eine Weile ihren reinen, ungetrübten Schein und verglich ihn mit der Lieblichkeit Einer, die weitentfernt weilte, dann trat er in sein Zelt, wickelte sich in seinen Jagdmantel und sank in einen unruhigen Schlummer.

Monate rollten dahin, und das Geheimnis blieb unenthüllt. Lady Zenobia Ellrington erschien wie üblich in jenem blendenden Zirkel, dessen vorzüglichste Zierde sie von jeher war. Ihrem Blick fehlte jede Spur unsteten Feuers, das einen sorgfältigen Beobachter auf den Gedanken bringen mochte, ihr Geist sei schwankend. Ihre Stimme war gedämpfter, ihr Antlitz blasser, und einigen fiel auf, daß sie jede Unterhaltung (selbst die alltäglichste) mit dem Marquis mied.

Mittlerweile hatte der Herzog von Wellington in die Verbindung seines Sohnes mit der schönen, tugendhaften und vielseitig gebildeten, doch bürgerlichen Marian Hume gewilligt. Gewaltige und großartige Vorbereitungen für die bevorstehende Vermählung waren im Gange, da traf ausgerechnet zu diesem kritischen Zeitpunkt die Neuigkeit über die von Alexander Rogue angezettelte Große Rebellion ein. Die Nachricht schlug so jäh und heftig ein wie ein Blitz. Gleichzeitig gab es in den unteren Schichten von Verdopolis unzweideutige Anzeichen von Unzufriedenheit. Die Arbeiter der wichtigsten Fabriken und Gießereien traten einer Lohnerhöhung wegen in den Streik, und da sich die Direktoren weigerten, auf die exorbitanten Forderungen einzugehen, legten alle gleichzeitig die Arbeit nieder. Kurz darauf wurde Oberst Grenville, einer der größten Fabrikbesitzer, erschossen. Seine rasch gefaßten und der Justiz überstellten Meuchelmörder wurden unter der Folter verhört, doch da sie verstockt blieben, war ihnen keine befriedigende Antwort zu entlocken. Die Polizei wurde jetzt verdoppelt. Abteilungen von Soldaten wurden in den verdächtigeren Stadtteilen stationiert, und es erging der Erlaß, kein Bürger solle aushäusig unbewaffnet gehen. Bei dieser Sachlage wurde das Parlament einberufen, um darüber zu beraten, welche Maßnahmen jetzt am besten zu ergreifen wären. Am ersten Sitzungsabend war das Haus zum Bersten voll. Die Mitglieder waren vollzählig erschienen, und mehr als tausend Damen von Stand füllten die Galerie. Jede Miene zeugte von tiefer Bedrückung und Besorgnis. Eine Weile saßen sie da und schauten einander mit dem Schweigen offensichtlicher Verzweiflung an. Schließlich erhob sich der Marquis Douro und erstieg die Rednertribüne. An diesem denkwürdigen Abend hielt er jene berühmte Rede, die als ein vollendetes Beispiel sublimster Eloquenz auf die Nachwelt kommen wird. Die Herzen aller, die ihn hörten, wurden von widerstreitenden Gefühlen ergriffen. Einige der Ladies auf der Galerie sanken in Ohnmacht und wurden hinausgetragen. Ich habe nicht Raum, seine ganze Rede herzusetzen, und der Versuch, einer Kürzung käme einer Schändung gleich. Ich will dem Leser jedoch ihren Beschluß darbieten. Er lautete wie folgt:

Ich beschwöre Euch, meine Landsleute, schreitet zur Tat. In unserer Stadt schwelt im Verborgenen die Flamme einer Rebellion, die nur Blut löschen kann: unser und unserer Feinde heißes, freudig vergossenes Blut! Täglich sehen wir auf unseren Straßen Männer, deren Mienen einst ohne Arg waren, die jetzt aber finstere Unzufriedenheit zerfurcht, und deren ehedem sonnenheller Blick nun von rastlosem Mißtrauen getrübt ist. Unsere rechtschaffenen Kaufleute schreckt die Furcht, von den Abhängigen gemeuchelt zu werden, von denen sie vormals als Väter geliebt, geehrt und geachtet wurden. Unsere friedsamen Bürger können ihre Türschwelle ohne Gefahr nur bis an die Zähne gerüstet überschreiten, weil ihnen die Todesangst, die sich ihnen auf Schritt und Tritt an die Fersen heftet, im Nacken sitzt. Und wer hat diesen schrecklichen Wandel verursacht?

Welcher Agent der Hölle nahm hier Einfluß, welches Meisterhirn des Verbrechens, welcher Fürst der Sünde, welcher Beelzebub der schwarzen Bosheit ist in diesem Königreich am Werk gewesen? Ich will diese bange Frage beantworten: ALEXANDER ROGUE! Wappnet euch, Landsleute, also zur Schlacht; seid nicht kleinmütig, sondern vertraut darauf, daß die Gerechtigkeit Eurer Sache Euer Schutzbanner ist, und Euer Schlachtruf beim Angriff sei stets: »Gott schütze das Recht!«

Als der Marquis diese Harangue beendet hatte, verließ er unter langen und lauten Beifallsstürmen das Parlament und begab sich in einen der schattigen Haine, die an den Ufern des Guadima gepflanzt sind. Dort schritt er eine Weile umher und atmete den frischen Nachtwind, der auf seinem Weg über den breiten, raschen Strom zusätzliche Kühle aufnahm, und er begann sich eben von der heftigen Erregung zu erholen, in die ihn sein Enthusiasmus gestürzt hatte, da fühlte er sich plötzlich von hinten am Arm gepackt, und sah, als er sich umwandte, Lady Zenobia Ellrington neben sich stehen mit demselben wilden, unnatürlichen Gebärdenspiel, das ihre Züge schon in den dunklen Bergen von Jibbel Kumri verzerrt hatte.

»Mylord«, murmelte sie mit leiser, eindringlicher Stimme, »Eure Beredtheit, Euer edles Genie haben mich erneut zur Verzweiflung getrieben. Ich bin nicht mehr Herrin meiner selbst, und wenn Ihr nicht einwilligt, mein und allein mein zu sein, werde ich mich auf der Stelle entleiben.«

»Lady Ellrington«, sagte der Marquis kalt, indem er seinen Arm ihrem Griff entzog, »dies Betragen ist Eures Standes nichtwürdig. Ich muß Euch ersuchen, nicht länger wie eine Wahnsinnige zu reden, denn, seid versichert, Mylady, diese ränkevollen Listen werden bei mir nicht verschlagen.«

Jetzt warf sie sich ihm zu Füßen und rief mit einer von ungebändigten Gefühlen fast erstickten Stimme:

»Oh! mordet mich nicht mit solch kalter, grausamer Verachtung. Erklärt Euch nur einverstanden, mir zu folgen, und Ihr sollt überzeugt werden, daß Ihr Euch nicht mit Einer verbinden dürft, die Euer so ganz und gar unwürdig ist wie Marian Hume.«

Von ihren Tränen und ihrem Flehen gerührt, erklärte sich der Marquis schließlich einverstanden, sie zu begleiten. Sie führte ihn ein beträchtliches Stück von der Stadt fort zu einer unterirdischen Grotte, wo auf einem ehernen Altar ein Feuer brannte. Sie streute ein gewisses Pulver in die Flammen, und sogleich wurden sie durch die Luft zu einem Gemach in der Spitze eines himmelanstrebenden Turmes befördert. Am einen Ende dieses Raumes befand sich ein gewaltiger Spiegel und am anderen ein geschlossener Vorhang, hinter dem ein hell=strahlendes Licht sichtbar war.

»Ihr befindet Euch jetzt«, sagte Lady Ellrington, »in der geheiligten Gegenwart Eines, dessen Rat Ihr, des bin ich gewiß, Mylord, niemals geringschätzen werdet.« In diesem Augenblick wurde der Vorhang aufgezogen, und der erstaunte Marquis erschaute Crashie, den Göttlichen und Unfehlbaren, auf seinem goldenen Thron sitzend und von den geheimnisvollen Lichtstrahlen umflossen, die er stets verströmt.

»Mein Sohn«, sprach er mit erhabenem Lächeln und Ehrfurcht gebietendem Wohlklang der Stimme, »Fatum und unerbittliches Geschick haben beschlossen, daß in der Stunde, da Du mit der Jungfer Deiner Wahl verbunden wirst, der Engel Azazel euch beide aufs Haupt schlagen und eure körperlosen Seelen über den reißenden und nicht zu überquerenden Fluß des Todes führen soll. Höre auf den Rat der Weisheit und vernichte in wahnsinnigem Eigenwillen nicht Dich und Marian Hume, indem Du die dargebotene Hand Einer zurückweist, die Dir seit dem Augenblick Deiner Geburt von den prophetischen Sternen des Himmels zur Gattin und zum Beistand in der dunklen, unerforschten Wüste des künftigen Lebens beschieden ward.«

Er schwieg. In des Marquis' Herz tobte ein paar Sekunden lang der Kampf zwischen wahrer Liebe und Pflicht und warf ihm in einem Sturm von Pein und Verzweiflung das Lebensblut brennend auf Wangen und Stirn. Zuletzt obsiegte die Pflicht, und mit großer Anstrengung sprach er mit entschlossener, fester Stimme:

»Sohn der Weisheit! Ich werde nicht länger gegen den unerforschlichen Ratschluß des Himmel streiten, und so schwöre ich denn beim ewigen ––––«

Dem unbedachten Eid ward sogleich Einhalt geboten durch einen freundlichen Geist, der ihm ins Ohr flüsterte:

»Magie im Spiel! Hüte dich!«

Im selben Augenblick verblaßte Crashies ehrwürdige Gestalt, und an ihrer Statt erschien der böse Geist Danash in aller nackten Scheußlichkeit seiner wahren Ungestalt. Der Dämon verschwand alsbald mit wildem Wutgeheul, und der Marquis fand sich wieder mit Lady Ellrington im Hain.

Sie flehte ihn auf Knieen an, einen Versuch zu verzeihen, den einzig und allein die Liebe diktiert, doch er wandte sich mit einem bitteren Lächeln der Verachtung und des Abscheus von ihr und eilte dem Palast seines Vaters zu.

Rund eine Woche nach diesem Ereignis wurde die Hochzeit von Arthur Augustus, Marquis von Douro, mit Marian Hume unter beispiellosem Pomp und Prunk feierlich begangen. Als Lady Ellrington all ihre Hoffnungen so unwiederbringlich verloren sah, verfiel sie in tiefe Schwermut, und während dieses Gemütszustands unterhielt sie sich damit, die vorerwähnte Statuette zu schnitzen. Nach langer Zeit erholte sie sich allmählich wieder, und der Marquis, überzeugt, daß ihre Ausschweifungen einem verwirrten Hirn entsprungen waren, fand sich bereit, sie erneut mit seiner Freundschaft auszuzeichnen.

Ich weilte über zwei Monate in Marquis von Douros Landpalast und kehrte dann nach Verdopolis zurück, in gleicher Weise entzückt von meinem edlen Gastgeber und seiner schönen, liebreichen Braut.

*20. August, 1832.*

# *Unerhörtes von Arthur*

## KAPITEL I.

Der Umgang mit solchen, die im Rang tief unter uns stehen oder uns an körperlichen oder geistigen Fähigkeiten weit unterlegen sind, ist das sicherste Mittel, die Keime der Tugend auszureißen, die elterliche Zuneigung und Beharrlichkeit vielleicht sorgfältig in uns gepflanzt und geduldig in uns gehegt haben .... BUD.

---

Als ich vor einigen Monaten an einem Bücherstand in einer der Lumpengassen herumlümmelte, von denen Verdopolis durchkreuzt wird, zog ich aus einem Stapel mit zerfleddertem Plunder zufällig einen einzelnen Band von Bud's Werken, und als ich ihn aufschlug, fiel mein Blick auf jene moralische Maxime, die das Motto zu diesem Kapitel abgibt. Nachdem ich sie aufmerksam gelesen hatte, begann ich über die Verbindung nachzusinnen, die zwischen ihr und meinen jetzigen Lebensumständen unleugbar bestand. Seit über sechs Monaten hatte ich mich aus den höheren Gesellschaftskreisen, in denen zu verkehren mich meine Geburt berechtigte, freiwillig verbannt. Ich war als heimatloser Wanderer von einem erbärmlichen Unterschlupf zum nächsten gezogen und hatte mein unsicheres Dasein vom Verkauf der rührenden Balladen und lustigen Geschichten bestritten, die ich aufgrund meines Talents für Tragik und Komik (verbunden mit einer gewissen Kenntnis der – Gefühle & Gewohnheiten der Armen) anzufertigen vermochte. Meine einzigen Gefährten waren Schankwirte, Wilddiebe, Entsprungene, Wegelagerer, die Zuhälter der Stadt, &c. &c. gewesen; meine einzigen Zufluchtsorte Spelunken, die Rendezvous-Plätze der Räuber und das freie Feld. Bei solchen Gewohnheiten & Spießgesellen läßt sich leicht denken, daß der kleine Wissensvorrat, der mir zur Verfügung stand, eher vermindert denn vermehrt werden würde, außer in Hinsicht auf jene Mittel & Fertigkeiten, die uns das Laster an die Hand gibt, um die Not und die Unbilden unserer Mitmenschen zu befördern. Begriffsstutzig war ich noch nie, und folglich eignete ich mir rasch Sprache & Manieren meiner neuen Kameraden an, wobei ich sie so vollkommen imitierte, daß sie bald erklärten, ich hätte durchaus als einer von ihnen geboren und großgeworden sein können. Ich war stolz auf ihren nichtswürdigen Beifall und bemühte mich täglich darum, ihn mir aufs neue zu verdienen. Diese Bestrebungen waren so erfolgreich, daß zu der Zeit, von der ich erzähle, wenig mehr auf meine frühere gesellschaftliche Stellung hindeutete als meine Gestalt und mein Teint, der Klang meiner Stimme und mein Talent, Verse zu schreiben. Meiner Gestalt wohnte noch immer ein gut Teil Eleganz inne, welche durch die stete Leibesübung, der ich mich unterzog, eher gefördert denn gemindert wurde. Mein Teint blieb leidlich hell, obwohl er unablässig Wind und Wetter ausgesetzt war. Da mir die Natur eine nicht eben unangenehme Stimme verliehen hat, so hätte ich diese auch beim besten Willen nicht ändern können. Was meinen Hang zum Reimeschmieden anlangte, so verspürte ich keinerlei Neigung, ihn abzulegen, trug er doch zu meinem Unterhalt bei.

So lagen die Dinge, als mein Blick durch einen merkwürdigen Zufall auf Bud's moralische Bemerkung fiel. Manchmal rütteln scheinbar nichtige Umstände das menschliche Gewissen wach, nachdem laute und eindringliche Warnungen wiederholt fruchtlos geblieben sind. Diese wenigen Zeilen bescherten mir einen Troß von Reuegefühlen über die tolle und gedankenlose Art, mit der ich den eleganten Vergnügungen kultivierter Gesellschaft, dem Segen einer freisinnigen Erziehung, den Wonnen einer verständig geführten Unterhaltung und nicht zuletzt auch dem herrlichem Luxus eines wohlhabenden Zuhauses entsagt hatte. Und wenn ich denn, geneigter Leser, die Wahrheit sagen soll (und da ich nun schon einmal beim Beichten bin, kann ich ebensogut auch alles bekennen): zwei der Hauptumstände, die mir diesen düsteren, doch heilsamen Gedankengang eingaben, waren, daß mir letzte Nacht der Rinnstein des Gehwegs zum Kopfkissen gedient und mein Frühstück am Morgen aus einem Mundvoll kalter, rauher Luft vom Fluß bestanden hatte. Und jetzt gebärdeten sich mein weher Kopf, mein leerer Magen und mein lumpenbedeckter Rükken in meiner Vorstellung wie gewaltige Kasuisten, die unwiderlegbare Argumente vorbrachten, zum Beweis, daß es meine Pflicht sei, mich zu bessern und wie der bußfertige Verlorene Sohn ins Haus meines Vaters zurückzukehren, wo mich, so sagte mir mein Herz, jeder Bewohner dieser Wände, die ich zwar verlassen hatte, die mir aber noch immer lieb und teuer waren, herzlich und ohne Schimpf willkommenheißen würde. Anfangs leistete ich dieser bündigen und zwingenden Beweisführung leisen Widerstand, doch unter den nagenden Hungergefühlen schmolz jedweder Nebeneinwand dahin. In meiner nunmehr erhitzten Phantasie dämmerten strahlende Visionen auf, in denen die mit Bratspieß, Pfanne & Bratrost bewaffnete Köchin eine prominente Rolle spielte. Ihre ergreifenden Plädoyers siegten auf der ganzen Linie, und so gürtete ich mir die Lenden für die Reise, die mich von meinem damaligen Standort ganze drei Meilen weit weg führte, und machte mich auf den Weg, gestärkt durch die Erwartung der freundlichen Aufnahme, die mich bei meiner Ankunft erwarten würde.

## KAPITEL II.

Ich erreichte Waterloo Palace halbverhungert, doch der herzliche Empfang, der mir bereitet wurde, stellte meine fast erschöpften Lebensgeister rasch wieder her. Nachdem ich Umarmung & Segen meines Vaters entgegengenommen und die dringenden Forderungen eines wahren Heißhungers befriedigt hatte, begab ich mich zur Ruhe, denn es war nun bereits spät am Abend. Ich schlief die Nacht durch, denn der jetzt ungewohnte Luxus eines Daunenbetts und rosenwürziger Linnen vom feinsten Batist hüllten mich in einen so paradiesischen Schlummer, wie er nur um den Preis vorangegangener harter Entbehrungen zu erlangen ist. Als ich am nächsten Morgen aufstand, kleidete ich mich (nach wiederholten Waschungen mit Wasser & Seife), in weiße französische Seidenpantalons, ein grasgrünes Wams, Umhang & Kappe (letztere wurde von zwei langen, kostbaren Federn des Paradiesvogels überragt, die vorne mit einem kreisrunden und smaragdbesetzten, güldenen Zierat befestigt waren), weiße Seidenstrümpfe und Pantoffeln aus grünem Maroquinleder. Diese Kleidungsstücke fand ich samt und sonders auf meinem Toilettentisch nebst einem parfürmierten Batisttaschentuch und einer Börse, die etliche kleine Silbermünzen enthielt. Nachdem ich mich angezogen und für angemessene Zeit im Spiegel betrachtet hatte, ging ich hinunter ins Frühstückszimmer. Mein Vater war allein. Er empfing mich wie üblich mit einem Lächeln und einem Kuß. Angesichts dieser neuerlichen Beweise unverminderter Zuneigung schwoll mir das Herz, und ich konnte nicht umhin, ihn mit bebender Stimme zu fragen, ob er über mein jüngstes schimpfliches Betragen denn nicht ungehalten sei – »Nein, mein Schatz«, sagte er, »meine Freude darüber, daß du aus freien Stücken zurückgekehrt bist und mit dem blühenden Rosenhauch der Gesundheit auf den zuvor ach so blaß und bleichen Wangen, hat jeden flüchtigen Groll besänftigt, den ich vielleicht gehegt habe. Allein, Charles, du durftest deinem Eigensinn und deiner Launenhaftigkeit ungehindert frönen, und jetzt, mein Lieber, erwarte ich, daß du dich freudig einer geregelteren Lebensweise befleißigst.« »Vater«, sagte ich, »Euer Wunsch ist mir Befehl. Ihr sollt jetzt sehen, wie ich Euch gehorchen kann.« Wieder lächelte er und tätschelte mir billigend den Kopf.

Nach dem Frühstück verfügte ich mich sogleich ins Schulzimmer. M$^{r}$. Rundell saß bereits an seinem Pult. Vermutlich hatte man ihn von meiner Rückkehr in Kenntnis gesetzt, denn er zeigte bei meinem Eintreten keine Überraschung. »Guten Morgen, M$^{r}$. Rundell«, sagte ich mit einer tiefen Verbeugung. »Guten Morgen, junger Herr«, entgegnete er kühl und steif. »Euer Vater hat mir zwar eingeschärft, mich der Vorwürfe zu enthalten, doch ich muß sagen, hätte sich Euer edler Bruder, als er unter meiner Aufsicht stand, so betragen wie Ihr, so wäre er heute nicht der, der er ist. Wohl wahr, er glich bisweilen einer Gewitterwolke, löckte gewissermaßen wider den Stachel und verweigerte mit feurigem Blick und trotziger Haltung die heilsame Züchtigung, die durch seine gelegentliche Widerspenstigkeit notwendig wurde. Ich gebe zu, dies waren mißliche Zeiten, aber wenn ich frage, ist er seinen Aufgaben jemals geschlagene sechs Monate ferngeblieben? Niemals. Wann hat er sich je an der Gesellschaft von Leuten niederen Standes und an der von Analphabeten ergötzt? Selten oder nie.« »Fürwahr, M$^{r}$. Rundell«, unterbrach ich ihn, »ich fürchte gar, Ihr habt Arthurs Bubenstreiche vergessen. Es gibt da einen Possen, von dem ich meine, daß er Euch nie aus dem Gedächtnis geschwunden sein kann. Ich weiß, Ihr habt damals schwer daran getragen.« »Schweigt mir davon, Sir«, rief mein Hauslehrer und lief rot an, »und ruft aus dem Vergessen keine Begebenheiten herauf, die nun vollkommen unerinnerlich sein sollten.« Ich verspürte die heftige Neigung, ihm eine patzige Antwort ins Gesicht zu schleudern, doch eingedenk dessen, daß mein augenblickliches Motto »Besserung« lautete, zügelte ich mich und widmete mich stumm meinen Studien. Jetzt allerdings unterliege ich dieser besagten Hemmung nicht mehr und will deswegen durch eine kleine Anekdote aus Arthurs Jugendjahren meinen Lesern die obige Stelle erklären.

Die Sache trug sich kurz nach seinem fünfzehnten Geburtstag zu. Ach, wie gut erinnere ich mich an ihn in diesem Alter! So rank und schlank, mit einem Teint, der ganz unmännlich zart und durchscheinend war, mit holden dunklen Augen und einer Fülle brauner Locken. Ich liebte ihn damals ungleich mehr und das aus gutem Grund. In dieser Zeit empfand er es nicht als Schande, mir manche Zeichen einer gegenseitigen Zuneigung zu gewähren. Damals wie jetzt war mein Vater der einzige Mensch auf Erden, der ein wenig Einfluß auf ihn hatte. Jedes andere Geschöpf mißachtete er völlig, wenn ihn seine Rasereien packten. Oft war ich Zeuge, wie ihm das Blut hochrot in die hellen Wangen schoß und in seinem Blick der schiere Trotz aufflammte, wenn ihm etwas in die Quere kam oder wenn er gereizt wurde, und jedesmal bot er sogleich einen leidlich ruhigen und leidenschaftlosen Anblick, wenn mein Vater lächelnd sprach: »In den Burschen ist scheint's der Bosnickel persönlich gefahren: Komm, Arthur, zeige ein wenig Selbstbeherrschung. Ich lasse dir fünf Minuten, um so kaltsinnig zu werden wie ich es diesen Augenblick bin.« Diese Anfälle waren freilich selten. Sonst zeichneten ihn sein freimütiges und leutseliges Benehmen aus, sowie die für ihn noch heute charakteristischen Eigenschaften der Großzügigkeit & Galanterie. Doch ich schweife vom Thema ab.

Um die besagte Zeit machte Arthur die Bekanntschaft eines jungen Adligen, der den Namen & Titel Oberst Lord Caversham trug, eine durstige Seele und eine, die ein Übermaß an Wein so respektierlich vertragen konnte, wie nur je ein Christenmensch. Diese Fähigkeit und die Fertigkeiten eines exzellenten Jockeys, Würfelspielers & Kartenmischers beschrieben den vollen Umfang seiner Kenntnisse. Arthur war in diesem zarten Alter ein fast ebenso glühender Bewunderer von Rennpferden wie heute. Zu dieser Zeit schenkte ihm mein Vater einen prächtigen Rapphengst, der ebenso voller jugendlichem Feuer war wie Arthur. Er hielt es für das edelste Roß im Universum und betrachtete es mit einem Entzücken und einer Zuneigung, die seiner stolzen Schätzung vom Wert des Pferd entsprachen. Oft umschlang er mit beiden Armen den herrlichen Hals und küßte ihn stürmisch ein ums andere Mal, während die mächtigen Adern so klopften und hüpften, als wollten sie vor Überschuß an wildem und schäumendem Blut bersten. Mein Vater sah ihm oft voller Bewunderung und meine Mutter voller

Bangen zu, wenn er pfeilgerade im Sattel saß, während sich unter ihm *Donnerkeil* (so hieß sein Streitroß) aufbäumte, kurbettierte, die halbe Volte und noch mancherlei andere Reitkunststückchen aufführte und dann plötzlich mit Blitzesschnelle davonsprengte und Arthur wie ein Wirbelwind ihrem Gesichtskreis entführte.

Nun sollte das große Pferderennen in Verdopolis stattfinden, und der ausgesetzte Preis war eine in Gold gegossene Statue des siegreichen Pferdes, die auf einem Sockel aus demselben wertvollen Material stand. Lord Caversham setzte Arthur über diese Sache in Kenntnis und gab mit augenscheinlichem Bedauern zu verstehen, es sei jammerschade, daß *Donnerkeil* nicht die Gelegenheit bekommen sollte, einen so herrlichen Ruhmeslohn zu erringen, wie er dem Sieger zweifellos zufließen würde. Arthur beschloß auf der Stelle, daß, komme was wolle, diese grandiose Gelegenheit, die vortreffliche und unvergleichliche Vollkommenheit seines Lieblings darzutun, keinesfalls verpaßt werden dürfe. Er eilte zu meinem Vater, und nachdem er ihm die eben erfahrene Neuigkeit überbracht und die Bitte vorgetragen hatte, daß sich *Donnerkeil* bei dem Wettstreit um den Preis beteiligen dürfe, erhielt er die freudige und unbedenkliche Einwilligung in seine Petition.

Endlich war der große Tag gekommen, und Arthur begab sich voll brennender, unbezähmbarer Ungeduld zum Rennplatz. Er setzte sich ein Stück weit entfernt von der allgemeinen Zuschauermenge auf ein paar Stufen in der Nähe der Richtertribüne. Er würdigte den ungeheuren, lückenlosen Wall menschlicher Gesichter, der weit über ihm wie ein lebendiger Berg bis fast zu den Wolken hinanstieg, kaum eines Blickes. Doch viele dieser Gesichter waren mit deutlichen Anzeichen der Verwunderung auf die jugendliche und elegante Erscheinung gerichtet, die ganz allein am Fuß der gewaltigen Treppe hockte, die hinauf zum Thron führte, wo der heilige und ehrwürdige Crashie als Oberschiedsrichter saß. Nach einer kurzen, doch bangen Pause wurden die Pferde herausgeführt und in

Reihe aufgestellt. Dann gaben eine laute Trompetenfanfare und ein ohrenbetäubender Jubel der riesigen Zuschauermenge das Zeichen zum Start. Im Nu fegte dieser leibhaftige Wirbelwind mit Lichtgeschwindigkeit davon. Arthur blieb still und reglos, als er in stummem Triumph verfolgte, wie sein eigenes schwarzes Streitroß den geschwinden, feurigen Konkurrenten weit vorausschoß. Schon war das Rennen halb gelaufen, und im Geist ergriff er fraglos den goldenen Preis und triumphierte über seine glückloseren Rivalen, da blieb *Donnerkeil* plötzlich stehen, machte rasch kehrt und trabte mit großer Bedächtigkeit zum Startpfahl zurück. Bei diesem ungewöhnlichen Manöver erschütterte ein unauslöschliches Gelächter, in das sich Rufe des Erstaunens mischten, die Luft. Mein Vater, der mit den übrigen Herrschern zur Rechten Crashies saß, blickte besorgt zu Arthur hinunter. Dessen Haltung und Miene blieben unverändert, als er mit sichtlicher Gleichgültigkeit das Streitroß betrachtete, das sich selbst entehrt hatte. Inzwischen wurde der Sieg von den übrigen Pferden heiß umkämpft, fiel aber schließlich einem schönen braunen Stutenfohlen zu, das Lord Caversham gehörte. Als der Gewinner von zwei prächtig gekleideten Reitknechten unten vor den Thron geführt worden war, hing ihm Crashie einen goldenen Lorbeerkranz um den Hals, und nachdem er den Preis George Frederick Baron von Caversham zuerkannt hatte, erhob er sich und löste die Versammlung auf.

Nach wenigen Stunden erstarb das Getöse der abziehenden Menge, und bei Anbruch der Dämmerung fand sich Arthur mit *Donnerkeil* in der gewaltigen Arena allein, denn er verharrte weiterhin reglos an seinem ursprünglichen Platz. Seine Phantasie war zweifellos mit abstrusen Gedanken beschäftigt, und es ist jammerschade, daß ich meinem Leser das Ergebnis seiner Überlegungen nicht vorlegen kann. Vielleicht galten sie dem Mond, der jetzt schwach über ihm zu leuchten begann, vielleicht dem Licht im Westen, das rasch zur Dunkelheit verblaßte; mag sein, daß sein Verstand durch das dumpfe, unablässige

Gemurmel von Menschen & Wellen etwas verwirrt war, das als fortgesetztes Summen über die abschüssigen Ränge des nicht überdachten Amphitheaters drang, vielleicht (und dies scheint mir am wahrscheinlichsten) sann er aber auch über den Grund nach, der sein Streitroß veranlaßt haben mochte, einem Preis, der in aller Augen als erstrebenswert galt, so verächtlich den Rücken zu kehren.

Wie dem auch sei, seine Gedanken wurden bald vom Geräusch nahender Schritte zerstreut. Und als er aufblickte, sah er im Mondlicht die Gestalt eines hochgewachsenen Mannes stehen, der auf dem schimmernden Schaft einer langen Vogelflinte lehnte und ihn mit einem Paar durchdringender, dunkler Augen musterte, deren Ausdruck gespannter Neugier meinen sehr empfindlichen Bruder nicht eben wenig aus der Fassung brachte. »Welcher Zweck führt Euch hierher, Sir?« rief Arthur und sprang auf. »Einzig der, zu erfahren, ob ich Euch eine Gefälligkeit erweisen kann, mein junger Freund.« »Habt Ihr Gründe, Euch für meine Angelegenheiten zu interessieren?« »Das darf ich nicht behaupten.« »Was veranlaßt Euch dann, mir Euren Beistand anzubieten?« »Nun, ich war heute Nachmittag auch beim Rennen, und wenn ich mich nicht irre, gehört dieses Pferd dort, das verloren hat, Euch, sonst würdet Ihr mit ihm hier nicht alleine bleiben und, wie ich glaube, wegen seines lächerlichen Betragens so melancholisch und betroffen dreinschauen.« »Gesetzt, Eure Vermutung träfe zu, was weiter?« »Nun, ich habe da so ein Gefühl, das dabei nicht alles mit rechten Dingen zugegangen ist.« »Ihr habt recht. Es waren gewiß schändliche Machenschaften im Spiel. Wäre *Donnerkeil* nicht mutwillig schlecht geritten worden, so setze ich meinen Kopf zum Pfand, daß ihn nur ein Höllenpferd übertroffen hätte. Ich kann mir auch denken, in welchem Winkel die Schurkerei ausgeheckt wurde, doch ich weiß nicht, wie ich mir über diesen Punkt Gewißheit verschaffen soll.« »Ich glaube, da könnte ich Euch helfen, mein Freund.« »Wie das? Wenn Ihr mir einen Weg weisen könnt, wie ich mich vergewissern kann, ob George Frederick Baron von Caversham in diese Sache verwickelt ist oder nicht, so soll es an einer reichen Belohnung nicht fehlen.« »Ich sehe, Ihr seid ein scharfsinniger und schlauer Bursche. Nach meiner Ansicht war Caversham der Hauptakteur bei diesem Schwindel, und ich will Euch jetzt ganz offen sagen, daß ich keinen Finger für Euch krumm gemacht hätte, hätte ich nicht von diesem betrügerischen Streich Wind bekommen. Allein ich hege einen alten Groll gegen Caversham, und deswegen ist es mir ein Vergnügen, Seiner Gnaden soviel Ungelegenheiten zu bereiten wie möglich. Ihr müßt noch wissen, daß der Jockey, der Euer Pferd ritt, ein Vetter von mir ist. Das ist einer der ärgsten Schlawiner, der je in Wams und Stiefeln daherkam, und ich bin mir sicher, wenn man ihn tüchtig mit seiner Lieblingsmedizin verarztet, und dann durch einen Mann von Verstand (von mir zum Beispiel) aushorchen läßt, dann wird er alles klüglich von sich geben wie ein Spanferkel, dem von zu viel Soda speiübel ist.« »Nun, Sir, das überlasse ich alles Eurem Ratschluß und Eurer Diskretion. Erlaubt mir in der Zwischenzeit, Eure feine Vogelflinte in Augenschein zu nehmen. Ist sie geladen?« »Ja, mit einer Kugel. Hier, nehmt sie, doch erschießt Euch nicht damit.« Arthur nahm die Waffe, und nachdem er sie ein Weile mit scheinbarer Aufmerksamkeit untersucht hatte, riß er sie plötzlich an die Schulter, zielte sorgfältig und schoß *Donnerkeil* mit tödlicher Sicherheit mitten ins Herz. Das edle Roß fiel mit einem dumpfrasselnden Ächzen schwer zu Boden. Es verdrehte ein paar Augenblicke lang mitleiderregend die großen Augen nach seinem Herren & Henker und verschied dann langsam und qualvoll. »Bei der Nachthaube meiner Mutter, warum habt Ihr das getan?« rief der Eigentümer des Gewehrs und starrte Arthur mit einem zweifelnden Ausdruck an, der zu besagen schien »Ich weiß nicht recht, seid Ihr bei Trost oder nicht«. »Ich habe meine Gründe«, entgegnete Arthur und wischte sich hastig die aufsteigenden Tränen aus den Augen. »Dieses Pferd war mein ganzer Stolz, und ich hätte es nicht ertragen, es in Schanden weiterleben zu sehen. Ein Leben, das den Makel der Ehrlosigkeit trägt, ist nichts anderes als ein hinausgezögertes Sterben.« »Aber wir werden beweisen, daß *Donnerkeil* nicht entehrt wurde. Habt Ihr das vergessen, mein Freund?« »Nein, Sir, doch Ihr könnt die Gründe, die mich zu dieser scheinbar barbarischen Tat veranlaßt haben, nicht begreifen, deswegen will ich Euch nicht mit ihrer Erklärung aufhalten.« »Ei was, das Pferd ist ohnehin tot, wozu da noch viel schwatzen. Wir machen uns jetzt besser fort, sonst werden wir unsere Absicht nie in die Tat umsetzen.« »Ich bin für den Aufbruch gerüstet, doch zuerst Euren Namen.« »Ned Laury.« »Ihr wohnt in Verdopolis?« »Nein, ich wohne tief im Landesinneren, mehr als tausend Meilen von hier. Doch einmal im Jahr komme ich her, um mich in der Stadt zu amüsieren. Und wie darf ich Euch nennen, junger Freund?« »Nennt mich ›Arthur‹.« »Und wie weiter?« »Nichts weiter.« »Nichts weiter, mein Herzensjunge? Ihr müßt doch einen Nachnamen haben.« »Nein, ich habe keinen.« »Dann gebe ich Euch einen, denn auf Ehre und Gewissen, ein Kauz wie ich wird mit keinem verkehren, der seinen Namen nicht doppelt schreiben kann wie jeder andere Christenmensch auch. Von nun an sollt Ihr Arthur der Weißhändige heißen.« »Recht wohl, nennt mich nur immer wie Ihr wollt.« Als diese Übereinkunft getroffen war, brachen sie auf; Ned Laury schritt voran und Arthur folgte.

Der Mond leuchtete mit fahlem Glanz von einem Himmel, der, obwohl es keine Wolken in ihm gab, einen dunstigen und verschwommenen Anblick bot, zu dem das leise, klagende Seufzen des Windes paßte; und ein dumpfes Stöhnen, das vom nahen Meer ausging, schien Sturm zu künden. Rasch und ruhig wanden sie sich durch ein Labyrinth von engen, verfallenden Straßen, deren Schweigen nachdrücklich von der umfassenden Herrschaft der Nacht und des Schlafes zeugte. Hin und wieder jedoch stiegen anscheinend aus dem Innern der Erde Gelächter und der gedämpfte Klang von Gesang und Musikinstrumenten. Immer wenn diese seltsamen Geräusche das empfindungslose Ohr der Nacht bedrängten, rief Ned Laury mit einem halblauten Kichern: »Nur zu, Ihr Käuze, ich wünschte, ich wäre bei euch.«

Schließlich erschollen die Töne einer lauteren und ungestümeren Fröhlichkeit, und im selben Augenblick floß roter Feuerschein über ihren Weg. Er kam aus den Fenstern einer kleinen Bierschenke mit einem niedrigen Dach, die als Schild einen Affen hatte, der in einer Hand einen tüchtigen Humpen mit nußbraunem Ale hielt, dessen wundersam üppigen Schaum er mit der Miene hochbeneidenswerter Befriedigung schlürfte. Die andere Vorderpfote ruhte auf einem gewaltigen Stapel Käse und sein eines Hinterbein wurde von einem braunen Brotlaib und das andere von einer fetten Speckseite gestützt. An der Tür dieses vielversprechenden Gasthofs machte Ned Laury halt und stieß, nachdem er Arthur davon unterrichtet hatte, daß er hier seinen Vetter zu finden erwarte, einen schrillen Pfiff aus. Diese Aufforderung wurde sogleich beantwortet durch das Erscheinen einer dürren, hageren Gestalt, die aus einem Nebengebäude kam und mit wüster Stimme rief: »Was will Er zu dieser nächtlichen Stunde, Er wird sich noch auf den Grund des Meeres hinabwünschen.« »Ei, du Flohstich«, erwiderte Ned Laury. »Was hast du denn nur heute abend? Ich habe dir einen Ehrengast mitgebracht, und ich möchte, daß er ungesehen ins Haus und hinter die Trennwand deiner Küche kommt.« »So soll er durch dies Fenster springen und dann seiner Nase folgen«, erwiderte der unhöfliche Wirt. »Ihr müßt tun, was er von Euch verlangt«, erwiderte Ned, als er Arthurs Zögern bemerkte, denn dessen heikles Zartgefühl rebellierte ein wenig bei der Vorstellung, einen so schäbigen und erbärmlich wirkenden Ort wie diese Kaschemme zu betreten. Doch nach kurzem Besinnen beschloß er, den Anweisungen seines Führers stillschweigend zu gehorchen, sprang also durch die ihm gewiesene kleine Öffnung und befand sich in einem langen schmalen Raum, der offenbar den doppelten Zweck von Speisekammer & Schnapskeller erfüllte, denn von der Decke hingen Schinken, Speckseiten, Pökelfleisch, Dörrfische &c., und auf dem Fußboden lagerten Fässer von verschiedener Form und Größe. Diese Einrichtung erkannte er im Schein des Mondes und im Licht, das durch ein Guckloch fiel, welches in die dünne Holzwand geschnitten war, die diesen Vorratsraum von der Küche trennte. »Nun, Bruder«, fuhr Ned fort, »wenn Ihr durch das Loch schaut, werdet Ihr alles sehen und hören, was im Nebenraum vorgeht. Bevor ich Euch verlasse, muß ich Euch etwas fragen, nämlich: wer besorgt die Pinke, die Moneten, das Bare sozusagen, um den Schnaps zu bezahlen, den mein Vetter nötig haben wird, bevor er ›petzt‹?« »Da seid nur immer beruhigt. Hier habt Ihr eine Guinee, und wenn Ihr mehr braucht, so werde ich mehr geben.« »Das heiß' ich mir einen Mann von Welt. Alles was recht ist, Ihr habt Manieren wie ein Gentleman«, mit diesen Worten verschwand Ned, und der Wirt folgte ihm, nachdem er seinen Gast noch ermahnt hatte, ja nichts von den Lekkereien zu mausen, die so verlockend über ihm und ringsumher ausgebreitet waren.

Arthur nahm jetzt seinen Platz am Guckloch ein und begann mit seiner Beobachtung. Die Küche, in die man durch diesen Spalt blickte, war ein großer, niedriger Raum, den ein riesiges, loderndes Feuer erhellte und wärmte, um das auf Holzbänken acht Männer saßen, die sich die Sorgen durch Frohsinn, Gesang und reichliche Schlucke von Sir John Barleycorn's starkem Blut vertrieben. Sieben dieser mitternächtlichen Zecher waren große, breitschultrige, muskulöse Vertreter aus der Gattung der Käuze mit wettergegerbten Gesichtern, unerschrocknen Mienen und Augen, die unter dem vereinten Einfluß von Unbeschwertheit und lustigem Ale fröhlich blitzten. Der achte Mann war von kleinem Wuchs und schlanker Gestalt. Sein Gesichtsausdruck ließ einen Hang zu gemeinen Betrügereien erkennen, und sein unheilvolles Schielen trug noch beträchtlich dazu bei. Bekleidet war er mit einem gestreiften Wams, Kniehosen aus Manchesterstoff und Jockeystiefeln.

Arthur hatte kaum einen flüchtigen Blick auf diese erlesenen Spießgesellen geworfen, da ging die Tür auf und Ned Laury stolzierte stattlich herein. »Na, ihr Burschen«, sagte er, »wie geht's euch denn immer?« »Im Augenblick ganz famos, Ned, wie Du vielleicht selber siehst, aber wie's uns morgen Abend gehen wird, das weiß keiner von uns, und das schert auch niemanden; aber komm', setz' dich her, mein Röslein, und koste einen Schluck von einem hochgeistigen Getränk.« »Meinethalben. Holla, Frau Wirtin«, sagte er zu einer kleinen, rührigen Französin, die die Pflichten von Hausfrau & Schankmagd versah, »ein Quart braunes Stout. Was, Jerry, du bist hier, na, wo fehlt's denn, Bursche. Jerry Sneak, was ficht dich an, frage ich. Du siehst ganz maulhenkolisch aus.« Diese Worte galten dem kleinen Mann, der in diesem Augenblick auch wirklich recht niedergeschlagen wirkte. »Ah, Vetter Ned«, versetzte er mit weinerlicher Stimme, »ich habe auch guten Grund, maulhenkolisch zu sein. Der Humpen hier ist beinah' leer, und ich besitze nicht die allerkleinste Münze mehr, mit der ich bezahlen könnte. Ja, ich muß sogar diese gesellige Runde verlassen und das ausgerechnet, wo du gerade kommst, um sie noch geselliger zu machen.« Hier quetschte er ein paar Krokodilstränen hervor und tat einen tiefen Seufzer. »Armer Jerry«, sagte Ned mit gespieltem Mitgefühl. »Er ist ganz niedergeschlagen. Doch ermuntere dich, Bursche, du sollst diesen Krug Ale mit mir teilen.« Diese Worte zeitigten bei Jerry sogleich Wirkung. Er wischte sich die Augen und widmete sich herzhaft dem Humpen.

Gesang, Scherz und Gelächter machten jetzt fast ohne Unterbrechung die Runde. Schließlich erschlaffte das Gespräch. Einer nach dem anderen glitt die Gesellschaft sanft in Somnus' Arme: bis nur noch Ned und Jerry übrigblieben, um ihre lärmenden Vigilien fortzusetzen. Der erstgenannte wandte sich nun wie folgt an seinen Vetter: »Ja, Jerry, jetzt haben uns alle verlassen, und wir zwei sitzen alleine da. Ich wollte, du wärest so nett, mir von deinen berühmtesten Ruhmestaten auf dem Turf zu erzählen. Ich glaube wohl, du hast den Tag nicht verstreichen lassen, ohne irgend jemand über die Löffel zu balbieren. Nun erzähl' mir schon, wie du das Pferd zu dieser trefflichen Kehrtwendung bewogen hast.« – »Ach«, sagte Jerry augenzwinkernd, »das ist eine lange Geschichte, und weil du heute abend so großzügig zu mir warst, macht es mir nichts aus, dich in das ganze Geheimnis einzuweihen. Du mußt wissen, daß mich Lord Caversham gelegentlich gewisse Kleinigkeiten für sich erledigen läßt, für die er selber nicht genug Köpfchen hat. Vor ein paar Tagen kam er in meine Stallungen, als ich gerade die Pferde striegelte, und da sagt er doch zu mir: ›Jerry, mein Goldjunge, ich möchte, daß du als Jockey eine Kleinigkeit für mich regelst.‹ ›Ich stehe Euch ganz zu Diensten, Mylord‹, sag' ich. ›Also, Jerry, du mußt mit diesem Pferd da‹, sagt er und zeigt auf einen prächtigen, schwarzen Araber, der erst vor kurzem in die Stallungen gebracht worden war, ›so umgehen, daß es meinem Klepper nächste Woche auf der Rennbahn nicht in die Quere kommt. Hast du das verstanden, Jerry?‹ ›Aber gewiß, Mylord‹, sag' ich, ›seid unbesorgt, ich werde die Sache zu Eurer Zufriedenheit deichseln‹, und mit diesen Worten schieden wir voneinander. Also, ich hab' mir elend den Kopf zerbrochen, bis mir ein erfolgversprechendes Mittel einfiel, um dem schwarzen Araber gewissermaßen die Beine zusammenzubinden. Schließlich und endlich kam mir der Gedanke, ich könnte ihn ja jede Nacht zum Amphitheater führen, bis zur Hälfte der Rennbahn reiten, dann langsam zurückzutraben und ihm am Startpfosten eine tüchtige Portion Hafer geben. Dieser Plan hat meine kühnsten Erwartungen erfüllt, und heute abend gab mir Lord Caversham zum Lohn für meine Geschicklichkeit klingende Münze.«

Als Jerry mit dieser wichtigen Eröffnung zuende war, nahm er einen herzhaften Schluck aus dem Humpen, der soeben mit Rum statt mit Ale wiedergefüllt worden war. Dieser mächtige Schluck und die Menge, die er zuvor schon getrunken hatte, übermannten ihn restlos, und er kippte reglos auf seinem Platz nach hinten. Ned bezahlte die Zeche, und nachdem er seinen Vetter der Obhut der Wirtin anempfohlen hatte, beeilte er sich,

Arthur in seinem Schlupfwinkel zu erspähen. Beim Betreten des Vorratsraumes merkte er jedoch, daß der Vogel schon ausgeflogen war; allerdings war in Form einer seidenen Geldbörse, die 10 Goldguineen enthielt, eine reelle Anerkennung für Neds Dienste zurückgeblieben. Er nahm sie sofort in Besitz und machte sich von hinnen, wobei er das gütige Geschick pries, das ihn mit diesem so großzügig und edel gesinnten jungen Gentleman in Verbindung gebracht hatte.

## KAPITEL III.

An diesem Abend gab Lady Dunsandle anläßlich des Rennens einen Ball, an dem beinahe die ganze Oberschicht teilnahm, unter anderem auch Lord Caversham. Die Gesellschaft gratulierte ihm überschwenglich zu seinem Glück. Er war die Berühmtheit des Abends. Damen jeden Alters von der Witwe bis zur Debüttantin scharten sich um ihn und bemühten sich auf jede nur erdenkliche Art und Weise, seine Aufmerksamkeit zu erregen, denn Lord Caversham war jung und ledig, besaß beträchtliche Pachteinnahmen und keine häßliche Gestalt.

Es war jetzt drei Uhr. Die durch Musik, Tanz, Wein und Schmeicheleien angeregte Stimmung war gerade auf dem Höhepunkt, da flogen plötzlich die Flügeltüren auf und ein Diener meldete den Marquis von Douro. Als er eintrat, waren alle Blicke auf ihn gerichtet. Er schritt unverfroren durch die Menge prächtiger Gäste und verbeugte sich anmutig vor der edlen Gastgeberin mit den Worten: »Ihr werdet, Madam, zweifellos nicht wenig überrascht sein von der schroffen Art, mit der ich mich erdreistet habe, Euch ungebeten meine Anwesenheit aufzudrängen. Doch seid versichert, nur die dringlichste Notwendigkeit hat mich so handeln lassen. Ich habe mit einem der hier Anwesenden eine Sache von Wichtigkeit zu verhandeln, die keinen Aufschub duldet. Die Person, auf die ich anspiele, ist Lord Caversham.« »Ich?« rief Seine Lordschaft und trat vor.

»Was um alles in der Welt ist denn geschehen, Arthur?« »Wenn Ihr Euch mit mir in ein anderes Gemach zurückziehen wollt, werde ich Euer Lordschaft unter vier Augen alles erklären, doch wenn Ihr überzeugt seid, daß Ihr nichts getan habt, dessen Ihr Euch schämen müßt, kann die Erklärung ebensogut hier an Ort und Stelle erfolgen.« »Ha, ha, ha«, rief Lord Caversham und wurde gleichzeitig aschfahl im Gesicht. »Ihr seid wohl nicht recht bei Sinnen, Jüngling«. »Hund«, erwiderte Arthur mit flammendem Blick, »gebt mir eine unzweideutige Antwort oder (er zog eine Pistole aus dem Gürtel) ich mache Euch wieder zu Staub.« »Unverschämter Bube!« versetzte Caversham. »Wie wagt Ihr es, so mit mir zu reden. Hinfort, Unflätiger.«

Im Ballsaal kam es jetzt zum Aufruhr. Überall kreischten die Damen und fielen in Ohnmacht, und die Herren eilten, ihnen beizustehen. »Ihr seht, Mylord, welche Unruhe Eure Verstocktheit stiftet«, sagte Arthur kaltsinniger. »Zieht Euch mit mir zurück, oder ich werde Eure Schande sogleich offenbar machen.« Als Lord Caversham merkte, wie die Dinge standen, hielt er es für das beste, sich zu fügen, und nachdem er einen gewissen Leutnant Tree, einen seiner Speichellecker, zu seiner Begleitung beordert hatte, folgte er Arthur in ein anderes Zimmer. Hier legte ihm mein Bruder mit entsprechenden Worten seine niederträchtige und verräterische Handlungsweise offen, ließ ihn ein wenig von jenem höllischen Spott spüren, mit dem er seine Gegner heute noch oft quält, kündigte ihm für immer die Freundschaft auf und forderte ihn schließlich auf Schwerter oder Pistolen, je nachdem was ihm in seiner Weisheit das klügste dünken würde. Lord Caversham beantwortete diese Herausforderung mit einer unflätigen Schimpfkanonade. Er beschuldigte Arthur, mit seinen Dienern zu intrigieren, seine vertrauenswürdigsten Knechte zu bestechen und auszuhorchen & c. & c. »Kommt«, sagte Arthur mit einem verächtlichen Lächeln, »wollt Ihr nun kämpfen oder nicht?« »Ich mit dir kämpfen? Du Bastardbalg, du lahmes Füllen, du Küken, du kleines, blasses, mageres Gör, nein! Eher würde ich mein Adelspatent verbrennen und auf der Stelle zu einem gemeinen Fant herabsinken wollen.« Dieser Tirade Seiner Lordschaft fügte Tree hinzu: »Ich muß sagen, ich würde es für eine große Schande für Eure Erhabenheit halten, würdet Ihr mit solchen Leuten wie diesem jungen Herrchen da kämpfen.« »Hundsfott«, rief Arthur. »Er soll mir dafür büßen, daß Er sich vermessen hat, die Luft mit seinem üblen Atem zu verpesten«. Und er sprang vor, stieß ihn wütend zu Boden und zog ihm dann die Halsbinde so tüchtig zu, daß dem hingestreckten Leutnant das Leben als schwarzer Blutstrom aus Augen und Mund spritzte. Als Lord Caversham das Verhängnis seines Günstlings sah, gelang ihm die Flucht aus einem Fenster, das auf die Straße führte. Arthur sprang ihm hinterher, und es kam zu einer wahren Verfolgungsjagd.

Sie eilten dahin, die Carolus Street hinunter, über den Palmetto Square und die angrenzende elegante Promenade entlang. Manchmal war Arthur Caversham dicht auf den Fersen, und manchmal lief Caversham seinem Verfolger weit voraus; keuchend, japsend und schnaufend flogen sie dahin als sei eine Legion böser Geister hinter ihnen her. Der Morgen dämmerte nun; der erste Schimmer der aufgehenden Sonne traf auf die himmelhohen Türme von Verdopolis; der erste frische Zephyr kräuselte das ferne Meer. Jetzt erreichten sie den großen Zentralplatz. Von Schrecken gepackt und halbohnmächtig vor Erschöpfung blickte sich Lord Caversham verzweifelt nach einem Zufluchtsort um. Kein Unterschlupf weit und breit; die luftigen Paläste, die von allen Seiten erhaben und düster herunterschauten, standen mit verrammelten Toren und verriegelten Fenstern da und wiesen sein inbrünstiges Flehen um Schutz unnachsichtig zurück. Er schaute nach hinten und sah Arthur wie einen jungen Königstiger mit entsetzlicher Geschwindigkeit auf sich zuschnellen. Er schaute nach vorn, da war nur das vom Himmel bekrönte Monument. Er glaubte, die kalte Hand eines Leichnams habe sein Herz gepackt; er schien sein Leben auszuhauchen. Eine Stimme schrie in sein Ohr: »Elender, jetzt habe ich dich, und bei der Sonne schwöre ich, dein Blut und deine Leber sollen mir heute Speise & Trank sein.« Hochgerüttelt von dieser schauderhaften Drohung und von übernatürlicher Furcht zu übernatürlichen Kräften angespornt, sprang er zu der gigantischen Säule, klammerte die Arme um einen Teil der gerundeten Oberfläche und wand sich geschwind wie eine Schlange bis zur Spitze empor. Arthur, der von Zorn ebenso erregt war wie jener von Furcht, folgte seinem Beispiel mit dem nämlichen Erfolg. Lord Caversham, den jetzt nicht mehr die Angst der Verfolgung lähmte, gewann nun Kraft & Mut zurück, und in einer Höhe von neunhundert Fuß über dem Boden fand ein ungeheurer Kampf statt. Jeder bemühte sich, seinen Gegner hinab zur Erde zu stürzen, die Augen der Kämpfer sprühten Feuer. Ihre blutdurchschossenen Gesichter glühten feuerrot, mit bis zum äußersten angespannten Sehnen & Nerven rangen sie fünfzehn Minuten heftig um den Platz. Schließlich obsiegte Lord Cavershams Muskelkraft, und mein Bruder wirbelte durch die leere Luft und schlug mit einer Wucht auf den Boden, die ihm jeden Knochen im Leib in tausend Stücke zerschmetterte.

## KAPITEL IV.

Es dauerte viele lange Monate, bis sich Arthur von den Folgen dieser denkwürdigen Begegnung erholte. Endlich begann der Rosenhauch erstarkender Gesundheit wieder auf seinen bleichen, abgezehrten Wangen zu blühen und sein geschwächter Körper war wieder voll jugendlicher Spannkraft. Der Rachedurst, der in ihm geschlummert hatte, während er auf dem Siechbett lag und sich unter Schmerzen krümmte und vor Fieber glühte, erwachte jetzt erneut in seinem Herzen und wuchs mit jedem Tag.

Eines Abends, nachdem er eine Weile alleine düster auf Mittel gesonnen hatte, um die ihn verzehrenden Rachegelüste zu stillen und dabei zu keiner befriedigenden Lösung für seine berechtigten Überlegungen gelangt war, unternahm er draußen auf der Terrasse von Waterloo Palace einen einsamen Spaziergang. Es dämmerte. Der Abendwind seufzte besänftigend in den großen Bäumen, deren dunkles Geäst seinen Weg verschattete, und vermischte sein Wispern mit den Klängen ferner Musik und dem Wellengemurmel, das vom Guadima und den herrlichen Barken aufstieg, die jetzt lustig auf seinem wogenden Busen trieben. Die Nacht war mondlos, doch ein matter und verblassender Glanz aus dem Westen erhellte noch immer schwach alle Gegenstände.

Ich weiß nicht, welchen Stoff Arthurs Gedanken hatten, als er langsam auf und ab schritt, doch ihr Lauf wurde alsbald von der Zudringlichkeit einer barschen Stimme unterbrochen, die rief: »Arthur der Weißhändige, auf ein Wort, ich muß mit Euch sprechen.« Auf diese Anrede hin wandte er sich um und sah am einen Ende der Terrasse Ned Laury stehen. Er ging mit einem Lächeln zu ihm und sagte: »Nun, Ned, was begehrt Ihr heute Abend von mir. Wenn ich Euch dienlich sein kann, so könnt Ihr auf mich zählen.« »Nun mein werter Kauz, ich verhalf Euch einmal zu ein wenig Genugtuung für den gemeinen Streich, den Euch Lord Caversham vor einigen Monaten spielte. Ich glaube, Eure Hoffnungen wurden damals nur unvollkommen erfüllt. Deshalb bin ich gekommen, Euch zu sagen, daß es noch eine Gelegenheit für Euch gibt, falls Ihr sie nutzen wollt.« »Falls ich sie nutzen will! Ich bin in diesem Augenblick gewillt, für meine Rache Himmel & Erde in Bewegung zu setzen.« »Da spricht mein Goldjunge, Ihr seid ganz der Sohn Eures Vaters.« »Doch was soll ich tun? Sagt es mir, und ich breche noch den Augenblick auf.« »Erinnert Ihr Euch, aus welchem Grund ich Euch damals behilflich war?« »Ja, gewiß. Ihr sagtet, Lord Caversham hätte Euch ein Unrecht zugefügt.« »Genau, alter Junge. Er hat nämlich meinen alten Vater ergriffen und lebenslänglich in eine seiner dröhnenden Fabriken gesperrt, nur weil der ein paar Wildtiere, so Rehe und Fasanen eben, geschossen hatte. Und heute nacht also werden ich und noch ein paar nette Käuze die Fabrik anzünden, die Wache und die Aufseher töten und alle Gefangenen freilassen. Wenn es uns gelingt, so wird das Seine Lordschaft hübsch ärgern; wo nicht, so werden wir wie Männer sterben können. Begleitet Ihr uns oder nicht?« »Gewiß begleite ich euch, und zweifelt nicht, daß ich mit Herz und Hand bei der Sache sein werde. Vorweg diese Bedingung: Bestimmt mich zu eurem Anführer, denn ich kann mich bei keiner Unternehmung mit einer untergeordneten Rolle begnügen.« »Das ist recht kühn, mein Freund, und würde Euch, des seid versichert, nicht so bereitwillig gewährt werden, wenn wir über diesen Punkt nicht schon zuvor entschieden hätten. Doch da Ihr wie Euer leibhaftiger Vater seid, haben wir beschlossen, daß Ihr heute nacht unser Hauptmann sein sollt.« Arthur verbeugte sich, und sie brachen ohne jedes weitere Wort auf.

Nach einem Marsch von zwei Stunden erreichten sie den Treffpunkt; es war ein abgelegener und schattiger Hain an den Ufern des Guadima wenige Meilen vor der Stadt. Als sie ihn betraten, vernahm man nichts als das Flüstern des Windes und das gedämpfte Murmeln des Stroms, der sich sanft vorbeistahl. Ned stieß nun einen schrillen Pfiff aus. Nach wenigen Sekunden hörte man das Geräusch nahender Schritte, und Fackelschein erhellte das Dunkel ringsum, als eine Schar von vierzig Männern in Zweierreihe von der anderen Seite des Hains nahte. »Dies«, sagte Ned gedämpft, »sind unsere Gehilfen.« Auf Arthurs Miene leuchtete das Lächeln vorausgeahnten Triumphes, als er einen raschen aber durchdringenden Blick auf seine vorgesehenen Mithelfer bei diesem verwegenen Unternehmen warf. Es war wirklich ein so wilder Haufen, wie man ihn in den zerklüftetsten Winkeln der Alpen oder des Apennin nur finden konnte. Groß und stämmig, mit muskulösen Schultern und sehnigen Gliedmaßen hätte ein jeder von ihnen als Modell für Herkules oder Milet durchgehen können. Sie waren einheitlich bekleidet mit Wams & Hosen aus ungegerbtem Leder, dazu Schnürstiefel aus demselben Material, nebst kegelförmigen Hüten, unter deren breiten Krempen ihnen dunkle, wirre Elfenklatten in die sonnenverbrannten und wettergegerbten Gesichter hingen. An Waffen hatten sie Pistolen, lange Vogelflinten, Knüttel und merkwürdig geformte Messer.

Als sie Arthurs Standort erreicht hatten, machten sie gemeinsam halt und legten die Waffen nieder. Er erwiderte diese Höflichkeit mit einer Verbeugung und sprach sie dann sogleich folgendermaßen an: »Meine Freunde, es erfüllt mich mit berechtigtem Stolz, zum Hauptmann einer so erlesenen Gesellschaft ernannt worden zu sein. Seid unbesorgt, wir werden erfolgreich sein, unsere Waffen sind stark, unsere Sache ist gerecht, wohingegen unser Gegner, der die Schuld des Verrats und der Grausamkeit auf sich geladen hat, den Verteidigungsmitteln, über die er verfügt, nicht freien Spielraum lassen kann. Meine Anordnungen für Euer Betragen lassen sich in wenigen Worten zusammenfassen. Seid tapfer, klug und verschwiegen, und um zu gewährleisten, daß ihr die letztgenannte Vorschrift auch einhaltet, verlange ich, daß ihr alle beim Leben unseres alten Patriarchen schwört, unter keinen Umständen weder den Anführer noch untergeordnete Akteure dieses nächtlichen Unternehmens jemals preiszugeben. Willigt ihr in diesen Eid?« Die Antwort auf diese Frage gab der dumpfe und leise aber nachdrückliche und allgemeine Ruf »Wir tun es.« »Ich bin zufriedengestellt«, sagte Arthur und eilte an die Spitze seiner Männer. »Laßt uns jetzt aufbrechen, denn unsere Zeit ist kostbar.« Bei diesen Worten hörte man in der Ferne die Glocken von Verdopolis dumpf Mitternacht schlagen.

Sie folgten auf ihrem Weg dem Flußufer, dem Blick entzogen durch das dichte Laubwerk, das sie auf beiden Seiten umgab. Man vernahm jetzt einen dumpfen und hohlen Ton, der mit dem Auffrischen oder Abflauen des Windes entweder anschwoll oder leiser wurde. Unterwegs nahm der Wind zu und wehte gleichmäßiger. Durch die Bäume sah man auch Lichter in der Ferne glimmen. Und als sie dann schließlich aus dem Dämmer dunkler Zweige und niederhangender Äste traten, tauchte Lord Cavershams große Fabrik plötzlich unmittelbar vor ihrem Blick auf. Es war ein gewaltiges Gebäude, 100 Fuß hoch und zweihundertundfünfzig Fuß lang. Die sternähnlichen Lampen, die an der Vorderfront funkelten und das Donnergrollen und unablässige Getöse der Maschinen im Innern, wovon der umliegende Boden merklich erbebte, erweckten im Betrachter solche Empfindungen, wie sie vielleicht Miltons Pandämonium auslösen würde, könnte es Wirklichkeit werden. Arthurs Blick flammte auf, als er das gewaltige und himmelhohe Bauwerk erschaute, dann wandte er sich zu Ned Laury, der neben ihm stand, und flüsterte ihm erregt zu: »Wenn ich bei dieser Unternehmung siegreich bin, wird mir dies als mein erster Versuch in der Kunst des Krieges gelten, doch merkt auf meine Worte, Ned, es soll nicht mein letzter sein.«

Mit vollkommener Lautlosigkeit und Disziplin schlichen sie weiter und erwarteten jeden Augenblick, von den Wachen angerufen zu werden, die dauernd um die Fabrik postiert waren oder es wenigstens sein sollten. Sie erreichten jedoch ohne Zwischenfall den Haupteingang: die Tore waren nicht verschlossen, die Portierloge war leer, und sie schickten sich an, den ersten Raum zu betreten, wo für gewöhnlich die Nichtgefangenen arbeiteten. Hier war alles dunkel und verlassen. Sie schauten einander in stummem Erstaunen an. »Wo mögen nur all die Leute sein?« meinte einer der Männer. Seine Frage wurde sogleich von einem ganzen Chor von Stimmen beantwortet, die folgende lustige Stanze sangen:

Lasset uns sorglos sein
Und uns des Lebens freuen
Und singen und wär's auch im finsteren Tal
Und trinken den Wein
Und den Becher nicht scheuen
Solang, meine Käuze, bis wir sterben einmal.

Eher geh' ich zugrund
In fröhlicher Rund
Denn daß ich lang leb' in Trauer und Graus
Die Welt merk' es wohl,
Ich bin vom Scheitel zur Sohl'
Ein tüchtiger Saufbold, ein ganz rarer Kauz.

Schallendes Gelächter folgte dem Schluß dieses bacchantischen Liedes. Der Lärm drang unzweifelhaft aus einem Nebenraum, und Ned Laury wurde jetzt von Arthur angewiesen, die Ursache davon auszuforschen. Er schlich leise zur Tür und sah beim Blick durchs Schlüsselloch eine große Gruppe, die aus den Wachen, Aufsehern und freiwilligen Arbeitern der Fabrik bestand, um einen Tisch sitzen, der mit Fröhlichkeitsanregern in Gestalt von Weinflaschen, schäumenden Humpen mit Märzbier, Whiskeybuddeln und allerlei Gefäßen mit Brantewein & Jamaikarum bestückt war. Den Kopf des Tisches nahm die kleine, unbedeutende Gestalt eines Mannes ein, in dem Ned Hauptmann Tree erkannte, der wie die übrige Gesellschaft in einem recht elevierten Zustand zu sein schien. Seine kleine Stülpnase glühte wie ein lupenreiner Rubin, und seine Triefaugen glommen und schummerten wie zwei Tranfunzeln, dieweil er im Sitzen mit beiden Armen eine wohlbeleibte Whiskeybuddel umhalste, die beinahe so groß war wie er selbst, und dabei ein so schauerliches Gelächter ausstieß, daß es das mannhafteste Herz entsetzt haben würde.

Nach diesen Beobachtungen kehrte Ned zu Arthur zurück und unterrichtete ihn von der Lage der Dinge, wobei er noch hinzufügte, daß die Hans Narren sich just in dem Maße betrunken hätten, daß man sie nun ohne Mühe hinmetzeln könne. Arthur vernahm diese ein wenig barbarische Rede mit einem Stirnrunzeln und sagte, indem er sich rasch umwandte, in gebieterischen Ton: »Wir sind nicht hierhergekommen, um ein paar nichtswürdige, wehrlose Handlanger zu morden, sondern um die Unterdrückten zu retten und Rache zu üben am Haupt eines verräterischen Tyrannen. Ich verbiete euch deshalb kraft der zeitweiligen Treue, zu der ihr mir verpflichtet seid, diesen Tagelöhnern im Nebenzimmer auch nur ein einziges Haar zu krümmen. Ihr sollt sie nur an Händen & Füßen binden, ans gegenüberliegende Flußufer schleppen, die Gefangenen freilassen, die Fabrik in Brand stecken und dann still und friedlich wieder nach Hause gehen.« Die Männer hörten diese Befehle mit Überraschung und ein wenig Mißvergnügen, doch sie wagten nicht, den ausdrücklichen Anordnungen ihres jungen Anführers zuwiderzuhandeln. Und folglich gingen sie daran, sie unmittelbar in die Tat umzusetzen.

Dreißig von ihnen drangen unter Arthurs persönlicher Führung in den Bankettsaal ein, während sich die übrigen zehn unter Ned Laurys Kommando in die oberen Räume begaben, wo das Rumpeln & Rattern von Maschinen die Anwesenheit der elenden Gefangenen bezeugte, deren nimmer endende Mühen sich stets von früh bis spat, von spat bis früh verlängerten. Die Zechgesellschaft schwelgte eben auf dem Höhepunkt der Fröhlichkeit und des lärmenden Vergnügens, es wurde unablässig schallend laut gelacht. Wein & Witze kreisten munter in der Runde, da flogen die Flügeltüren auf, und unsere bewaffnete Schar Mordbrenner stürzte mit grimmigem Gebrüll herein. Dieser Schreckensanblick ernüchterte sogleich einige der Zechkumpane, doch der weit größere Teil von ihnen war zu tief in die Kanne gestiegen, um von dem handfesten Eindringen irgendwelcher Wesen, deren Substanz ebenso solide und greifbar war wie ihre eigene, überhaupt berührt zu werden. Folglich ging die allgemeine Gefangennahme schnell vonstatten. Sie wurden paarweise zusammengebunden und beinahe widerstandslos über den Fluß verfrachtet. Später stellte sich allerdings heraus, daß in dem Durcheinander einem von ihnen, nämlich Hauptmann Tree, die Flucht geglückt war. Die große und allgemeine Suche, die man nach ihm anstrengte, blieb jedoch erfolglos. Die kleine Natter hatte sich zu einem unbemerkten Spalt hinausgewunden und war nirgends zu finden.

Inmitten dieser Vorgänge verstummte plötzlich das laute Donnern von oben, und durch die himmelhohen und unzähligen Räume der Fabrik hallte ein schriller, jauchzender Freudenschrei, der ihnen zuhäupten ausbrach. Man hörte viele Füße mit schweren Schritten die Haupttreppe heruntertrampeln, und jetzt erschien Ned Laury, der seinen alten Vater stützte, und in seinem Gefolge über tausend befreite Gefangene. Sie stürmten rufend und schreiend herunter und tanzten vor Freude über ihre wiedergewonnene Freiheit. Einer von ihnen, dessen Aussehen den Engländer in ihm verriet, rief: »Wo ist mein Erretter, mein Erlöser? Sagt es mir, damit ich seine Knie umschlingen und ihm mein Leben & Gut antragen kann.« »Dort«, sagte Ned und wies auf Arthur. Dies war das Zeichen für die ganze Gruppe, auf ihn zuzuspringen. Sein schmächtiger Körper schwankte unter der kraftvollen Umarmung manch starker, sehniger Gestalt, die jahrelang in diesem massiven Kerker eingepfercht gewesen war, um keines anderen Verbrechens wegen, als sich in irgendeiner Nebensächlichkeit dem Willen eines Tyrannen widersetzt zu haben oder seinen Vergnügungen hinderlich gewesen zu sein. Endlich gelang es Arthur, ihre stürmischen Dankesbezeigungen zu beschwichtigen. Dann schärfte er allen ein, sogleich von dem Schauplatz ihrer Leiden zu fliehen, solange sie der Mantel der Nacht noch mit seinem freundlichen Dunkel schirmen würde. Ihre frischgewonnene und (außer als Vorgefühl) bislang noch nicht genossene Freiheit war viel zu kostbar, um schnöde verspielt zu werden, und binnen weniger Minuten war die Fabrik von ihren einstigen, unfreiwilligen Insassen völlig verlassen.

Es blieb nur noch der letzte Akt. Arthur befahl seinen Männern jetzt, die öligen Abfallhaufen anzuzünden, die auf dem Boden um sie herum verstreut lagen, und als diese Anordnung erfüllt war, führte er sie aus dem dem Untergang geweihten Gebäude, nahm auf einer angrenzenden Anhöhe seinen Posten ein und erwartete das Ergebnis. In weniger als einer Viertelstunde sah man schwarzbraune Rauchschwaden vermischt mit leckenden Feuerzungen aus einigen der unteren Fabrikfenster schießen. Man vernahm auch ein dumpfes Brausen, und nach noch einmal fünfzehn Minuten brach die ersehnte Feuersbrunst auf einmal in einer klaren, roten Feuersäule aus, die plötzlich mit einem Rauschen in die Luft hochschlug. Dieses schaurige, herrliche Schauspiel wirkte wie ein vorher vereinbartes Signal zum Aufbruch. Arthur wandte sich an seine Bande, und nachdem er ihnen für die Tatkraft, mit der sie seine Befehle unterstützt, gedankt und sie an den feierlichen Eid gemahnt hatte, den sie ihm geleistet, sagte er ihnen Lebewohl.

Ein sanfter Wind hob am Fluß zu seufzen an, als er den Hain wiederbetrat, der seine Wasser schirmte. Das kalte, klare Licht der Dämmerung strahlte am Ostrand eines vollkommen wolkenlosen Himmels. In den betauten Zweigen über seinem Kopf stimmten die Vögel ihr frühmorgendliches Loblied an, und weit aus dem Südwesten sandten Meer & Stadt mit der Brise das erste Gemurmel der Frühe. Arthurs Geist befand sich nicht im Einklang mit der frischerwachenden Lieblichkeit der Natur. Sein Blick empfing den Widerschein ihrer sich entfaltenden Reize und sein Ohr vernahm die sanfte Anmut ihrer flüsternden Stimme, ohne daß diese Eindrücke in sein Herz gelangten. Dies war zu sehr von dem Entzücken über eine befriedigte Rache eingenommen, um auch nur für einen Augenblick irgendein geringeres Vergnügen zu beherbergen. Ein Lächeln kräuselte seine hübschen, zinnoberroten Lippen, als er an Lord Cavershams rasende, doch vergebliche Wut dachte, wenn jener vom Schicksal seines stolzen Gebäudes, dem er die Hälfte seiner jährlichen Einkünfte verdankte, erfahren und die Kunde erhalten würde, daß all die schmachtenden Gefangenen, an deren verlängerten Qualen er sich so oft geweidet hatte, aus seinem eisernen Griff befreit waren und die kettenlose Luft des Himmels atmen durften. »Ja«, rief er aus, als er diesen Gedanken nachhing, »*Donnerkeils* Scheiterhaufen wird so manchen langen Tag den Himmel erhellen. Ich hatte mir geschworen, daß er gerächt werden sollte, und er ist es.« »Und das soll mein

Lord Caversham auch sein«, sagte eine schrille Stimme nahebei, und ehe er sich nach dem Sprecher noch umwenden konnte, erfolgte ein Pistolenschuß, und er fiel mit einer Unze kalten Bleis im Leib leblos zu Boden.

## KAPITEL V.

Ich muß mir jetzt eine schier Shakespeare'sche Freiheit herausnehmen und Arthur meinem Leser nahezu zweitausend Meilen von dem Hain entfernt, wo wir ihn am Schluß des letzten Kapitels für tot zurückließen, wieder vorstellen. Man sehe ihn denn unter dem niedrigen Dach einer Bauernkate auf einem Strohsack liegen. Der Raum ist behaglich, doch beengt und so sauber und ordentlich, wie es die allerreinlichste Hausfrau nur wünschen könnte. Eine kleine Anrichte, die mit poliertem Zinngeschirr und gut gescheuerten Holzschüsseln geschmückt ist, nimmt das eine Ende ein; am anderen brennt ein klares, helles Holzfeuer im gefegten Herd. Einige Stühle und Dreibeinschemel sind in regelmäßigen Abständen an den Seiten entlang aufgestellt, in der Mitte steht ein runder Kieferntisch, der mit einem schneeweißen Tischtuch und Eibenholztellern gedeckt ist, die auf den Inhalt des stattlichen Topfes zu harren scheinen, der auf dem Herd jetzt blubbert und rumpelt. Arthurs Antlitz ist beinahe so bleich, als hätte der Finger des Todes die frischen Lebensquellen in seinen Adern ausgedörrt. Kein noch so flüchtiger Rosenschimmer liegt auf seinen weißen Wangen und seiner noch weißeren Stirn, aber noch tönt ein mattes Karmesin seine Lippen und verrät, daß das Leben seine Zitadelle noch nicht aufgegeben hat. Der einst übernatürliche Glanz seiner großen, dunklen Augen ist recht verblaßt und dem trüben Schimmer der Krankheit gewichen. Der Blick ist mit einem anrührend traurigen Ausdruck auf die offene Tür geheftet. Ich hoffe, mein Leser wird geruhen, in dieselbe Richtung zu schauen, denn dort erwartet ihn ein prächtiger Anblick.

Die Hütte liegt am Eingang einer wilden Bergschlucht, die ins unergründliche Herz vieler Berge gehöhlt ist. Gekleidet in das schwarze Gewand der Fichtenwälder, ragen sie zu allen Seiten wie trauernde Riesen auf. Ihre mit dunklen Gehölzen bedeckten Füße erstrecken sich tief hinunter, bis sie in der Mitte der Bergschlucht beinahe zusammenstoßen. Über die Schluchten, die ihre stolzen Gipfel voneinander trennen, lugen verschwommen entferntere und erhabenere Berge; manche wirken durch den dazwischenliegenden dünnen, blauen Luftschleier düster und streng, andere funkeln in den Schneeroben, mit denen tausend Winter ihre altersgrauen Formen verhüllt haben. Nach Westen zu rollen die Bodenwellen in langen, flachen Wogen dahin und glühen wie Edelsteine im herrlichen Licht einer rasch sinkenden Sonne, die die okzidentale Sphäre in einen überirdischen Glanz taucht. In dieser weitentfernten und begünstigten Gegend entspringt ein munterer Gebirgsbach, der wie ein Lebensbote des Himmels Melodie & Gesundheit in der Bergschlucht spendet, die er durchgleitet oder geschwind durchhüpft. Außer vereinzelten Fichten, die vom Hauptwald abgetrennt sind, wiegen sich keine Bäume an seinem Rand – einzig Heideblumen und das Gras, das manche gewaltige graue Granitbrocken deckt, die vor Jahrhunderten auf beiden Seiten die Felsstürze hinabgerollt sind, laben sich an der zerstiebenden Gischt. Nur das Murmeln dieses Wildbachs stört das feierliche Schweigen, das Himmel & Erde erfüllt. Die unbeschreibliche Stimmung der Gebirgsstille liegt in diesem Augenblick auf allem, was oben, unten und ringsumher ist.

Aber Arthur ist nicht der einzige Bewohner dieser bergumschlossenen Hütte: am Fußende seiner niedrigen Bettstatt sitzt noch eine Gestalt. Es ist die eines jungen Bauernmädchens, das wohl fünfzehn oder sechzehn Jahre alt sein mag. Sie ist hübsch und lächelt wie eine ländliche Hebe. Ihr dunkles schimmerndes Haar fällt in natürlichen Locken über ein Gesicht, dessen kräftiger Rosenhauch von Gesundheit und freier Teilhabe an der

Luft und dem Licht des Himmels kündet. Große und jettschwarze Augen verleihen ihren kleinen, aber köstlich modellierten Zügen einen bezaubernden Ausdruck, während ihr dunkelgraues Stoffkleid, das von einer Halskette und Armreifen aus Glasperlen aufgelockert wird, die ganze Kontur ihrer anmutigen Gestalt mit einer Mischung aus Bescheidenheit & Schlichtheit umgibt. Diese Maid ist die Tochter und diese Hütte die Behausung von Ned Laury. Er hatte aus einiger Entfernung den Pistolenschuß gehört und geargwöhnt, Arthur könne Gefahr drohen und dann sogleich die Richtung eingeschlagen, aus der das Geräusch gekommen war. Als er den Hain erreichte, sah er den Gegenstand seiner Sorge in einer Lache von Blut schwimmen. Das Leben war anscheinend restlos in ihm erloschen, doch nach kurzer Zeit gab es Zeichen, daß ihm die Lebenskräfte zurückkehrten. Da Ned nicht wagte, Arthur in diesem fast hoffnungslosen Zustand zurück nach Waterloo Palace zu schaffen, verbarg er ihn eine Woche lang in der vorhin erwähnten Bierschenke, wo er sein Quartier nahm, wenn er sich in Verdopolis aufhielt, denn man erinnere sich, daß er dort nicht ständig wohnte. Da es nach Ablauf dieser Zeit gefährlich geworden war, noch länger in der Stadt zu verweilen, (die Polizei suchte jetzt ungemein eifrig nach denen, die verdächtigt wurden, die jüngste verheerende Feuersbrunst gelegt zu haben) hielt er es für geraten, augenblicklich nach seinem entfernten und entlegenen Heim aufzubrechen und meinen Bruder mit dessen Einverständnis mit sich zu nehmen. Aber ehe er diesen notwendigen Schritt unternahm, hatte Ned nach emsigen Nachforschungen die Person ausfindig gemacht, die den Anschlag auf Arthur's Leben verübt hatte. Es war kein anderer als Hauptmann Tree, dem, wie sich meine Leser erinnern werden, in der Brandnacht die Flucht gelungen war. Kurz nach dieser Entdeckung verschwand Hauptmann Tree, und schließlich fanden einige Arbeiter beim Säubern eines alten Abzuggrabens seine mit fürchterlichen, klaffenden Wunden bedeckten Überreste. Nach Ablauf eines Monats erreichte Arthur den Bestimmungsort seiner langen, mühseligen Reise. Er war jetzt von Schmerzen & Entkräftung völlig ermattet. Seine Wunden, die zu vernarben begonnen hatten, brachen wieder auf, und er lag drei Wochen lang auf dem Strohsack in der Hütte und phantasierte in einer Fieberagonie. Doch unterstützt von der unermüdlichen und zärtlichen Pflege der jungen Mina Laury, obsiegte seine kräftige Konstitution; die Fieberqualen ließen endlich nach, und obwohl er schwach war wie ein Neugeborenes, begann er sich langsam zu erholen. An diesem Wendepunkt der Dinge habe ich ihn meinen Lesern zu Anfang dieses Kapitels vorgestellt.

Es war wie gesagt am Abend. Ned war am frühen Nachmittag auf die Jagd gegangen, und Mina blieb mit ihrem Patienten allein. Sie wußte nichts von seinem Rang und kannte ihn nur als kranken und hilflosen Fremden, doch seine außergewöhnliche Schönheit, die trotz Schmerzen & Siechtum noch immer hervorstach, und sein vornehmes Betragen und die sanfte Stimme, mit der er sie ansprach, weckten in Minas Herz wunderbare und wonnige Gefühle. Sie betrachtete es als Ehre, ihm all die kleinen Aufmerksamkeiten erweisen zu dürfen, und glaubte sich für die vielen schlaflosen Nächte, die sie seinetwegen gewacht, und für die vielen Tage, die sie seinetwegen in banger Angst verbracht hatte, reichlich belohnt durch den ersten Strahl der Vernunft, der in seinen dunklen glänzenden Augen aufschimmerte.

An diesem Abend hatten sie beide mehr als eine Stunde in tiefem Schweigen verharrt; Arthur war in die aufmerksame Betrachtung des Sonnenuntergangs versunken und Mina eifrig mit ihrer Näharbeit beschäftigt. Gerade als der Goldrand von Apollos Triumphwagen dem Blick entschwand, rief Arthur: »Die Sonne ist jetzt untergegangen, und ich komme um das Lied ein, das Ihr mir versprochen habt.« »Ich werde mein Versprechen sogleich einlösen«, erwiderte sie und hob den Kopf, »wenn Ihr ruhig liegenbleiben und Euch nicht so herumwälzen wollt.« »Eure Anweisungen werden eingehalten, meine kleine

Ärztin, und jetzt beginnt. Nach der Bildung Eures Mundes zu schließen, werdet Ihr gewiß lieblich singen.« Mina errötete lächelnd bei diesem artigen Kompliment, und nachdem sie ihm gesagt hatte, daß das Lied den Titel trug »Die Hymne des gefallenen Soldaten«, sang sie die folgenden Strophen mit einer Stimme, deren ungemein melodische Töne dem Ohr dadurch um so mehr Eindruck machten, als ihnen jede affektierte Künstlichkeit fehlte.

Allmächtger dämpf' das Wehgestöhn,
Das mir im Ohr so traurig gellt,
Das Seufzen und die Klagetön',
Die Träne trockne, die jetzt fällt,
Auf mancher wackren Wange sehrt,
Dieweil der Todesschrei entfährt
Aus Herzen kampfgestählt.

Erschall heil'ger Trompetenstoß,
Erhell des Himmels Grau ringsum,
Durchbrich das Kampfgeheul grandios,
Verkünde wieder vom Heldentum;
Denn mir wird schwer mein wunder Leib,
Und mich verlangt's nach dem Verbleib,
Wo ewig lächelt Ruhm.

Auf dieses rührend Lied gib acht;
Sein Sang klingt süß, doch krieg'risch hehr.
Es tönet überm Lärm der Schlacht,
Gleich wie Musik auf wildem Meer,
Dämmt ein der Bangheit hohe Flut,
Entflammt in matter Brust den Mut,
Gibt frische Kraft zur Wehr.

All die düstere Kriegespracht
Entschwindet eilends meiner Sicht,

Der Waffenlärm hallt nur noch sacht,
Des Todes Dunkel mich umflicht.
Doch die Musik klingt lauter schon
Und mischt in ihren Harfenton
Trompetenschall so licht.

Vom Himmel bricht nun Silbergleiß,
Und mächtger schwillt der Töne Heer;
Das Eiland, ach, vom Paradeis
Steigt englisch aus dem güldnen Meer;
Ich atme einen Duft so fein,
Er weht mir zu aus Eden's Hain,
Der welket nimmermehr.

Ihr Waffenbrüder, seid gegrüßt,
Ich geh in einen schönern Hort,
Wo ewig reine Freude sprießt;
Und in den klaren Wassern dort,
Tauch ein ich in des Lebens Flut,
Befreit von Kampf und Kriegeswut
Entfloh'n dem Jammerort.

Als die letzte Note lieblich, aber traurig verhallte, rief Arthur mit sichtlichem Erstaunen aus: »Wo um alles in der Welt habt Ihr die Worte dieses Liedes vernommen, Mina?« »Nun«, sagte sie, »in einem tiefen und breiten Tal, das zehn Meilen von hier entfernt liegt und jenseits des nächsten dieser Berge im Westen, da steht ein prächtiger Palast, wo eine gewiße wunderschöne und berühmte Lady residiert. Immer wenn mein Vater auf seine langen Reisen geht, holt sie mich in ihr Haus, und dort wohne ich bis zu seiner Rückkehr als Dienerin. Einmal fand ich dort beim Zimmerausfegen unter einem Schrank ein Blatt Papier, auf dem dieses Lied geschrieben stand. Es gefiel mir so gut, daß es mir nach wiederholtem Durchlesen im Gedächtnis haften blieb, und obwohl es schon zwei oder drei Jahre her ist, kann ich es noch immer Wort für Wort auswendig.« »Ihr seid ein sehr gescheites kleines Mädchen«, erwiderte Arthur lächelnd, »doch wie heißt diese berühmte Lady?« Mina wollte eben darauf antworten, da erschreckte sie beide ein plötzliches, markerschütterndes, wildes Knurren, und gleichzeitig sprang eine riesige Tigerin zur offenen Tür herein. Sie landete auf Arthurs Bett. Er unternahm den kläglichen Versuch aufzustehen, sank jedoch aus schierer Schwäche zurück und sagte mit matter Stimme: »Flieht, rettet Euch, Mina.« Und nun waren nach menschlichem Ermessen seine Tage auf Erden gezählt und dem Tod, der so lange über ihm geschwebt hatte, schien seine Beute endlich sicher zu sein. Aber Mina, die von dieser ungeheuren Gefahr aufgerüttelt wurde, die einem Menschen drohte, dessen Leben ihr teurer galt als sie selbst bislang gewußt hatte, erwuchsen ein Mut und eine Geistesgegenwart, die für ihr Alter und Geschlecht ungewöhnlich waren, und sie packte ein großes Messer, das auf dem Tisch lag, sprang vor und bohrte es dem Ungeheuer bis zum Heft in die Flanke. Sie hatte zum Glück ein lebenswichtiges Organ getroffen. Die Tigerin rollte sogleich zu Boden, rang eine Weile zuckend mit dem Tod und lag dann reglos und starr. Als sich Mina von dem Schrecken ein wenig erholt hatte, trat sie an die Lagerstatt. Arthur streckte ihr die Hand entgegen, ergriff die ihre und sprach mit Nachdruck: »Edles Mädchen, Ihr habt mein Leben nun zum zweiten Mal gerettet. Euer heldenmütiges Betragen soll belohnt werden. Ihr werdet mich nicht undankbar finden.« Als sie Muße zum Nachdenken hatten, konnten sie sich über die Mühelosigkeit nur wundern, mit der dieses reißende Tier überwältigt worden war, aber bei näherer Untersuchung stellten sie fest, daß die Tigerin zuvor schon an verschiedenen Stellen des Körpers vier oder fünf Wunden empfangen hatte.

Rasche Schritte nahten sich jetzt der Tür, und Ned Laury trat mit einer Entsetzensmiene ein und rief: »Wo seid ihr? Seid ihr beide verschlungen worden, Arthur, Mina, ist noch ein Funken Leben in euren Leibern? Wenn ja, so sprecht.« »Wir sind wohlauf, Vater«, antwortete Mina und deutete auf die tote Tigerin. Es dauerte eine Weile, bis Ned vor überschwänglicher Freude verständig zu reden vermochte, doch schließlich erzählte er den beiden, daß er die Bestie aus ihrem Bau in den Bergen aufgescheucht und schon seit dem Morgen gejagt hatte; daß sie sich mehrmals gestellt und beim Losfeuern einer Muskete ebensooft wieder Reißaus genommen hatte; daß er und seine Gefährten es schließlich aufgegeben hatten, sie noch diesen Tag zu erlegen und eben schon die Hatz abblasen wollten, als sie plötzlich kehrtgemacht habe und in die Richtung seiner Hütte geflohen sei. Mein Leser ist mit der Katastrophe, die diesem Streich folgte, bereits bekannt gemacht worden.

Nun traf eine Gruppe von etwa zwanzig Jägern ein. Diese Männer hausten wie Ned in der abgelegenen Bergschlucht, die in die gewaltige und außer von ihnen unbetretene Bergeinsamkeit eingebettet lag, und ihre unsichere Existenz beruhte hauptsächlich auf ihrem Schußgeschick, ihrer Behendigkeit und ihrer Fähigkeit, Strapazen zu ertragen. Ned bat sie, für die Nacht Zuflucht unter seinem Dach zu suchen. Dieses Anerbieten nahmen sie mit Freuden an, und nachdem im angrenzenden Nebengebäude ein Feuer entfacht worden war, verfügten sich alle dorthin. Mina bewirtete sie mit einem reichlichen und schmackhaften Nachtessen aus dem vorhin erwähnten Topf, und Ned förderte aus einem geheimen Winkel etliche erlesene Flaschen schottischen Whiskeys zutage.

Mina, die solchermaßen die Bedürfnisse der Gäste ihres Vaters gestillt hatte, zog sich in ihre kleine Kammer zurück und verlor im Vergessen des Schlafes bald jede Erinnerung an die äußere Welt. Arthur, der nun allein zurückblieb, betrachtete eine Weile die flackernde Aschenglut, die jetzt im Herd erlosch, und den milden Mondenschein, der sich in sein Fenster stahl. Draußen hörte man die Stimmen eines wüsten Trinkgelages, die das empfindungslose Ohr der Nacht abwechselnd mit schallendem Gelächter und Fetzen derber Trinklieder bedrängten. Je nachdem ob der Wind auffrischte oder abflaute, klangen sie einmal ganz nahe und dann wieder wie in fast unhörbare Fernen davongetragen. So lag er stundenlang da und wälzte im Geist viele und verwirrende Überlegungen, bis er schließlich ermüdet von einem Gedankengang, der ihn zu keinem befriedigenden Schluß führte, die Hand des Somnus auf seine Lider drücken fühlte, und da er sich dem Einfluß dieser einschläfernden Macht ergab, reiste er bald viele Meilen weit hinein ins Land des Schlummers. Und sonderbar! in dieser Nacht waren seine Träume erfüllt von Bildern hübscher Bauernmädchen.

## KAPITEL VI.

Binnen weniger Wochen war Arthur dank guter Pflege und frischer Luft von den Folgen seiner Verletzungen ganz genesen. Er begleitete Ned Laury jetzt täglich auf die Jagd und erwarb sich das unfehlbare Geschick als Schütze & Chasseur, das ihn so sehr auszeichnet. Die freie Luft, die er atmete, und die stetige Leibesübung, die er sich verschaffte, kräftigten seine Glieder und ließen seine wohlproportionierte Gestalt noch sichtbarer werden. Ich glaube wahrhaftig, daß er ohne diesen Aufenthalt im Gebirge seine jetzige erhabene, heroische Statur und dies freimütige, kühne, ritterliche Betragen nie erlangt hätte. Auch sein Antlitz gewann einen kräftigen und sonnengebräunten Farbton statt des zarten, durchscheinenden Teints, der ihn früher sehr unmännlich hatte wirken lassen. Zu dieser Zeit entsprang in seinem Herzen auch die Quelle der Lieder, aus der seitdem so mächtige Ströme geflossen sind: die inspirierende Hoheit der Berge, inmitten derer er weilte, erschloß diesen Born, und der Schatten ihrer traurigen, doch stolzen Einöde warf einen dunklen, ernsten Schleier darüber und weckte den traurigen Ton, den man in all seinen Liedern hört und findet.

Doch mein Leser wird sich vielleicht erkundigen, was ihn so lange in einer Gegend hielt, die von all seinen Verwandten so weit entfernt war. Ich werde knapp und befriedigend antworten: es war die »Liebe«. Ja, der stolze, aristokratische, hochmütige, vornehme, elegante Marquis von Douro hatte sich tatsächlich in eine arme, niedrige Bauerstochter verliebt! Und seine Zuneigung blieb nicht unerwidert. Doch bei Mina war es mehr Verehrung als Liebe. Er erschien ihr im Lichte eines übernatürlichen Wesens, als Engel oder Erzengel, und jedesmal, wenn sie ihn ansah, ergriff sie eine Art von heiliger Scheu.

So standen die Dinge, als sich Arthur & Ned an einem schwülen Nachmittag, nach erfolgreicher Jagd auf eine Antilope, in einer einsamen Höhle in den Bergen ausruhten. Arthur hatte schon lange auf einen günstigen Augenblick gewartet, um Neds Einwilligung in seine sofortige Verbindung mit seiner Tochter zu erbitten, und er beschloß jetzt, daß die gegenwärtige Gelegenheit nicht verpaßt werden sollte. Folglich begann er mit der Frage, ob Ned glaube, daß er, Arthur, jetzt dazu tauge, seinen Lebensunterhalt durch die Jagd zu bestreiten. Die Antwort war ein promptes Ja. »Nun denn«, fuhr er fort, »so bin ich entschlossen, meine Freunde, meinen Rang, meinen Titel, mein Vermögen und alle meine Aussichten im Leben aufzugeben und für immer in dieser Wildnis zu wohnen, vorausgesetzt, Ihr belohnt mich mit der Hand Eurer Tochter Mina.« Der brave Ned, der bis zu diesem Augenblick nicht die mindeste Ahnung von Arthurs unbesonnener Neigung gehabt hatte, vermochte bei diesem so unerwarteten Antrag sein Erstaunen nicht zu verhehlen. Er hockte zehn Minuten da, starrte vor sich hin, als seien ihm die Augen aus den Höhlen gefallen und brummelte immerfort: »Der Bursche ist rein übergeschnappt; verrückt wie ein Märzhase, toll wie ein waidwunder Löwe.« Schließlich schien er mit einmal wieder zur Besinnung zu kommen und sagte in verändertem Ton: »Na, Arthur, da habt Ihr mich so überrascht, daß ich Euch heute gar keine rechte Antworten geben kann. Ihr müßt bis morgen früh warten, dann werde ich mir die Sache besser überlegt haben.« Und mit dieser Antwort mußte sich mein Bruder begnügen.

Am nächsten Morgen erschien Ned nicht zum Frühstück,

und als sich Arthur nach ihm erkundigte, erfuhr er, daß Ned bei Sonnenaufgang zu dem großen Palast hinter dem Berg aufgebrochen sei und erst gegen Mittag zurückkehren würde. Er verbrachte den Morgen in einem Zustand fieberhafter Erregung und versuchte, sich die Stunden mit Spaziergängen in der Bergschlucht zu vertreiben. Als ihm sein verkürzter Schatten endlich anzeigte, daß es nahe am Mittag war, da kehrte er langsam um. Wie er sich der Hütte näherte, hörte er zu seiner Überraschung Stimmen, die eine ernste Unterhaltung führten. Als er weiterschritt, konnte er die Worte, die eine tiefe, volle Stimme, deren Klang ihm vollkommen vertraut war, halb im Scherz halb im Ernst sprach, deutlich verstehen: »Du bist also die kleine Zigeunerin, die meinem Sohn das Herz gestohlen und ihn so lange Zeit zum Tagedieb gemacht hat. Oh, ich sehe schon, es wird schwer sein, euch zu trennen, aber es muß etwas geschehen. Diese Kinderei darf nicht weitergehen.«

Arthur sprang vor und stand in der nächsten Sekunde vor meinem Vater. Nach der ersten, durch Kindes- und Elternliebe bewirkten innigen Umarmung gab es einen Wortwechsel. Arthur flehte eifrig und ungestüm, mein Vater befahl barsch und bündig. Als Ned Laury, der zurückgekehrt war und als ungerührter Zuschauer dabeistand, schließlich herzutrat, um seine weinende Tochter von Arthur zu trennen, da zog der eine geladene Pistole aus dem Gürtel und schwor, er werde dem ersten, der Hand an sie lege, eine Kugel durch den Kopf jagen. Mina wurde jetzt ohnmächtig und sank besinnungslos vor ihm nieder. Mein Vater musterte seinen widerspenstigen Sohn mit einem Blick, in dem mehr Sorge als Zorn lag, dann schritt er gelassen auf ihn zu, entwand ihm die Pistole, feuerte sie in die Luft ab und schleuderte sie fort. Dann packte er ihn derb mit den Armen, beförderte ihn zu der Kutsche, die an der Hüttentür vorgefahren war, schob ihn widerstandslos hinein, stieg selber ein und befahl dann dem Kutscher loszufahren. Nach einer raschen Fahrt, die wenig mehr als eine Stunde dauerte, hielt die Kutsche vor dem Tor eines prächtigen Herrenhauses.

Arthur hatte, ohne es zu wissen, die ganze Zeit lang im Herrschaftsbereich meines Vaters gelebt, keine zehn Meilen von ihm entfernt, denn dies war einer seiner Landpaläste und eben der, den Mina als Residenz einer gewissen berühmten Lady bezeichnet hatte, bei der es sich um niemand anders handelte als um meine Mutter. Hier hatte sie auch das Lied gefunden, das Arthur deswegen so verblüfft hatte, weil er darin eine Eigenkomposition erkannte. Ned Laury hatte bei Arthurs fortgesetzter Abwesenheit von zu Hause ein Auge zugedrückt und es unterlassen, ihn durch irgendeinen Hinweis zu denunzieren, denn er glaubte, es sei für einen jungen Adligen eine feine Sache, mal ein wenig Gebirgsluft zu schnuppern und das Handwerk eines Mannes zu erlernen, will sagen, Jagen und Schießen, ohne dabei von Büchern und schnarrenden Hauslehrern behelligt zu werden; als er aber Arthurs Heiratsantrag gehört hatte, da beschloß er, seine eigenen Interessen nobel mißachtend, sofort meinen Vater zu unterrichten. Aus diesem Grund hatte er am frühen Morgen die Hütte verlassen. Das Ergebnis seiner Eröffnungen habe ich bereits mitgeteilt, und mir bleibt jetzt nur noch erzählen, wie die Liebenden ihre endgültige Trennung ertrugen.

Arthur grämte, verzehrte, kränkte und härmte sich so lange, bis er nur noch aus Haut & Knochen bestand. Doch die Zeit, die mächtige Ärztin, legte ihren Balsam nicht vergeblich auf sein gebrochenes und blutendes Herz, und ein Engel machte die Heilung vollkommen. Es war – doch »Ach nein, wir erwähnen Ihrer nie«. Genug damit, daß dieses strahlende und schöne Geschöpf, auf dessen Stirn mein Bruder jüngst seine Herzogskrone gesetzt hat, die Erinnerung an die schlichte Mina Laury gänzlich auslöschte. Dies kleine wilde Gänseblümchen konnte vor einer so wunderschönen, so eleganten und so hochgezüchteten Blume nicht bestehen; und also schrumpfte es rasch auf seine unbedeutenden grünen Blätter zurück. Mit Mina verhielt es sich ganz anders. Das Licht ihrer Augen schien ihr genommen, als Arthur sie verließ. All ihre innigen Neigungen waren auf ihn gerichtet, und die jähe Trennung war ein nicht leicht zu überwindender Schlag. Wochen und Monate härmte sie sich und welkte dahin, und der arme Ned erwartete täglich, daß die Wolke des Todes sein Heim verdüstern würde. Doch zum Glück wurde meine liebe Mutter mit der ganzen Sache bekannt. Sie ließ Mina sofort in den Palast kommen. Hier erholte sie sich langsam unter dem Einfluß freundlicher Aufmerksamkeit und mitfühlenden Wohlwollens und ist in diesem Augenblick so hübsch und blühend, wenn auch nicht ganz so heiter, wie eh und je.

1. Mai 1833 Charlotte Brontë

Verfaßt von Charles Albert Florian Wellesley.

# *Lily Hart*

Es war am Abend des denkwürdigen sechzehnten März, dem Tag der großen Empörung, als Mrs. Hart, eine ehrbare verwitwete Dame, und ihre Tochter Lily beim Wohnzimmerkamin ihrer schlichten und bescheidenen Wohnstatt saßen, die in einem der abgelegenen Vororte von Verdopolis lag. Sie hatten den Tag in einem Zustand heftigster und fiebrigster Unruhe verbracht und stündlich erwartet, daß die Flammen des Krieges, der in anderen Teilen der Stadt mit solcher Heftigkeit tobte, auf das unbedeutendere Viertel, in dem sie wohnten, übergreifen würden. Gegen drei Uhr nachmittags ließ jedoch glücklicherweise das unablässige Donnern ferner Artillerie, welches sie bis dato von der weitentfernten östlichen Division dröhnen gehört hatten, allmählich nach. Die Rauchwolke, die so düster zwischen Himmel und Erde hing, lichtete sich, das lärmende Schlachtgetöse erstarb, und bald traf die Kunde ein, daß die Regierung die Rebellion zuletzt restlos niedergeschlagen hatte.

Es vergingen Stunden, ehe sich die beiden verschreckten Frauenzimmer von der unruhigen Erregung, die sie den ganzen Tag lang gefangengehalten hatte, befreien konnten. Doch als die Nacht hereinbrach und weiterhin alles ruhig blieb, als verschiedene neue Boten die gute Nachricht bestätigten, und als viele von denen, die an den Kämpfen teilgenommen hatten, bei ihrer Heimkehr versicherten, die Armee der Rebellen sei mit Stumpf und Stiel ausgerottet, da fühlten sie sich beruhigter und wagten es, nachdem sie die Türen verriegelt und die Fenster verschlossen hatten, zum ersten Mal seit dem Morgen, einer spärlichen Mahlzeit zu genießen, die ihnen Bessie, ihre einzige Dienerin, zwar halb tot vor Angst aber doch hatte zubereiten können. Als das Mahl beendet war, rückten beide näher ans Feuer. Noch waren sie zu unruhig, um sich ihren üblichen Beschäftigungen des Lesens oder Nähens zu widmen, deshalb saßen sie einfach nur beisammen und erörterten die schrecklichen Ereignisse des Tages und spekulierten über die mutmaßlichen Folgen dieses erfolglosen Anschlags auf eine gute Regierung. Als sie so beschäftigt waren, hielt Lily plötzlich mitten im Satz inne:

»Horch, Mama«, sagte sie. »Hörst du kein Geräusch im Garten?«

Ihre Mutter horchte. »Doch«, erwiderte sie. »Es klingt wie das Stöhnen von einem, der Schmerzen leidet; vielleicht stammt es von einem armen verwundeten Geschöpf, und wenn dem so ist, dann haben wir die Pflicht, ihm beizustehen.«

Mit diesen Worten trat sie zu einer kleinen Glastür, die in den Garten führte. Lily folgte ihrer Mutter. Die Nacht war klar und still; der Mond und die Sterne leuchteten sehr strahlend an einem vollkommen wolkenlosen Himmel, und ihr herabfallender Glanz enthüllte eine menschliche Gestalt, die in der Nähe einer kleinen, offenstehenden Pforte im Grase hingestreckt lag. Mrs. Hart rief die hingestürzte Gestalt an, erhielt jedoch keine Antwort. Dann trat sie zu ihm und nahm seine Hand. Sie war sehr kalt; er stöhnte nicht mehr und lag nun reglos da.

»Ich fürchte, er ist tot«, sagte die wohltätige Dame, in mitfühlendem Ton, »aber spute dich, Lily, und sage Bessie, sie soll sofort nach dem nächsten Wundarzt laufen.«

»Ich verstehe mich ein wenig auf die Wundarzneikunst«, sagte ganz in der Nähe eine Stimme, während eine hohe Gestalt durch die offene Pforte trat. »Und wenn mein Geschick von irgendeinem Nutzen sein möchte, so steht es Euch zu Diensten, Madam.«

»Wer seid Ihr, Sir?« fragte sie einigermaßen bestürzt von diesem unvermuteten Eindringen.

»Ein Offizier in der Glorreichen Armee von Verdopolis, Madam, und einer, den keine Vertreterin des schönen Geschlechts zu fürchten braucht.«

Ermutigt durch den sanften und freundlichen Tonfall, in dem der Fremde sprach, drückte sie ihm ihre Dankbarkeit für seinen zu guter Zeit angebotenen Beistand aus; und bald war der Verwundete mit der zusätzlichen Unterstützung von Bessie in das trauliche kleine Wohnzimmer geschafft und wohlbehalten auf dem Sofa niedergelegt. Als das Kerzenlicht auf seine bleichen Züge fiel, entfuhr dem Offizier ein überraschter Schrei.

»Ich kenne diese Person«, sagte er; »er ist mein teuerster Freund. Ich hoffe bei Gott, daß er noch lebt. Wenn nicht, dann hat Afrika am heutigen Tag einen großen Verlust erlitten.«

Dann beeilte er sich, ihn mit Stimulantia und feinen Likören, welche Mrs. Hart reichlich zur Verfügung stellte, wiederzubeleben. Allmählich kehrte er ins Leben zurück, und als er die Augen aufschlug, starrte er wild um sich und hätte gesprochen, doch sein soldatischer, ärztlicher Betreuer, verbat ihm streng jedes Wort. Bei der Untersuchung erwies sich seine Verwundung als ein Bajonettstich in der rechten Seite; sie war nicht tief, und glücklicherweise waren die edlen Teile unversehrt geblieben.

»Mit welchem Namen soll ich Eueren Freund anreden, Sir?« fragte Mrs. Hart, als der Blutfluß gestillt, die Wunde verbunden und der arme Dulder zu Bett gebracht war.

»Mr. Seymour«, erwiderte der Offizier nach kurzem Überlegen. »Und mein Name lautet Oberst Percival. Wenn ich mich unterstehen dürfte, eine Bitte zu äußern, Madam, so wäre es mir lieb, er bliebe bis zu seiner völligen Genesung hier. Ich bürge für die Wiedererstattung jeglicher Unkosten, die Euch seinetwegen entstehen sollten.«

Mrs. Hart versicherte ihn ihrer rückhaltlosen Bereitwilligkeit, das weitere Verweilen des Fremden zu erlauben; und nach dem Versprechen, am nächsten Morgen vorbeizuschauen, verabschiedete sich Oberst Percival.

»Ein hübscher Mann, dieser Offizier«, sagte Lily Hart, als

er fort war. »So dunkle und funkelnde Augen habe ich noch nie gesehen, und eine so glänzende Gestalt und ein so herrliches Antlitz auch nicht. Doch für einen Oberst wirkt er reichlich jung.«

»Ganz recht, meine Liebe«, erwiderte ihre Mutter. »Aber höchstwahrscheinlich ist er der Sproß einer vornehmen Familie. Das würde ich wenigstens aus seinem stolzen und patrizierhaften Auftreten schließen; und die erhalten ihre Beförderung frühzeitig.«

Tage und Wochen vergingen, und Mr. Seymour genas rasch unter der Behandlung seines Freundes, der ihn unermüdlich und treusorgend pflegte. Das Benehmen des Kranken war nach Ansicht seiner gütigen Wirtinnen anfangs nicht eben gewinnend. Er wirkte kühl und zurückhaltend und schien alle ihm erwiesenen Gefälligkeiten als nur recht und billig hinzunehmen; doch nach längerer Bekanntschaft schmolz diese frostige Reserviertheit beinahe ganz dahin. Mit der Verheilung seiner Wunde wurde er zusehens umgänglicher; und als er schließlich sein Schlafzimmer verlassen und im Lehnstuhl am kleinen Wohnzimmerkamin sitzen konnte, da fragte sich Lily, wie sie ihn nur jemals für einen schlichten oder hochmütigen Mann hatte halten können.

Von Gestalt war er sehr groß und hielt sich so aufrecht, daß er manchmal ziemlich steif und förmlich wirkte. Seine Züge waren regelmäßig gebildet, die Stirn hoch und offen, die Augen waren von dunkelgrauer Farbe, tiefliegend und stechend. Sein ganzes Gebaren strahlte einen würdevollen Ernst aus, der ihm, ungeachtet seiner Jugend, denn älter als fünfundzwanzig oder sechsundzwanzig schien er nicht zu sein, ungemein gut zu Gesicht stand. Er lachte niemals, aber sein Lächeln gewann durch den Kontrast zu seiner sonstigen Ernsthaftigkeit, eine seltene Anmut; doch trotzalledem eignete seinem Gemüt ein offenkundiger Hang für Häuslichkeit und weibliche Gesellschaft. Als er dazu in der Lage war, saß er auf einer schlichten Bank im Garten und flocht einen Kranz aus Rosen für Lilys Kopf oder für den Hals ihres Lieblingsschoßhundes. Er baute ein hübsches Mooshaus und schmückte es mit Muscheln und Kieseln. Bisweilen, wenn auch nicht oft, begleitete er Miss Harts Guitarrenspiel mit seiner kräftigen, doch melodiösen Stimme; und regelmäßig jeden Morgen erteilte er ihr Unterricht in der italienischen Sprache, in der er ein Meister zu sein schien und die sie studierte. Abends dann, wenn die Vorhänge zugezogen waren und das Feuer hell loderte, las Mr. Seymour den Damen, wenn sie bei ihren Handarbeiten saßen, aus einem Klassiker vor, kommentierte bemerkenswerte Stellen und illustrierte die dunklen mit einer so luziden, so bescheidenen und manchmal so beredten Sprache, daß sie von seiner Auffassungsgabe eine sehr hohe Meinung bekamen. Ereiferte er sich im Gespräch, was häufig geschah, wenn ihn der Gegenstand interessierte, so belebten sich seine Züge aufs äußerste, seine Augen blitzten, und die Worte entflossen ihm ungezwungen, lebhaft und sogar glanzvoll. Wenn er so befeuert war, ließ Lily oft ihre Arbeit sinken und schaute ihn inbrünstig an; und wenn dann die Flut der Begeisterungsgefühle allmählich verebbte und er zu seinem gewohnten ruhigen und würdevollen Betragen zurückfand, nahm sie die Arbeit mit einem Stoßseufzer wieder auf. Mrs. Hart bemerkte dies und viele andere kleine Anzeichen für die wachsende Hochachtung ihrer Tochter für ihren Gast. Wenn Mr. Seymour sprach, zollte ihm Lily ganz hingerissen und gespannt Aufmerksamkeit; war er ungewöhnlich ernst, erschien auf ihrem Gesicht eine mitfühlende Trauer. Entschlüpfte ihm die leiseste Klage über wiederkehrende Schmerzen oder Schwäche, so fürchtete sie, er könnte einen Rückfall erleiden; und bezeugten ein leichterer Schritt oder ein munterer Gesprächston erstarkende Gesundheit und Lebensgeister, so kannte ihre Freude keine Grenzen. Alle diese Anzeichen beginnender Zuneigung wurden von der achtsamen Mutter bemerkt und verursachten ihr manche Stunde bangen Nachdenkens; denn obwohl sie die Gemütsverfassung ihrer Tochter leicht erkennen konnte, trotzte die des Fremden ihrem Scharfsinn. Er war so gesetzt, so reserviert, hatte sich so gänzlich in der Gewalt, daß es völlig unmöglich war, aus seiner Miene seine Gedanken zu lesen.

Zwar, Lily war hübsch genug, um die Aufmerksamkeit jedes Mannes zu erregen; und meine Leser würden derselben Meinung sein, hätten sie sie gesehen. Sie war etwa achtzehn Jahre alt, eher etwas über der Mittelgröße denn darunter, zierlich gestaltet und hatte anmutig gerundete Gliedmaßen und ein kleines feenhaftes Gesicht und ebensolche Hände. Ihr Teint hatte einen köstlichen und hellen Ton. Dunkle, strahlende Augen, die lange seidige Wimpern milderten, verströmten einen höchst bestrickenden Ausdruck über ihr liebliches Gesicht und paßten gut zu den ungezähmten schwarzen Locken, die ihr in üppigen Büscheln um die glühenden, zinnoberroten Wangen wallten. Zu diesen Reizen gesellte sich eine bezaubernde Schlichtheit in Kleidung und Benehmen sowie all die gebildeten Kenntnisse einer glänzenden Erziehung nebst den eher handfesten Vorzügen einer nützlichen. Und doch gelang es diesem liebreizenden Geschöpf nicht, in dem in dieser Hinsicht fast stoischen Mr. Seymour irgendeine Regung zu erwekken, die über einen gelegentlich gebannten Blick hinausging, der auch sogleich wieder abgewandt und durch eine vermehrte Ernsthaftigkeit und Zurückhaltung ausgeglichen wurde.

In einem Zeitraum von zwei Monaten war er, infolge guter Pflege, gesundheitlich gänzlich wiederhergestellt; und doch schien er nicht abreisen zu wollen. Eines Morgens, als sie beim Frühstück saßen, kam Oberst Percival zu Besuch. Nach einem oberflächlichen Gespräch bestürmte er seinen Freund mit der Notwendigkeit von dessen Rückkehr zur Familie, die sich, wie er sagte, große Sorgen um ihn zu machen beginne. Mr. Seymour erwiderte nichts auf seine Vorhaltungen, schien jedoch äußerst unwillig, ihre Billigkeit anzuerkennen.

Schließlich sagte der Oberst lachend: »Nun, wenn du dich weiterhin weigerst, dein Quartier zu verlassen, so werde ich noch auf den Gedanken verfallen, daß jemand dich bezaubert hat. Vielleicht könnte mir meine hübsche Lily hier den Namen der Bezaubernden nennen, wenn sie nur wollte.«

Ein tiefes Erröten ließ die Stirn des jungen Philosophen erglühen; er fuhr sogleich hoch und rief: »Ich werde augenblicklich gehen, ich werde diesen friedlichen Zufluchtsort unverzüglich verlassen. Mrs. Hart, gestatten Sie mir, daß ich Ihnen eine ganz winzige Vergütung für die mir von Ihnen erwiesene unermüdliche Güte und Aufmerksamkeit anbiete.«

Mit diesen Worten bot er ihr eine Banknote im Wert von zweihundert Pfund an. Seine selbstlose Wirtin wies sie jedoch ganz rasch zurück. Vergebens beschwor er sie, sie anzunehmen: sie wollte nicht, und zuletzt war er gezwungen, sie in seine Brieftasche zurückzulegen. Dann wandte er sich an Lily, nahm ihre Hand, drückte sie sacht, zog sich einen wertvollen Diamantring ab, der seinen kleinen Finger zierte, steckte ihn ihr an und verließ mit einem leisen, kummervollen Lebewohl jäh das Haus. Oberst Percival schaute ihm einen Augenblick lang mit einem vielsagenden Blick hinterher, verbeugte sich anmutig gegen beide Damen, wünschte ihnen einen guten Morgen und ging davon.

Ein Jahr verging, und während dieser kleinen Zeitspanne erfuhr die arme Lily viele und große Veränderungen. Sie mußte den Verlust einer geliebten und liebenden Mutter beweinen, die eine schwere Krankheit binnen sieben Tagen ins Grab gebracht hatte; sie war verarmt durch den Bankerott eines Bankiers, in dessen Händen ihr ganzes, zwar kleines, doch ausreichendes Vermögen deponiert war; und sie hatte das Haus verlassen müssen, wo sie geboren und aufgewachsen war, und wohnte jetzt in einer bescheidenen Bleibe, die aus nur zwei Zimmern bestand, wo sie sich bemühte, sich mit der Anfertigung und dem Verkauf von Zierartikeln wie Paravents, Gestellen usw. zu erhalten. Den ganzen Tag lang war sie mit der Herstellung der allerschönsten und elegantesten Formen beschäftigt, und trotzdem konnte sie beim allergrößten Fleiß doch nur ein kümmerliches Dasein fristen. Mittlerweile [mehrere Worte unleserlich] zehrte die Trauer um ihre liebe verstorbene Mutter und noch ein anderer tiefsitzender und hoffnungsloser Kummer an ihrer Gesundheit. Sie wurde dünn und blaß; ihre Schritte verloren die Spannkraft, ihre Augen den Glanz, ihre Wangen den rosigen Hauch; und kurz gesagt, sie verblaßte zum bloßen Schatten ihres früheren Selbst.

Eines Abends, nachdem sie sich zehn beschwerliche Stunden mit Kartonstückchen und Goldpapierschnipseln geplackt hatte, stand sie auf, wickelte sich in einen weiten Mantel und verließ das Haus, um bei einem kleinen Spaziergang Zerstreuung zu finden. Wohltuend war die Frische des linden balsamischen Sommerabendwinds, der ihre ausgezehrten Wangen küßte und in ihren schwarzen, ungeflochtenen Ringellöckchen spielte. Der güldene Glanz einer rasch sinkenden Sonne lag auf dem fernen Hafen, bestrahlte dessen geschäftige Ufer und erleuchtete mit einem warmen Schein das felsartige Bauwerk, das aus dem Zentrum des prächtigen Verdopolis aufsteigt. Nicht achtend, wohin ihr Weg führte, schritt sie langsam weiter, blickte in den blendenden Westen, dann nach den weitentfernten Bergen, die im übermäßigen Glanz, der sie überschüttete, undeutlich sichtbar waren, und dann wieder auf das tiefblaue Wasser einer scheinbar wellenlosen See. Diese Ansammlung schöner Dinge stillte ihren Kummer und löste in ihrem Geist eine Reihe tröstlicher Betrachtungen aus.

Schon bald rissen sie Stimmengewirr und vorübereilende Schritte aus ihrer köstlichen wonnigen Träumerei, die sie mahnten, daß sie ihr eigenes stilles Stadtviertel verlassen hatte und auf eine der betriebsameren [unleserlich] trat. Sie schaute auf und sah, daß sie sich auf der breiten und prächtigen Straße namens Ebor Terrace befand. Himmelhohe Paläste von herrlichster und eindrucksvollster Bauart erhoben sich auf jeder Seite und schienen mit ihrem fürstlichen Stolz jeden armen Plebejer einzuschüchtern, der zufällig den Blick darauf richtete. Diese Straße ist, meine Leser wissen es, der Pracht-Korso von Verdopolis; und jetzt, um die beliebte Stunde des Sonnenuntergangs, war sie von Hunderten von Reitern und Fußgängern bevölkert. Hier glitten Gruppen von schönen Patrizierinnen majestätisch vorbei, glanzvoll im Zauber strahlender Augen, allerliebster Lippen, schimmernder Edelsteine und wippender Federn; und wie sie vorüberschritten, blieb im Lufthauch hinter ihnen ein lieblicher Duft und ein süßer, silberheller Stimmenklang zurück. Dort brauste eine prächtige Karosse mit sechs oder acht feurigen Rossen wie ein rasender Wirbelwind vorbei, und überall schritten die Erlauchten und Schönen wie Wesen aus einer anderen Sphäre und schienen den Boden zu verschmähen, auf dem sie gingen. Als sich die arme Lily unter den glänzenden Gestalten umschaute, von denen sich keine herablassen würde, ihr einen Blick zu gönnen oder einen Gedanken an sie zu verschwenden, da überkam sie ein völliges Einsamkeitsgefühl, und sie seufzte tief und wandte sich zum Gehen. Während sie hastig denselben Weg zurückging, blickte sie zufällig zu einem der majestätischen Bauwerke hinauf, die finster auf sie herabschauten, und sah an einem offenen Fenster sitzend und sinnend die prächtige Menschenmenge betrachtend, die wohlerinnerliche Gestalt von Mr. Seymour. Bei diesem unerwarteten Anblick kam ein erstickter Ausruf freudiger Überraschung über Lilys Lippen, und ein leuchtender Glanz funkelte in ihren dunklen Augen. Einen Augenblick stand sie wie versteinert; und während sie noch in Staunen und Freude versunken war, hob er den Blick, und er traf auf sie. Sie errötete zutiefst, senkte den Kopf und barg das Gesicht in den Händen; als sie wieder hinsah, war das Fenster geschlossen und die angenehme Erscheinung verschwunden.

»Grausamer Mann«, dachte sie, während sich ein ungeheißener Tränenstrom ergoß. »Ein kleines Wort hätte er mir doch wohl sagen können, und wäre es nur um der Güte meiner Mutter willen gewesen.«

Die Erinnerung an ihre Mutter bewog Lily, das Grab zu besuchen, wo die Asche ihrer lieben Verstorbenen ruhte, und mit dem schwerfälligen Schritt der Sorge schlug sie den Weg zum

Friedhof von St. Michael ein. Das Zwielicht hatte die Pracht der untergehenden Sonne in sanften und stummen Schatten gelöscht, ehe Lily die große Gräberwüste erreichte, und eine bleiche Mondsichel vergoldete die düsteren Haine mit den riesenhaften Zypressen, als sie sich in der Nähe eines stehenden Grabsteines aus grauem Marmor niedersetzte, der dicht unter der himmelhohen Südmauer stand. Ein ungebrochenes, eisiges Schweigen lag auf dieser Totenstadt. Kein Schritt, keine Stimme weckten zwischen den stillen Gräbern ein Echo; doch bald schlug die Uhr der Kathedrale zur Vesper, und dann trug der Nachwind vom heiligen Münster, das in kräftige Mondstrahlen getaucht nicht weit entfernt stand, feierliche Orgelmusik und die hehren Klänge eines Kirchenliedes herüber. Als die Weise verklang, nahm Lily die Melodie auf und sang traurig die folgenden Strophen:

Dunkel ist jedes Toten Gruft,
   Dunkel, einsam und stumm:
Drinnen haucht kalte Grabesluft,
   Draußen schleicht Grauen um.

Oh Mutter! ob dein Geist wohl ruht
   In einer schöner'n Welt?
Wo eine ew'ge Blumenflut
   Reich schmücket Tal und Feld?

Ich traue drauf, fand doch dein Leib
   Nur triste Ruhestatt:
In kühler Erde sein Verbleib,
   Wo grünt kein Frühlingsblatt.

Und doch! ich möchte bei dir sein,
   Zu teilen deinen Schlaf,
Der traumlos ist und ohne Pein,
   Bewacht vom Epitaph.

Dann würde betten ich das Haupt
Auf deine tote Brust
Und wäre aller Angst beraubt,
Der Liegstatt unbewußt.

Die eitle Welt ist öde mir,
Der Himmel trübe Luft.
Drum Mutter! laß mich ruh'n bei dir
In deiner stillen Gruft.

Sie verstummte, warf sich auf das grasgedeckte Grab und weinte und schluchzte bitterlich. Als dieser Kummeranfall wich, erhob sie sich und traf Anstalten, den Friedhof zu verlassen, als eine hochgewachsene und dunkle Gestalt aus einem angrenzenden Zypressenhain glitt und vor ihr stand. Übermannt von Entsetzen wegen dieser jähen Erscheinung, kreischte sie laut.

»Fürchtet sich Miss Hart vor ihm, dessen Leben sie gerettet hat?« sagte eine tiefe, ruhige Stimme. Lily antwortete nicht, sondern sank in einem plötzlichen Ohnmachtsanfall auf einen nahen Stein. Der Fremde setzte sich neben sie und nahm ihre duldende Hand. »Hat meine Lily den undankbaren Seymour vergessen?« fragte er besänftigend.

»Nein! Nie! Nie!« lautete ihre leidenschaftliche Erwiderung. »Und ich werde es auch nicht, bis mich der Tod von allen geistigen Verbindungen trennt.«

»Wie ich gerade hörte«, sagte er, »habt Ihr Eure irdische Beschützerin verloren und seid jetzt einsam auf der Welt.«

»Ja«, entgegnete sie kurz.

Er hielt einen Augenblick inne und sagte dann: »Lily, Ihr seid inzwischen zweifellos zu dem Schluß gelangt, daß ich jede Erinnerung an Euch und Euren Haushalt verloren habe, aber dem ist nicht so. Ich habe mich fürwahr bemüht, Euch zu vergessen, habe mich Tag und Nacht geplagt, um den Eindruck Eures allzu lieben Bildes aus meinem Sinn zu löschen. Zu diesem Zweck habe ich Salon und Ballsaal aufgesucht, um eine Gestalt von erhabenerer Schönheit, einen vortrefflicheren Geist zu finden, als die, die mich wie eine himmlische Vision verfolgten. Doch umsonst: unter all den Schönsten und Vornehmsten des Landes vermochte ich keine zu entdecken, die mit meiner unvergleichlichen, meiner wunderschönen Lily wetteifern konnte. Unfähig, noch länger ohne Euch zu leben, beschloß ich endlich, die Tochter der armen Witwe aufzusuchen und ihre Zustimmung zu einer heimlichen Verbindung zu erhalten. Mit diesem Entschluß, begab ich mich vor etwa sechs Monaten zu Eurem Haus in der östlichen Vorstadt, aber es war leer und keiner wußte, wohin Ihr gegangen wart. Seit dieser Zeit habe ich Euch gesucht, doch vergebens bis heute abend, als ich die Menschenmenge auf Ebor Terrace betrachtete und mein Blick auf der langersehnten Gestalt ruhte. Ich verließ augenblicklich das Haus, in dem ich mich aufhielt, achtete darauf, welchen Weg Ihr einschlugt, folgte Euch hierher. Und nun, Miss Hart, wollt Ihr meine Frau werden oder nicht? Sagt ja, und Ihr macht einen Mitmenschen bis an sein Lebensende glücklich; sagt nein, und sprecht das Todesurteil über einen, der Euch nie gekränkt hat.«

Wer hätte nach so einer Bitte die kalte und schneidende Verneinung äußern können? Lily konnte es nicht: sie erblickte zu ihren Füßen den ernsten, den philosophischen Mr. Seymour, ihn, der all die stürmischen Leidenschaften, die andere Männer erregten, bezwungen zu haben schien; sie erblickte ihn um ihretwillen in einen schieren, sterblichen Liebhaber verwandelt; sie vernahm, wie er behauptete, sein Lebensglück hänge von ihrer Entscheidung ab; und sie murmelte ein leises und stokkendes »Ja«.

»Gott segne dich, meine Liebste!« rief er mit Nachdruck aus, indem er ihre kleine Hand erhaschte und sie leidenschaftlich an die Lippen presste. »Gott segne dich für dieses kleine Wort! Du bist jetzt mein und mein allein, und nur der Tod soll uns trennen.« Nach einer Pause fuhr er mit seiner gewohnten

*1. Charlotte Brontë (National Portrait Gallery, London).*

*2. Kirche und Pfarrhaus in Haworth, um 1850. Holzstich.*

*3. Das Pfarrhaus in Haworth, das heute auch das Brontë Parsonage Museum beherbergt, im jetzigen Zustand; Blick vom Friedhof her. Foto: Antje Friedrichs.*

*4. Arthur Wellesley, Marquis von Douro und Herzog von Zamorna, späterer König von Angria und Kaiser Adrian I. Undatierte Bleistiftzeichnung, die Charlotte Brontë zugeschrieben wird.*

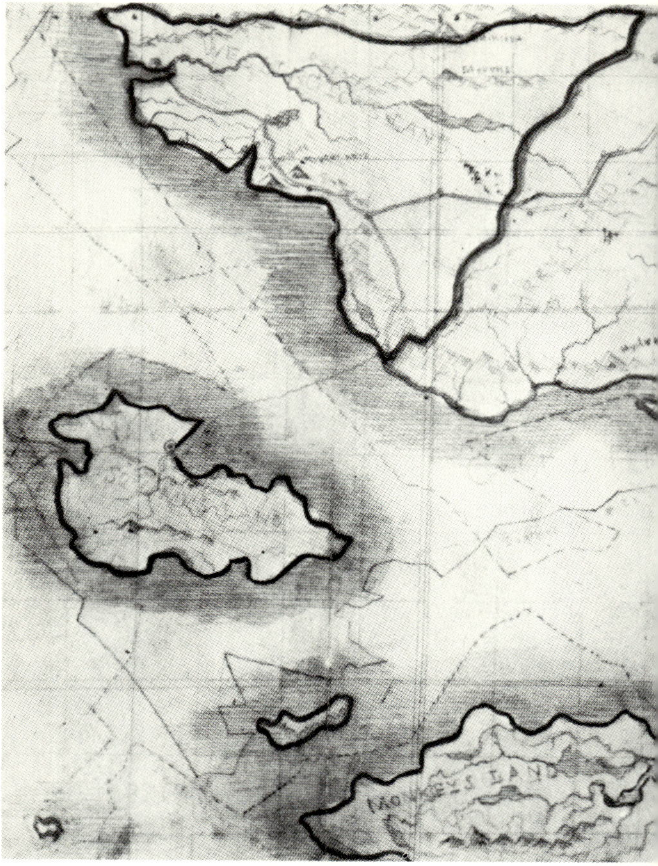

*5. Zusammenfaltbare Landkarte, gezeichnet von Branwell Brontë als Frontispiz für seinen Bericht von der Entstehung bzw. ›Einrichtung‹ des Gedankenspiels von Glass Town und Angria, »Geschichte der jungen Männer«, geschrieben 1830/31. Zu erkennen sind links vor der Küste Stumps Island, in der Mitte Monkeys Island, rechts Frenchys Island.*

*Auf dem Kontinent liegt links Wellington's Land, dann Parry's Land, in der Mitte das kleine Ross's Land, rechts folgt das Gebiet der Chief Glass Town, also der Hauptstadt der Glass Town Konföderation, und darüber liegt Sneaky's Land. Angria wird dann noch weiter nördlich im Landes inneren liegen.*

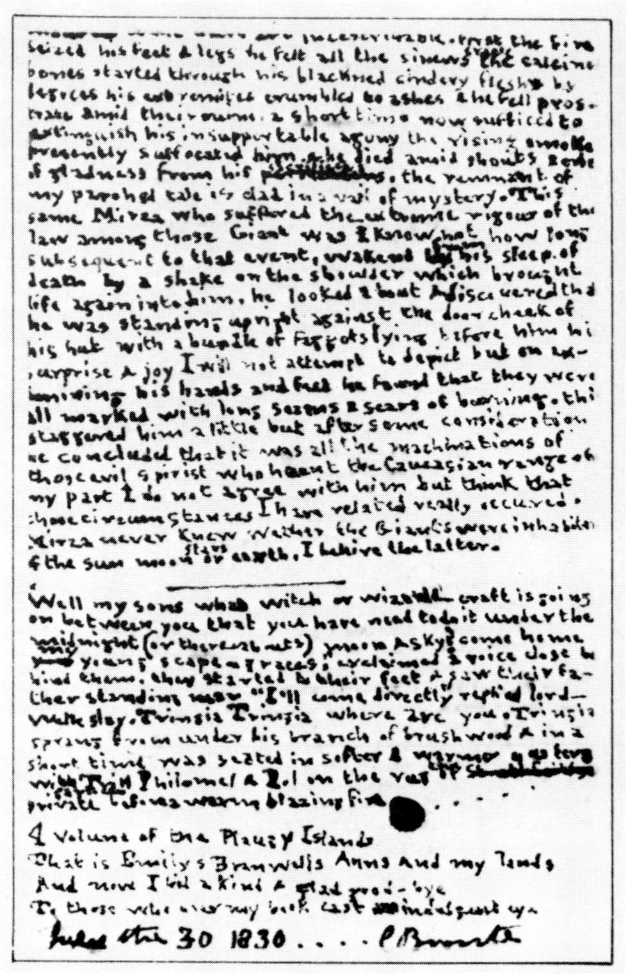

are indescribable. when the fire
seized his feet & legs he felt all the sinews crack the calcined
bones started through his blackened cindery flesh & by
degrees his extremities crumbled to ashes & he fell pros-
trate amid their ruins. a short time now sufficed to
extinguish his insupportable agony the rising smoke
presently suffocated him & he died amid shouts &c
of gladness from his [illegible]. the remnant of
my parable tale is clad in a veil of mystery. This
same Mirza who suffered the extreme rigour of the
law among those Giant was I know not how long
subsequent to that event, wakened from his sleep of
death by a shake on the shoulder which brought
life again into him. he looked about & discovered that
he was standing upright against the door cheek of
his hut with a bundle of faggots lying before him his
surprise & joy I will not attempt to depict but on ex-
amining his hands and feet he found that they were
all marked with long seams & scars of burning. this
staggered him a little but after some consideration
he concluded that it was all the machinations of
those evil spirist who haunt the Caucasian range of
my part I do not agree with him but think that
those circumstances I have related really occured.
Mirza never knew wether the Giants were inhabitants
of the sun moon stars or earth. I belive the latter.

Well my sons what witch or wizard craft is going
on between you that you have need to do it under the
midnight (or thereabouts) moon ASKy come home
you young scape-graces, exclaimed a voice close be
hind them. they started to their feet & saw their fa-
ther standing near "I'll come directly" replied lord-
wellesley. Trinsia Trinsia where are you. Trinsia
sprang from under his branch of brushwood & in a
short time was seated in softer & warmer [illegible]
with [illegible] Philomel & Zol on the [illegible]
[illegible] before a warm blazing fire. . . .

4 Volume of the Play Islands
That is Emily's Branwells Anns and my lands
And now I bid a kind & glad good-bye
To those who ever my book cast indulgent eye
July the 30 1830 . . . . C Bronte

*6. Letzte Seite des Manuskripts der »Geschichten von den Inselleuten«, Band IV, unterschrieben »30. Juli 1830 . . . C. Brontë«. Größe 10 × 6,3 cm.*

*7. Manuskripte von Juvenilia der Brontë-Kinder; links zwei Exemplare des »Young Men's Magazine«, Zweite Serie, vom Oktober und Dezember 1830. Zum Größenvergleich ein 10-Pence-Stück.*

*8. Einband des Manuskripts von »Der Abendspaziergang«, von Charlotte im Juni 1830 verfaßt.*

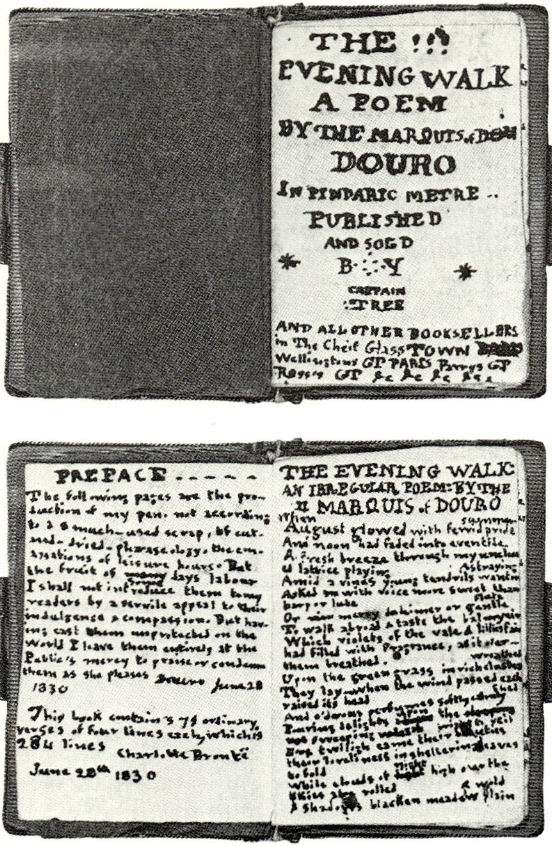
THE !!!
EVENING WALK
A POEM
BY THE MARQUIS of DOURO
IN PINDARIC METRE
PUBLISHED
AND SOLD
BY
CAPTAIN
TREE
AND ALL OTHER BOOKSELLERS
in The Chief Glass TOWN
Wellingtons GT PARIS Parrys GT
Rosss GT &c &c &c &c

PREFACE
The following pages are the production of my pen. not according to a much-used scrap, of cut-and-dried-phraseology. the emanations of leisure hours. But the fruit of some days labour I shall not introduce them to my readers by a servile appeal to their indulgence & compassion. But having cast them unprotected on the World I leave them entirely at the Public's mercy to praise or condemn them as she pleases June 28 1830

This book contains 71 ordinary verses of four lines each, which is 284 lines
Charlotte Brontë
June 28th 1830

THE EVENING WALK
AN IRREGULAR POEM: BY THE
MARQUIS of DOURO
When summer
August glowed with fervid pride
And noon had faded into eventide
A fresh breeze through my window lattice playing

9. *Titelseite von »Der Abendspaziergang«:* DER / ABENDSPAZIERGANG / EIN GEDICHT / DES MARQUIS VON / DOURO / IN PINDARISCHEM VERSMASZ / VERLEGT / UND VERKAUFT / VON / HAUPTMANN / TREE / UND ALLEN ANDEREN BUCHHÄNDLERN / IN DER CHIEF GLASS TOWN / WELLINGTON'S G(LASS) T(OWN) PARIS PARRY'S G(LASS) T(OWN) / ROSS'S G(LASS) T(OWN) &C &C &C &C.

*Das Vorwort (unteres Bild, links) ist unterschrieben »Charlotte Brontë« und datiert auf den 28. Juni 1830.*

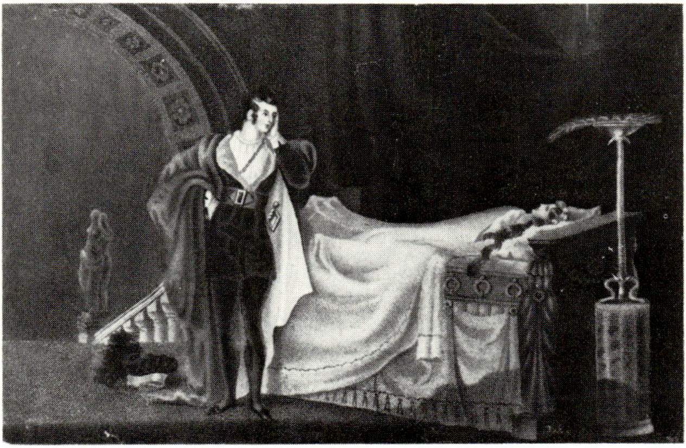

*10. Alexander Percy am Totenbett seiner Tochter Mary Henrietta, Königin von Angria und Gemahlin des Herzogs von Zamorna. Undatiertes, Charlotte Brontë zugeschriebenes Ölgemälde; terminus post für die Entstehung: Ende 1836.*

*11. Die Herzogin von Zamorna im Garten ihres Schlosses in Alnwick. Bleistiftzeichnung von Charlotte Brontë, ca. 1836.*

*12.* »ALEXANDER PERCY ESQR M. P.« *steht unter dieser Zeichnung Branwells von Alexander (vormals Rogue) Percy, Hochwohlgeboren, Mitglied des Parlaments, dem späteren Lord Ellrington und Grafen von Northangerland. Datiert auf 1846, als Charlotte schon aufgehört hatte, die Erzählungen aus Angria weiterzuspinnen.*

*13. Porträt, das möglicherweise nochmals Mary Henrietta, Königin von Angria und Herzogin von Zamorna, darstellt. Signiert: »Gezeichnet von Charlotte Brontë«.*

*14. Der Herzog von Zamorna, der byronische Über-Held der späteren Erzählungen Charlotte Brontës, die ein zunehmend schlechteres Gewissen wegen ihrer Phantasien um dieses wilde Mannsbild bekam. Zeichnung Branwells von 1835.*

gesetzten und besonnenen Art fort. »Umstände, Miss Hart, die ich Euch jetzt nicht aufklären kann, gebieten es, daß unsere Verbindung streng geheim bleiben muß. Seid Ihr damit einverstanden?«

»Ja«, erwiderte sie, denn da sie in die Hauptsache bedingungslos eingewilligt hatte, konnte sie jetzt in Lappalien keine Bedenken tragen.

»Dann trefft mich«, fuhr Mr. Seymour fort, »morgen abend zu dieser Stunde an diesem Ort.«

Sie stimmte zu, und nach einer langen und inbrünstigen Umarmung schieden sie voneinander. Manche unter meinen Lesern werden dies zweifellos für ein unbedachtsames Vorgehen von Lily halten, doch sie mögen sich daran erinnern, daß sie Mr. Seymour mehr als ihr Leben liebte, daß es außer ihm auf der Welt kein Wesen gab, auf das sie ihre warme Zuneigung richten konnte und daß sie ein junges und unerfahrenes Mädchen war, das sein neunzehntes Lebensjahr noch nicht vollendet hatte.

Den ganzen nächsten Tag verwandte Lily darauf, ihr Brautkleid anzufertigen, und als es zu dämmern begann, zog sie es an. Es war ein dunkles Seidenkleid, das gut zu ihrem Teint paßte und hier und dort mit kleinen Schleifchen aus rosa Band verziert war. Eine breitere Schleife aus dem gleichen Material band das jettschwarze, offene, gelockte Haar zusammen, das ihr sonst bis über die Taille gereicht hätte, und formte es auf ihrem Kopf zu einer natürlichen Krone. In diesem schlichten Putz sah sie ganz allerliebst aus; die Aufregung hatte ihren Wangen das leuchtende Rosenrot und ihren Augen den strahlenden Glanz zurückgegeben. Und als sie in ihren dunklen Mantel gehüllt wieder über Ebor Terrace schritt, da gab es unter all den Hunderten dort niemand, dessen Schritt so beschwingt und federnd war wie ihrer.

Wieder ging die Mondsichel auf, als sie den Friedhof von St. Michael betrat. Ein böiger, hohltönender Wind schüttelte die großen Äste der Zypressenbäume, die wie schwärzliche

Riesen dunkel vor dem dämmerigen Himmel aufragten, und die letzten Klänge der Orgel, die zur Vesper spielte, verhallten in der kuppelgeschmückten Kathedrale. Feierlich und kummervoll waren die Bilder und Klänge zu dieser düsteren Stunde, doch ihre heitere Stimmung widerstand dem trüben Eindruck, den zu erwecken sie geeignet waren, und voll seliger Vorfreude suchte sie das Grab ihrer Mutter auf. Ihr Herz hüpfte, als sie daneben eine hochgewachsene Gestalt stehen sah, doch beim Näherkommen merkte sie, daß es nicht ihr Liebhaber war, sondern ein Offizier des Landheers in Uniform; sein Schwert und der Gürtel mit der Stahlschließe blitzten im Mondlicht, und während er gemessenen Schrittes langsam auf und ab ging, summte er einen fröhlichen Marsch. Voller Schrecken wollte sie sich eben wieder zurückziehen, da hob er plötzlich den Kopf und rief: »Seid Ihr das, Miss Hart?«

Im Aussprechen der Worte erkannte Lily sofort den dunklen Klang von Oberst Percivals eigentümlich faszinierender Stimme, und im Gesicht des Fremden, das jetzt im Lichte lag, erkannte sie gleichfalls die statuenhafte und edle Schönheit seiner Züge. Nun hatte Lily zwar den Oberst stets bewundert, weil er ein hübscher und anmutiger Mann war, aber sie fürchtete ihn auch wegen einer gewissen hochfahrenden Herrschsucht in seinem Gebaren und im Ausdruck seiner strahlenden und kühnen schwarzen Augen. Sein Betragen gegen ihre Mutter und gegen sie selbst war immer nur vollendet artig und freundlich gewesen, doch darein gemischt war eine gewisse Herablassung, die ihr immer, wenn sie sich mit ihm unterhielt, ein unbeschreibliches Gefühl der Ehrfurcht einflößte. Aus diesem Grund beantwortete sie seine Frage auch, mit ziemlicher Besorgnis und in schüchternem Ton, bejahend.

»Habt keine Angst, schöne Lily«, sagte er ermutigend. »Ich bin im Namen meines Freundes Mr. Seymour hier, der Euch nicht selber treffen konnte, aufgrund dringender Geschäfte, deren Vernachlässigung Nachforschungen und vielleicht gar Entdeckung bewirkt hätten, in welchem Fall ihm das Glück, welches ihm so sehr am Herzen liegt, im Augenblick der Erfüllung unfehlbar entrissen worden wäre. Ich hoffe, Ihr werdet Euch nicht weigern, mir zu gestatten, als sein Vertreter zu handeln.«

Lily war zu weit gegangen, um sich zurückzuziehen, und deshalb mußte sie den munteren jungen Offizier widerstrebend zum Führer nehmen. Als sie zu verstehen gegeben hatte, daß sie bereit sei, ihm zu folgen, ließ er einen schrillen Pfiff ertönen, und sofort schoß eine prächtige Karosse durch die offenen Friedhofstore. Nachdem er ihr beim Einsteigen geholfen und an ihrer Seite Platz genommen hatte, ließ er abfahren, und mit Blitzesschnelle rollten sie davon.

Da die Vorhänge der Kutsche zugezogen waren, konnte Lily nicht erkennen, welchen Weg sie nahmen, aber nach einer Stunde rascher Fahrt hielt das Gefährt plötzlich an, und Oberst Percival unterrichtete sie davon, daß sie nun aussteigen müsse. Beim Verlassen der Karosse sah sie vor sich den mit Pfeilern versehenen Eingang eines gewaltigen Parks. Ein Lakai öffnete die Tore, und ihr Führer hakte Lily unter und folgte dem Fahrweg, bis sie vor ein sehr weitläufiges und prachtvolles Herrenhaus oder vielmehr vor einen Palast kamen, dessen weiße Marmorsäulen und Türmchen mit mildem Glanz im stillen Mondenschein schimmerten. Dann wandte er sich um, durchquerte eine Ecke des Parks, öffnete eine kleine bogenförmige Pforte, die in eine himmelanstrebende Mauer eingelassen war, die diesen Teil der Anlagen begrenzte, und dann betraten sie einen großen Garten. Nachdem sie sich mühsam durch lange [unleserlich] dunkle Laubengänge gewunden hatten, durch deren schattige Bögen selten einmal ein Lichtstrahl drang, und nachdem sie offene Rabatten durchquert hatten, wo die geschlossenen und hängenden Blüten und die gefleckten grünen Blätter alle von den Tränen der Nacht feucht waren und glitzerten, erreichten sie schließlich eine kleine Kapelle oder Oratorium, die inmitten einer großen Parkanlage mit hohen und wohlriechenden Blütensträuchern gelegen war.

»Jetzt«, flüsterte der Oberst, als sie unter dem gitterförmig verzierten Portal hindurch und das lange, hallende Mittelschiff entlanggingen, »jetzt, schöne Lily, habe ich meine Pflicht erfüllt und werde Euch in bessere Hände übergeben.«

»Und du hast sie gut erfüllt«, sagte die Stimme von Mr. Seymour aus einem Seitenschiff. »Adrian, ich danke Dir, aber gehe erst, wenn du gesehen hast, wie das unauflösliche Band geschlossen ward.«

Er willigte ein, als Zeuge ihrer Verbindung zu bleiben, und alle drei schritten zum Altar, wo ein ungemein ernst und ehrwürdig aussehender Geistlicher bereits in Gewand und Soutane wartete. Nach einer Viertelstunde hatte Lily Hart ihren Namen geändert und lebenslange Treue gelobt.

Als die Trauungsfeierlichkeit vorüber war, faßte Percival die Hand seines Freundes, wünschte ihm von Herzen Glück, sagte ihm Lebewohl, und ging, nachdem er die Braut ehrerbietig geküßt hatte.

»Nun, meine liebe, einzige Lily«, sagte Mr. Seymour zu seiner Gemahlin, »müssen wir Verdopolis unverzüglich verlassen, wenn du nicht schon zu ermattet bist.«

Lily versicherte ihm, sie sei ganz und gar nicht müde, und sie verließen die Kapelle und kehrten zum Parktor zurück, wo die Karosse immer noch ihre Ankunft erwartete.

Die Reise dauerte die ganze Nacht und endlich, gerade ging die Sonne auf, schob Mr. Seymour einen Vorhang der Karosse zur Seite und bat seine Gattin hinauszusehen. Sie tat es, und ihr Blick erschaute eine der schönsten und fruchtbarsten Szenerien, die man sich nur vorstellen kann. Smaragdgrüne Wiesen dehnten sich auf allen Seiten, hie und da getupft mit hohen, weitausladenden Waldbäumen und bewässert von einem breiten, stillen Fluß, an dessen Ufern, die gen Osten und ins rosige Frühlicht des Tages getaucht lagen, eine kleine und elegante Villa erschien, von einem Rasenplatz und Gartenanlagen umgeben und dahinter ein Hain hoher, junger Ulmen, deren Zweige, die der linde Morgenwind schaukelte, einen Tauregen auf Efeu und

Rosen niedergehen ließen, die sich an Dach und Seiten hochrankten.

»Was für ein schöner Ort«, sagte Lily. »Dort möchte ich gern leben.«

»Dein Wunsch ist dir erfüllt, mein Lieb'«, erwiderte ihr Gatte, »denn dies ist die dir zugedachte Wohnstatt.«

Und drei Jahre lang wohnte Lily in diesem friedlichen, kleinen Paradies, und sie genossen ein Glück, das so vollkommen war, wie es das für einen Sterblichen und eine Sterbliche nur sein kann. Umgeben von all der Eleganz und den Wonnen des Lebens, schon bald gesegnet mit einem hübschen und gesunden Knaben, umhegt von einem liebevollen und zärtlichen Gemahl, dessen sanftes philosophisches Betragen und stille und tiefe Zuneigung weder ihren Reiz noch ihre Stärke einbüßten, wer könnte glücklich sein, wenn sie es nicht war?

Dennoch gab es ein paar kleine Umstände, die ihre Glückseligkeit ein wenig trübten. Zunächst blieb das Geheimnis um ihre heimliche Ehe weiterhin ungelöst. Sie wußte eigentlich noch immer nicht, wer ihr Gatte war; sie hatte nie ein einziges Mitglied seiner Familie gesehen oder ihn von derselben sprechen hören. Sein ängstliches Bemühen, sie in völliger Abgeschiedenheit zu halten, war offenkundig; nicht ein einziges Mal erlaubte er ihr, Verdopolis zu besuchen, und mit Ausnahme von Oberst Percival durfte kein Gast Elm Grove Villa betreten. Weiterhin war sie oft wochenlang sogar Mr. Seymours Gesellschaft beraubt. Er verbrachte selten mehr als ein Viertel des Jahres bei ihr, die übrige Zeit war wichtigen Geschäften in der Stadt vorbehalten. Es stimmt, die Kürze und Seltenheit seiner Besuche machten diese umso köstlicher, doch nichtsdestotrotz kam sie manchmal nicht umhin, den Wunsch zu äußern, sie würde ihn, der ihr so herzlich lieb war, gern öfter sehen.

Eines Abends zu Beginn ihres vierten Ehejahres saßen sie, ihr Gatte und Oberst Percival (den Lily nicht nur ohne Furcht, sondern sogar mit herzlichen und aufrichtigen Gefühlen der

Freundschaft schätzen gelernt hatte) im Salon der Villa beisammen. Es war eine schauerliche und stürmische Nacht. Regenfluten peitschten unablässig die Fenster; Windböen jagten mit wütendem doch klagendem Geheul durch den tosenden Ulmenhain; und hin und wieder vermischte sich seine melancholische Stimme mit dumpfem Donnergrollen aus der Ferne. Dieser Krieg der Elemente außerhalb der Villa schien jedoch die Heiterkeit der Gesellschaft in ihrem Innern nur zu steigern. Lily, die an ihrer Harfe saß, erzeugte Töne, die, wie man hätte meinen mögen, melodisch genug waren, um auch den wildesten Sturm zu bezaubern, der je mit Blitzstrahl und Donner durch die mitternächtlichen Himmel getobt ist. Ihr über sie gebeugter Gemahl lauschte mit verzückter Aufmerksamkeit ihrer lieblichen Stimme und der Harfe. Was Oberst Percival betrifft, so war der eifrig beschäftigt mit seinem Schoßkind, dem kleinen Augustus Seymour, den er jetzt in den Armen hin und her schaukelte, ihm dann eine glitzernde Uhr nebst Kette vor den staunenden Augen tanzen ließ und ihm zuletzt noch beibrachte, wie man eine kleine Pistole handhabte und spannte, welche er mit Pulver lud und ein paarmal abfeuerte, wobei das beherzte und kühne Kind nicht etwa erschrak, sondern bei jeder Explosion in die Hände klatschte und vor Freude kiekste.

»Oberst«, sagte Lily, die, nachdem sie ihr Lied beendet hatte, aufgestanden war und lächelnd auf ihn zu kam, »Ihr werdet mit Eurer allzu großen Nachsicht mein Kind noch verderben. Er ist jetzt schon so eigenwillig und unbändig wie – wie –«

»Wie ich, Madam, wolltet Ihr sagen«, unterbrach der Oberst lachend. »Es sei, ich möchte ihn nicht anders haben. Könnte er nur ein wenig von meinem Ungestüm mit der Weisheit seines Vaters verbinden, so wäre er nämlich vollkommen.«

Sie wollte in derselben halb spielerischen, halb ernsten Weise erwidern, da krachte über ihren Köpfen ein Donnerschlag.

»Der Sturm nimmt zu«, bemerkte Mr. Seymour. »In welch schrecklicher Lage müssen die sein, die seinem Wüten schutzlos ausgesetzt sind.«

Kaum hatte er diese Worte geäußert, da verkündete das Geräusch nahender Kutschenräder, gefolgt von einem ungestümen Läuten der Türglocke und einer entsprechend heftigen Tätigkeit des Türklopfers, daß draußen Leute waren, die gerade eben den gnadenlosen Regenguß des Sturmes erduldeten. Unmittelbar darauf öffnete ein Diener die Tür und meldete, es seien ein Herr und zwei Damen in einer offenen Kutsche angekommen und bäten um Obdach, bis der Sturm vorübergezogen sei.

»Führt sie ins Speisezimmer«, sagte Mr. Seymour.

»In diesem Zimmer brennt der Kamin nicht mehr, Sir«, erwiderte der Diener, »und sie sind triefnaß.«

»Nun, dann führt sie hier herein. Ich vermute, Adrian (mit Blick auf den Oberst), es sind keine Leute, die uns kennen, deswegen wird es kaum schaden.«

Jetzt vernahm man Schritte auf der Treppe, die Tür wurde erneut aufgestoßen, und zuerst trat ein hochgewachsener, kerzengerader, gestreng blickender alter Herr um die sechzig ein, er hatte eine hohe, kahle Stirn, die ein silbergrauer Haarkranz umrahmte, eine Adlernase und sehr scharfe, durchbohrende, graue Augen. Ihm folgten eine Dame, die den Mittag des Lebens bereits überschritten hatte, in ihrem liebreichen Antlitz und den blauen Augen aber noch immer die Überreste einer einstmals ungemeinen Schönheit bewahrte, und zuletzt ein hochgewachsenes, schlankes und hübsches Mädchen. Beide Damen waren in weite und dunkle, mit kostbarem Hermelin gesäumte Samtmäntel gehüllt; diese prächtigen Kleidungsstükke waren durchnäßt und klebten an ihnen, als hätten sie aus läppischem Taft bestanden.

Die Wirkung, die das Auftauchen dieses eindrucksvollen Trios auf Percival und Seymour hatte, schien Lily höchst unerklärlich. Ersterer sprang auf und rief mit einem erstaunten Lächeln: »Gütiger Himmel, nun ist der Tag der Entdeckung doch gekommen, die Stunde, da alle Herzensgeheimnisse offenbar werden. Tut aber nichts, John, stehe es kühn durch wie ein

Mann. Weiche nicht aus, lüge nicht, sondern sage es offen heraus und trage, was immer auch danach kommen mag.«

Mr. Seymour schien dieses Ratschlags wenig zu bedürfen. Er hatte sich erhoben und mit verschränkten Armen und dem Ausdruck kühler Entschlossenheit genau der Tür gegenüber Aufstellung genommen.

»Was hat das alles zu bedeuten, mein Herr Marquis?« fragte der alte Herr, indem er Oberst Percival streng anblickte. »Warum finde ich Sie und meinen Sohn hier vor, und wer ist diese Frau?«

»Diese Frau«, entgegnete Seymour in entschiedenem, aber respektvollen Ton, »diese Frau, mein königlicher Vater, ist meine liebe Gemahlin Lily, Marquise von Fidena. Ich habe sie vor drei Jahren mit meiner Adelskrone gekrönt, und dort an ihrer Seite steht mein Sohn und Euer Enkel, John Augustus Sneaky.«

Das Auftauchen von eintausend körperlosen Gespenstern hätte bei der königlichen Gesellschaft keine größere sprachlose Verblüffung auslösen können, als diese schlichte Mitteilung es tat. Nachdem er seinen Sohn einige Minuten lang schweigend angestarrt hatte, sprach schließlich der Monarch Alexander:

»Glaube nicht, daß du mich so täuschen kannst«, sagte er. »Dieses vermessene Weib wird sofort in ihre angeborene Bedeutungslosigkeit zurückfallen, aus der du sie so leichtfertig gehoben hast, wenn du nicht den vollständigen Beweis für Eure Ehe erbringen kannst, und wenn diese Ehe nicht vom Hauptprälat getraut wurde, denn ein geringerer Priester kann einen Prinz von königlichem Geblüt nicht rechtmäßig vermählen.«

»Ich kann es Eurer Majestät bezeugen«, entgegnete Oberst Percival oder – wie wir ihn jetzt nennen müssen – der Marquis von Douro, denn der war er in Wahrheit, »daß vor etwa drei Jahren John, Prinz von Fidena, mit Lily Hart vermählt wurde, und zwar von Gravey, dem Erzbischof persönlich, vor dem

Hochaltar der Privatkapelle, die in den Gärten steht, die Euren Kaiserpalast an den Ufern des Niger umgeben, ich stand dabei und übergab eigenhändig die Braut.«

Eine dunkle und unheilvolle Röte überzog Alexanders stolze Stirn, als er den unbeschämten Marquis dies mit vollkommener und unbeschwerter Nonchalance sagen hörte. Was er gesagt oder getan hätte, weiß ich nicht, denn gerade als er zu sprechen anhob, warfen sich die Königin und ihre älteste Tochter Lady Edith (meine Leser werden in den beiden Frauen, die ihn begleiteten, diese erlauchten Persönlichkeiten bereits erkannt haben) ihm zu Füßen und flehten ihn an, zu verzeihen, was nun nicht mehr ungeschehen gemacht werden könnte, und den Sohn, der ihn bisher nie gekränkt hätte, wieder in die väterliche Gunst aufzunehmen. Lily, die wie Espenlaub zitterte und so blaß war wie ihre blumige Namensvetterin, gesellte ihre Tränen zu ihren flehentlichen Bitten. Doch Alexander blieb von ihren Bittgesuchen ziemlich ungerührt und hätte seiner Empörung wahrscheinlich freien Lauf gelassen, wäre der Marquis von Douro nicht vor ihn hingetreten und hätte ihm leise und eindringlich zugeflüstert:

»Monarch der Berge, Ihr könnt diesen Sohn fürwahr verstoßen, doch wo wollt Ihr einen anderen finden? Wer sollte würdiger sein, Eure Krone und Euren Thron zu erben? Nirgends: so muß denn die Königswürde aus Eurem Geschlecht schwinden und das Szepter in die Hände Fremder übergehen.«

»Ihr habt wahr gesprochen«, erwiderte nach einer Weile der eine der Zwölf. »Deshalb, Prinz John, vergebe ich Euch: aber merkt wohl, es geschieht nicht aus Schwäche des Mitgefühls, sondern weil mich die Notwendigkeit dazu zwingt. Hätte ich noch einen Sohn, der sich einen solch dreisten Ungehorsam noch nicht hätte zu Schulden kommen lassen, ich würde Euch und Eure Gemahlin und Euer Kind auf der Stelle und für immer enterben.«

Prinz John erwiderte auf diese Ansprache seines königlichen Vaters nichts; er verneigte sich nur tief, hob seine knieende Gemahlin auf und sagte beinahe ebenso stolz wie Alexander: »Nun, meine Lily, sollt Ihr in den Kreisen erscheinen, für die Euch die Natur geschaffen hat, und sollte es irgend jemand wagen, ein verächtliches Wort über Euch oder die Euren zu sagen, beim Himmel, so wird es sein letztes gewesen sein.«

Am letzten Montag erschien die Marquise von Fidena in Verdopolis zum ersten Mal in der Öffentlichkeit anläßlich eines Galaballs im Elimbos Palace, der Residenz des Königs, ihres Schwiegervaters. Ich habe sie gesehen und darf zuverlässig behaupten, daß Lily Hart, die Tochter der Witwe, es würdig ist, was Anmut und Schönheit betrifft, zu den Vornehmsten und Schönsten von Verdopolis gezählt zu werden.

CHARLOTTE BRONTË

7. Nov. –33

## *Ein Blick in ein Bilder-Buch*

AUS DEM MANUSKRIPT BETITELT

NEBEN-SPEISEN

DAS IST
EINE KLEINE SAMMLUNG
GEMISCHTER UND NICHTIGER
LECKEREIEN
IN PROSA UND
VERSEN

VON
LORD CHARLES ALBERT
FLORIAN WELLESLEY.

Begonnen am 28. Mai, 1834.
Abgeschlossen am 16. Juni, 1834.

Es ist ein schöner, schwül-warmer Tag kurz nach dem Nachtessen. Ich bin im Thornton Hotel. Der General pflegt des üblichen Nickerchens; und während der heitere Abendsonnenschein auf seinen milden Zügen und der glatten Stirn liegt, ist es, als würde eine Atmosphäre der Ruhe das Gemach durchdringen.

Womit soll ich mich vergnügen? Ich wage nicht, mich zu rühren, sonst wacht er auf; und zu diesem Zeitpunkt könnte jede Störung seines Schlummers ernste Folgen für mich zeitigen: kein Umstand würde das für gewöhnlich milde Temperament meines Hauswirts nachhaltiger vergrämen. Horch! Ein leises, leichtes Schnarchen, höchst musikalisch, höchst melancholisch: er ist fest in die Bande des schlaftrunkenen Gottes geschlagen.

Auf der entgegengesetzten Seite des Raumes liegen auf einer

Anrichte drei große Bände, die wie Bilder-Bücher aussehen; ihre grünen Moiré-Einbände in Quart und die vergoldeten Rücken sind verlockend, und ich werde eine Anstrengung unternehmen, sie in meinen Besitz zu bringen. Sachte, sachte: da, ich habe ein silbernes Obstmesser und ein Stück Orangenschale heruntergeworfen! Er bewegt sich! Ich muß ein bißchen innehalten, sonst wacht er gewiß auf. Hem! der werte Herr begibt sich wieder zur Rast; die dräuend gerunzelten Brauen, die seine Stirn furchten, sind verschwunden; und die Gelassenheit eines guten Gewissens, die Stille geistiger und körperlicher Gesundheit schlummern dort erneut.

Mit Zephyr-Schritten und verhaltenem Atem schlüpfe ich weiter zur Anrichte, ich packe meine Beute, und als ich wieder sicher in meinem Sessel untergebracht bin, öffne ich die Bände, um zu sehen, ob der Lohn der Mühe wert sei.

Heureka! Heureka! »Tree's Porträt-Galerie der Afrikanischen Aristokratie«! Nun, bei dem Geschäft habe ich einhundert Prozent Gewinn gemacht, fürwahr! Gerade das Rechte; die ideale Kost, für ein Nach-Tisch-Vernügen! Der ärgste Gourmand, sei er noch so erschlafft und zur Anstrengung untauglich, könnte sich von einem so beschaulichen Augenschmaus, wie er hier für ihn angerichtet ist, nicht mit Ekel wenden; der schläfrigste Blick vermöchte unermüdet über die stillen Visionen zu schweifen, die hier in so träumerischer und stummer Reihe aufeinanderfolgen.

Ich bin kein Gourmand nach dem Essen; ich bin genauso lebhaft wie vorher; doch eben jetzt reizt mich das Vergnügen, über Gestalten zu sitzen, die lautlos reden, in reglose Augen zu schauen, die einem bis ins Innerste dringen, mehr als munterere Tätigkeiten.

Der zweite Band liegt obenauf, und zuerst werde ich aus dem Schatten des Seidenpapiers, das beim Umblättern wie ein aus Luft gesponnenes Netz weht, jenen Genius heraufbeschwören, – welchen auch immer, ob männlich oder weiblich, gekrönt oder geadelt – der das Frontispiz beseelt. Ein mächtiges

Phantom hat meinem Zauber gehorcht: eine Ehrfurcht einflößende Gestalt verdunkelt den magischen Spiegel! Leser, vor mir erblicke ich die irdische Hülle von Northangerlands unergründeter Seele! Da steht er: welch ein Gefäß ist hier aus dem rohen Lehm der Sterblichkeit gebildet! Welch eine Pflanze entspringt hier der fetten Krume menschlicher Existenz! Und das Gefäß ist ohne Makel: poliert, frisch und noch glänzend vom letzten Schliff, den ihm der Schöpfer gab. Die Blume ist zu reifer Schönheit aufgesprossen, doch nicht ein Blatt ist kraus, nicht eine Blüte welk. Dieses Porträt entstand, eh' noch die Lichter und Schatten von fünfundzwanzig Sommern über das wunderbare Labyrinth von Percys Lebensweg gefallen waren. In diesem Augenblick dringt ein Sonnenstrahl von satt-goldener Färbung durch die aufglühenden Fensterscheiben und fällt reich und heiter auf das Bild. Es ist ein gedämpfter Glanz, denn die Sonne steht weit im Westen und ihre bernsteinfarbigen Strahlen verbreiten überall, wo sie sich niedersenken, eine unaussprechliche Stille. Wie süß ruhen sie auf dieser Stirn! und auf diesen ionischen Zügen! Percy! Percy! nie wurde die menschliche Natur in einer schöneren Form gebildet. Das Auge folgt entzückt den klassischen Linien von Gesicht und Gestalt: da stört kein unziemlicher Schwung, kein Winkel den Gesamteindruck so verfeinerten Edelmaßes; alles scheint aus Elfenbein geschnitzt. Derbes Fleisch und Blut wollen zur plastischen Genauigkeit und zum makellosen Schliff nicht passen. Ein Gefühl der Faszination überkommt mich, als ich diese wie von Phidias mit so herrlicher Präzision ausgeführte Nase betrachte; das Kinn, den Mund, die mit so sorgfältiger Vollkommenheit gemeißelt sind; die hohe, bleiche Stirn, nicht kahl wie heute, doch auch nicht von Locken beschattet, denn das buschige Haar ist nach hinten gescheitelt, kräuselt sich in fülligen Kränzen auf den Schläfen und läßt die Stirn offen, damit Gram und Glorie eines Geistes, der *ohn'* Vergleich ist, über die weite, gewachsene Marmorfläche huschen können, die durch dies Fehlen offenbart wird. Der Ausdruck auf diesem Bild ist ein wenig sinnend, gesetzt, frei von Sarkasmus, abgesehen von den höhnisch gekräuselten Lippen und den sonderbar tödlich-glitzernden Augen, deren Blick, worin sich beißender Spott und tiefstes Nachsinnen mischen – dem Betrachter das Blut in den Adern gerinnen läßt. Meiner Meinung nach verkörpert dieses Haupt unsere lebhaftesten Vorstellungen von Luzifer, dem rebellischen Erzengel: nicht die Spur von menschlichem Gefühl und Sympathie; kalter, erstarrter Stolz; bodenlose Verstandeskraft; eine leidenschaftslose, doch vollkommene Schönheit – nicht atmend und glühend, voll drängenden Blutes und feuriger Gedanken und Gefühle wie jene einiger anderer, derer sich unsere Leser entsinnen werden – sondern rigide durchdacht, fehlerlos verfeinert, so kalt und hart und geschliffen und perfekt wie der unschätzbarste Brillant. Und sein Aug' birgt etwas, das sich nicht in Worte fassen läßt. Der Blick vermag es zu erhaschen, aber zu fixieren nicht. Ein Schimmer ist's, kaum menschlich, dunkel und teuflisch, der unter den Wimpern hervorschleicht, manches Mal geheimnisvoll wie ein Nordlicht flackert – stets auf einen unglücklichen Zuschauer trifft, der vor dem Übernatürlichen darin zurückprallt – und dann ganz plötzlich erlischt. Einmal traf dieses übersinnliche Licht auch mich; und noch lange Zeit, nachdem ich es vergehen sah, verfolgte mich die Erinnerung daran wie ein Gespenst. Die Empfindung, die es hervorrief, war höchst eigentümlich. Mir war, als könnte er in meiner Seele lesen; und seltsam! mir bangte nicht davor, er könnte sündige Gedanken und Erinnerungen dort finden, sondern mich quälte die Furcht, es könnte irgendetwas Gutes emporsteigen, das den furchtbaren Sarkasmus wecken würde, den ich in jedem seiner Züge lauern sah. In Northangerlands Adern kreist ein schwarzer Tropfen, der durch jedes Gefäß fließt, ihm jedes Glied tränkt, rundum sein Herz stockt, und dort in der Zitadelle des Lebens, ist das albinöse Blut des Patriziers bitterste, giftigste Galle. Verlassen wir ihn in dieser Gestalt »strahlend schön, verbrecherisch düster«. Er ist über viele Meere gesegelt, durch viele Länder gestreift; mit eben diesem, in tiefes

Nachsinnen versunkenen Blick sehe ich ihn vor mir, wie er das stille Achterdeck seines *Red Rover* abschreitet, den Blick aufs trübe Meer geheftet, das ringsum ihn stöhnt, die heftigen Wellenstürze betrachtet, die dahinstürmen, als hätte ihre Fahrt ein Ziel, als würden sie seiner stattlichen Brigg voranspringen und das Land, das sie sucht, in der wetteifernden Absicht suchen, die, durch ihre grüne Wildnis Irrende hinter sich zu lassen, und sie zu lehren, daß dieser Ozean ihren hochmütigen Trotz nicht dulden würde. Lebewohl, Percy!

Ich schlage die Seiten um und erblicke – seine Gräfin! Hm! hm! wie alle Welt weiß, stehe ich mit dieser berühmten Dame nicht auf sonderlich gutem Fuß; doch die reine Wahrheit zwingt mich zu gestehen, daß sie eine sehr schöne Frau ist, eine herrliche Tochter von Verdopolis; und Frederick de Lisle hat ihr Gerechtigkeit widerfahren lassen; und Edward Findan auch. Ein bloßer Blaustrumpf sollte so hübsch nicht sein. Diese Augen! Dies rabenschwarze Haar! Diese imponierende Kontur von Gestalt und Antlitz! Grandios sieht sie aus mit ihrer Samtrobe, der schwarzen Feder und dem Turban, der wie eine Krone wirkt. Die Lady von Ellrington House, die Gattin von Northangerland, die Primadonna am Hofe Angrias, die kenntnisreichste Frau ihrer Epoche, die moderne Kleopatra, die Verdopolitanische de Staël: mit einem Wort, Zenobia Percy! Wer käme schon auf den Gedanken, daß sich dieses Prachtbild weiblicher Majestät in jene zügellosen Leidenschaftsausbrüche stürzen könnte, in denen Ihre Gnaden nicht selten schwelgt? Ihr Blick sprüht Feuer, und ihre Stirn ist gebieterisch; und auf ihren vollen, krausgezogenen Lippen liegt ein Hauch von Stolz, der jeder Einschränkung trotzen würde. Doch alles ist so mit fraulicher Würde temperiert, daß es scheinen möchte, als ob weder Feuer noch Stolz oder Herrschsucht diese fürchterlichen, unbeherrschten und rasenden Zornesausbrüche wecken könnten, die ihre Schönheit oft entstellen. Ihre Hände, sehen Sie nur, sind wohlgeformt und klein, weiß und mit glitzernden Ringen besetzt; ist es natürlich, daß solche Hände jene Schläge austeilen, die ihnen manchmal entfahren? Durchaus nicht, finde ich; aber meine roten Ohren und wehen Knochen haben mehr als einmal unbestreitbar Zeugnis dafür abgelegt, wie sich die Sache verhält! Die Wahrheit ist, ihre Finger sind zwar schlank aber lang und gleichen den Zamornas, und wie in seinen, steckt auch in ihnen mehr Kraft, als ihre zarte Bildung vermuten läßt. Ich bin wahrhaftig überzeugt, sie kann mit ihrem eigenen Gatten in den Ring treten, der einer der besten bekannten Boxer ist, wenn auch jetzt ein wenig geschwächt von quälenden Beschwerden, die er sich durch fortwährende Überanstrengung zugezogen hat. Ihre hier dargestellte Beschäftigung ist jedoch von einem höheren Rang als faustkämpferisches Geschick. Sie stützt sich auf ein großes, mit einer Schließe verschlossenes Buch, ein weiteres von gleicher Größe liegt offen vor ihr, und ein spitzer Zeigefinger lenkt die Aufmerksamkeit des Betrachters auf die Seite, während ihr Blick den seinen mit einem Ernst und einer Feierlichkeit trifft, als warne sie ihn vor den ungeheueren Schätzen, die die Maximen uralter Lehren bergen, auf die sie weist. Beim Abwenden von dieser gemalten Darstellung der Gräfin, muß ich sagen, daß sie sowohl an Geist wie Körper ein edles Geschöpf ist, doch voll verruchter Makel: ein rissiger Diamant, eine prächtige, von Abzugsgräben durchzogene Landschaft; Jungferngold mit gemeinem Messing geschändet; eine schöne, intelligente Frau, doch eine Heidin.

Das nächste Porträt zeigt Seine Gnaden, den Herzog von Fidena. Mir ist, als erwachte ich aus einem Fiebertraum, aus einer maßlosen Vision niedergedrückter Größe und ungestümer Pracht, als ich den Blick nehme von Herr und Herrin des Pandämoniums, von Sünde und Satan, und ihn fallen lasse auf Prinz John, den Königlichen Philosophen. Wie würdevoll! welch strenge Tugend! welch tiefe und gesuchte und wohlgehütete Weisheit! welch unbeugsame Aufrichtigkeit! Lauterkeit, die nicht einmal der Tod vom rechten Weg abbringen könnte; Standhaftigkeit, die sich eher vor dem Richtblock neigte, als auch nur ein Jota von ihrem gerechten, gereiften, redlichen Entschluß zurückzuweichen; Wahrhaftigkeit, der die Marter des Rades kein zweideutiges Wort abzuringen vermöchte; und um ehrlich zu sein, ein Stolz, der ebensowenig zum Schmelzen zu bringen wäre, wie die Eisberge Grönlands oder die Schneemassen auf den Hochlandbergen seiner Heimat. Ein Ausdruck von Voreingenommenheit liegt auf seiner ehernen Stirn, ein Etwas, das uns sagt, daß Fidena ein unversöhnlicher, fast rachsüchtiger Feind sein konnte, wenn er hartnäckig angegangen oder mutwillig beleidigt wurde. Ein Anflug von Zurückhaltung, von Steifheit, der uns mahnt, daß der Sohn von Alexander, – gut, weise und gerecht wie er ist, – die höfische Etikette, die Gepflogenheiten höherer Kreise mit Nachdruck betont. Er wird von denen, die ihm unterstellt sind, nicht den mindesten Verstoß dagegen dulden. Der kalte Blick und die aristokratische Miene besagen, daß jede ständische Vermischung, jeder Übergriff von Plebejern auf die Rechte der Patrizier, jede Grenzsteinverrückung oder Untergrabung alter Institutionen rasch die Eifersucht wecken würde. Er wirkt frostig, fast unnahbar. Beim Betrachten beschleicht uns beinahe das Gefühl kalter Zurückweisung: die in seinen erhabenen Zügen gemalten Tugenden scheinen von jenem hohen und heiligen Rang zu sein, der ihren Besitzer vom Mitgefühl mit der Menschheit ausnimmt. Wir denken an Märtyrer oder Patrioten, an einen eifernden, doch unnachsichtigen Propheten, der in bösen Zeiten berufen ist, das Jüngste Gericht und nicht Gnade zu verkünden. Und doch ist John nicht, was er zu sein scheint; oder besser, er ist nicht nur das, sondern weit mehr. Ich habe ihn im Privatleben erlebt, in Augenblicken der Entspannung im Kreise seiner Familie und in Gesellschaft von ein oder zwei Busenfreunden. Unter solchen Umständen kann nichts faszinierender sein, als seine gewinnende, ungezwungene Art, seine stille Heiterkeit, sein einnehmender philosophischer Ernst und sein philosophisches Gebaren. Ich habe ihm stundenlang dabei zugesehen, wie er auf einem Sofa saß, neben sich seine liebreizende Frau und zu seinen Füßen die wunderschöne Marquise von Douro; und ihm gelauscht, wie er mit wohltuender Schlichtheit die Fülle seiner vielfältigen und umfassenden Gelehrsamkeit ausgoß, jede Frage der artigen Zuhörerinnen so freundlich und leutselig beantwortete und dabei gegen seine Gattin eine eheliche Zärtlichkeit walten ließ und gegen Marian eine ernste, melancholische Sanftmut, die sein Betragen gegen sie immer auszeichnete. Armes Ding! sie sah in ihm ihren einzigen Freund, – ihren Bruder, ihren Ratgeber, ihr untrügliches Orakel; mit der warmen Ergebenheit, die ihre Gemütslage kennzeichnete, folgte sie seinem Rat, als sei er das Gebot einer göttlichen Eingebung gewesen. Fidena konnte nicht irren; er konnte weder falsch denken noch handeln: er war vollkommen. Diejenigen, die ihn für zu stolz hielten, täuschten sich gewaltig. *Ihr* gegenüber zeigte er sich nie so. Keiner hatte ein milderes und sanfteres Benehmen; keiner sprach liebenswürdiger. So ging ihre Rede, und die Zornesröte stieg ihr ins Gesicht, wenn dann irgend jemand ihrer ausschließlich guten Meinung widersprach. Prinz John, glaube ich, sah in Marian eine zarte, an stürmische Stelle gepflanzte Blume; ein schönes, zerbrechliches Wesen, das seines hegenden Schutzes bedurfte; und diesen Schutz hätte er ihr sogar auf die Gefahr hin, das Leben zu verlieren, weiter gewährt. Bis zuletzt hat er versucht, ihr beizustehen. Viele einsame Tage sind ihm damit vergangen, während ihrer letzten, schleichenden Krankheit bei ihr zu wachen und sie aufzuheitern; doch alle Zuneigung, alle Zärtlichkeit von der Welt reichten nicht hin, diese sieche Lilie aufzurichten, solange der Sonnenschein jener Augen, die sie vergöttert hatte, matt war; und solange die Musik jener Stimme, die sie innig und treulich geliebt hatte, zu weitentfernt erklang, um vernommen zu werden. Fidena war im Hause, als sie starb. Er hatte das Zimmer nur wenige Minuten, bevor Zarmorna es betrat, verlassen. Als er seinen Platz neben ihrem Bett aufgab, sich ein letztes Mal über seine angenommene Schwester beugte, da fiel eine große Träne, die einzige, die körperliche oder geistige Pein der erhabenen Seele des christlichen Philosophen je abrang, auf die kleine abgezehrte Hand, die er in seiner hielt; und halblaut murmelte er: »Wollte Gott, ich hätte diesen Schatz besessen; er wäre nicht so verschleudert worden.«

Marians Porträt folgt dem Fidenas. Jedermann weiß, wie es aussieht: die kleinen, feinen Gesichtszüge, die dunkelblauen Augen voll wilder und zarter Schwärmerei, die herrlichen Lokken und die zerbrechlich wirkende Gestalt sind aller Welt vertraut; deshalb brauche ich mich mit einer ausführlicheren Beschreibung auch nicht aufzuhalten.

Nach ihr blickt dem Betrachter das freimütige Gesicht General Thorntons mit herzlicher, einladender Miene entgegen. Man hört beinahe, wie er in seiner rauhen Mundart ruft: »Nun, wie geht's denn so heut' Abend? Herrliches Sommerwetter! Ich mache einen Gang nach Girnington Hall. Habt Ihr Lust, mich zu begleiten, und nachzusehen, wie das Vieh gedeiht?« Braver Thornton! nur wenige Männer auf der Welt sind so trefflich wie du. Man hat dir übel mitgespielt, schnöde und schändlich mitgespielt; und doch verrät kein Schatten einer Unzufriedenheit auf dieser glatten, offenen Stirn mit den ungebändigten Haarwirbeln, daß du ein Mißhandelter bist. Nie floß ein Wort der Klage über diese frischen, wohlgeformten Lippen. Derbe Verwünschungen sind oft über sie gekommen, doch nie Gewinsel. Thornton besitzt Ähnlichkeit mit Prinz John; freilich ist sie nur schwach und ungenau anzugeben, aber immerhin ausreichend, um auf ihre Verwandtschaft hinzuweisen. Beide haben eine helle und nordische Haut; die Augen sind von gleicher Farbe: ein helles und lebhaftes Grau; und die Kontur der Nase ist nicht unähnlich. Ihre Gestalt jedoch ist sehr verschieden; der General ist mittelgroß und ein wenig korpulent, der Herzog hochgewachsen, schlank und stattlich. Allein, ihr Sinn! Da liegt der große Unterschied; was Wunder, daß sie sich hassen! Feuer und Flintstein ließen sich ebensowenig amalgamieren wie sie.

Lady Maria Sneachy, eine echte, blendende, strahlende, lächelnde Schönheit! Welch große, gebieterische Augen; wie herrlich Hals und Stirn; und wie kühn sie das schöne Haupt mit der Fülle schimmernder schwarzer Ringellöckchen reckt! Sie scheint die Erde zu verachten, auf die sie den zierlichen Fuß stemmt, und mit äußerster Verachtung auf den erbärmlichen Menschen und all seine läppischen Sorgen herabzuschauen. Er darf sie bewundern, sie anbeten, doch nach Höherem soll er nicht trachten. Das Hohnlachen, das über diese Lippen sprudeln kann, ist aufs höchste verletzend. Ich habe so manch Bejammernswerten sich darunter krümmen sehen, und die Verzweiflung bedauert, mit der er sich von der königlichen Koketten abwandte, um sein Glück bei einer weniger herrlichen und hochmütigen Person zu suchen. Es heißt, Maria habe jetzt ihren Bezähmer gefunden. Ich weiß nicht, wie es darum steht, aber ich glaube, der König von Angria ist mit seiner gegenwärtigen Königin, die sich ihm und seiner ganzen stolzen, sonderbaren Art mit jedem Tag vollkommener anpaßt, gar zu zufrieden, um sich selbst eine so großartige Nachfolgerin wie Maria Sneachy es wäre, zu erkiesen.

Augustus, Marquis von Rosendale – junger Edelhirsch des Hochlands! Fidena darf stolz auf seinen Sohn sein. Nie habe ich ein Kind gesehen, das das Epitheton »hübsch« mehr verdiente als dieser jugendliche Prinz. Seine Gliedmaßen und Züge sind alle so rund und regelmäßig. Sehen Sie nur diese fleischigen, drallen, bis hoch zur Schulter nackten Arme; das helle, frische Gesicht mit den furchtlosen blauen Augen und die Anmut seines krausen, vollen Blondschopfs; die kühne weiße Stirn, die den Bergwinden seines Heimatlandes erst noch ausgesetzt werden wird, wenn er ihnen im Sturm der Jagd trotzt, und auch den noch steiferen Winden des Krieges, wenn er dem Ruf der Trompete folgt und entweder zur Rettung oder zum Ruin jenes Banners stürmt, dessen Gestirn gerade aufgeht, das aber alsbald glühend im Zenith stehen wird. Prinz John sollte auf Augustus achtgeben; er darf seinem jungen Paten in der Kindheit nicht nachlaufen, sonst tut er dies im Mannesalter.

Hier endet der zweite Band. Jetzt nehme ich den ersten zur Hand.

Feuer! Licht! Wen haben wir hier? Zarmorna in höchsteigener Gestalt lodert auf dem Frontispiz wie die Sonne auf seiner Standarte. De Lisle hat ihn uns in voller Uniform präsentiert – mit Federbusch, Epauletten und Säbel. (Ich wünschte, letzterer wäre wirklich echt, doch das nur nebenbei!) Von seiner üblichen Verträglichkeit oder Unwiderstehlichkeit, oder wie immer die Damen dies zu nennen belieben, wie von einer Atmosphäre umgeben, steht er da, als könnte kein Blitzschlag weder den Glanz seiner Augen verdorren noch die Dreistigkeit seiner Stirn zerschmettern. Kühnes, erhabenes Geschöpf! gehärtet und blitzend und scharf und rasch wie der Krummsäbel an seiner Seite, wenn ihn die zarte und doch kraftvolle Hand schwingt, die jetzt die Zügel eines Pferdes packt, das allem Anschein nach von einer ebenso verderbten Schönheit ist wie er selbst. Oh Zarmorna! welche Augen blitzen dort aus dem tiefen Schatten des rabenfiedrigen Helmbusches! Sie verheißen nichts Gutes. Nicht Mann noch Frau konnten aus ihrem freundlichsten Blick jemals mehr als nur ein betrübtes, launenhaftes Glück gewinnen. Satan selbst verlieh ihnen ihren Glanz, um die mitternächtliche Düsternis zu vertiefen, die immer dort folgt, wo ihr Schein liebreich gefallen ist. Wahrlich, kein Vergleich mit Percy. Hier spricht alles von Leidenschaft und unlöschbarem Feuer. Hitzige Sünde, stürmischer Stolz, niederstürzende und hochfliegende Begeisterung, Krieg und Dichtkunst entzünden ihre Feuer in seinen Adern, und sein wildes Blut kocht zu seinem Herzen hin und zurück wie ein Sturzbach ausbrechender Lava. Junger Herzog? Junger Dämon! Ich habe dich angeschaut, bis dir Worte über die Lippen zu perlen schienen mit den feinen, elektrischen Klängen, so klar und tiefgehend wie die Silbersaiten einer Harfe, die wie ein Zauber heimlich Zuneigung erwecken. Ich vermeine ihn zu sehen, wie er den Kopf neigt, um mit Gräfin Zenobia oder Prinzessin Maria oder Lady Julia oder vielleicht Königin Henrietta zu sprechen, wobei er Worte flüstert, die einem zu Herzen gehen wie »eine Melodie, die in süßer Harmonie erklingt«. Ein schwacher Wind kommt auf und verseufzt langsam in der Ferne. Plötzlich rauschen seine Helmfedern; ihr kühner Schatten fällt ihm über die Stirn; das Auge – das große, schwarze, schimmernde Aug' – flammt herrlich auf; seine Locken geraten in Bewegung; Lächeln erwacht auf seinen Lippen. Plötzlich hebt er den Kopf, schleudert Federn und schimmernde Haarsträhnen zurück, und während er kerzengerade und göttlich dasteht, seine *regards* (wie die Franzosen sagen) eifrig auf die Dame gerichtet, wer immer sie sei, die inzwischen natürlich ernsthaft überlegt, ob er ein Mensch oder Engel sei, verraten der flüchtig den Mund umspielende, unbeschreibliche Ausdruck und die gezückten Augenbrauen, in welche Richtung sich der Strom der Gedanken gerade bewegt; der Geist, der in eine so edle Form gekleidet ist! Nichtswürdiger Schuft! – Ich hasse ihn!

Doch das Gegenüber, nur durch ein transparentes Blatt Silberpapier von ihm getrennt, ist ganz anders: seine Gattin, seine einzige, unvergleichliche Henrietta! Sie betrachtet ihn mit ruhigem Blick, so als könnte ihn der Einfluß ihrer großen, klaren Augensterne mit dem Tau sanfter Gedanken benetzen. Ich denke an Mondlicht, das auf bewegte Wasser fällt. Ich wünschte, die Parallele würde weiterreichen, und sie wäre dem Kummer, der dem unersättlichen Ehrgeiz und dem hitzigen Ungestüm ihres Gattes entspringt, ebenso entzogen wie Diana den peitschenden Wogen der See entrückt ist. Aber dem ist nicht so: ihr Schicksal ist mit seinem verknüpft; und wie sonderbar Zarmornas großer Schicksalsstrom auch immer fließen mag; wie schrecklich auch immer die Stromschnellen, über die er rauschen mag; wie kalt und kahl auch immer die Ufer seines Bettes; wie wild, wie finster die flachen Strände und wie stürmisch die sich türmenden Wogen des Ozeans auch immer sein mögen, in den er zuletzt münden mag, Marias muß folgen. Schönes Geschöpf! Bei diesem Gedanken kommen mir die Tränen. Um ihretwillen erhoffe ich mir eine glanzvolle Zukunft für ihren Herren; bekümmere mich, daß jemals der Schatten der Sorge dort fallen könnte, wo ein so wunderschönes Licht leuchtet. Jedermann weiß, wie ähnlich die Herzogin ihrem Vater sieht: sein reines Ebenbild, nur in eine weichere – eleganter vermöchte sie nicht zu sein – Form gegossen. Sie gleichen sich aufs Haar, bis hin zur Zartheit ihrer Hände. Mit Byrons Worten, ihre Züge besitzen ganz die statuarische Gelassenheit, die ruhige, klassische Anmut, die auf denen des Grafen liegt. Etwas jedoch hat sie ihm voraus: der unvermerkte, sinnende Glanz ihrer haselnußbraunen Augen und die friedvolle Sanftheit ihres Mundes, verleihen allem eine Harmonie, die auf Northangerlands verwandten Gesichtszügen durch das dort erstarrte Hohnlächeln restlos zernichtet wird. Die Originalgemälde dieser beiden Kupferstich-Porträts, von Zarmorna und seiner Gemahlin, hängen im großen Refektorium in Wellesley House. Jedes hat die Summe von fünfhundert Guineen gekostet. Sie stammen von de Lisle und rechnen zu seinen prächtigsten *chefs-d'œuvre.* Ich kenne nichts Vergleichbares, außer den Gemälden von Percy und Zenobia im Großen Salon in Ellrington Hall. Man könnte die ganze Welt von Island bis nach Australien durchforschen und fände doch keine vier Menschen, männlichen oder weiblichen Geschlechts, die sich mit ihnen messen könnten.

Hector Mirabeau Montmorency, Esq.! Diese Züge wirken auf den Betrachter, der soviel Schönheit hat Revüe passieren sehen, ein wenig starr. Sie sind jedoch weit entfernt davon, abstoßend und widrig zu sein. Vor einigen Jahren hat man eine Menge Unfug über die übertriebene und groteske Physiognomie dieses Herren geschrieben. Ich entsinne mich einiger ehrenrühriger Behauptungen dieses Sinnes in dem längst schon überlebten Schundwisch von Hauptmann Tree, betitelt: »Der Findling.« Aber freilich, wo alles sonst ein grober, schmutziger Lügenbrei war, wo Lord und Lady Ellrington, Mr. Sydney, der Herzog von Wellington, das ganze Unternehmen der Philosophen-Insel, – Tutoren, Universitätsdirektoren, Studenten und alle – zu einem wüsten Haschee aus Schwulst, Bombast und Lügen zerstückelt wurden, warum sollte da der Lord von Derrinane besser wegkommen als andere. Es nimmt nicht wunder, daß eben dieses Werk, welches ausführlich schilderte, wie Zenobia Percy in einem feierlichen Monolog offenbart, daß sie ihren Gatten haßte – ihren innig geliebten Alexander verabscheute, verachtete, verschmähte – welches hernach zeigte, wie sie ihm ins Gesicht hinein die dreistesten Unverschämtheiten sagte, indem sie den jungen Marquis von Douro verherrlichte und über *ihn* den Bannfluch sprach; und welches, um dem Ganzen die Krone aufzusetzen, Percy eine Tat planen ließ, die gewiß mehr als entschuldbar sei – nach einer derartigen Provokation beinahe rechtfertigbar – nämlich, einer so verschlagenen und schamlosen Frau endgültig den Garaus zu machen, und welches dann, um die Tat zu verhindern, einen Dritten einführte und und sich erfolgreich einmischen ließ. Der Band, der all dies enthielt, sollte also, sage ich, die Verwunderung kaum mehren durch die paar Zeilen, in denen Montmorency beschrieben wird als plumper, kleiner Mann, krummbeinig, schieläugig, auf dem Kopf ein Schock schwarzer Strubbelhaare und Augen von der Konsistenz gekochter Stachelbeeren: grün, glasig und geisterhaft. Tatsache ist, Hector ist eine hochgewachsene, wohlproportionierte, robuste Erscheinung, mit roten Haaren, blühender Gesichtsfarbe, einem Augenausdruck, der Gutlaunigkeit, bedeutende Geistesgaben und nicht wenig Wildheit verrät. Sein Antlitz ist gewiß weder von so femininer Eleganz wie das Northangerlands, noch von so feuriger Herrlichkeit wie das Zamornas, aber es ist das Antlitz eines Gentleman und eines Glass Townians, nicht das eines Wichtelmanns und eines Bären.

Scht! Thornton wacht auf!

»Holla, Charles, was treibst du da?«

»Ich gucke Bilder an.«

»Du guckst dir Bilder an? Fürwahr, das tust du, daß es nur so eine Art hat! Siehst du, was du angestellt hast? Du hast dir die

Hände mit Tinte vollgekleckst und dann über jedes einzelne Porträt im Buch verschmiert. Kind, Kind, du stellst meine Geduld wahrlich auf die Probe! Nimmst du wohl gleich die Finger weg. Da! jetzt hat er Lady Julia Sydneys hübsches Gesicht beschmiert und das netteste Mädchen im Buch verdorben! Raus mit dir und den *Ratgeber für den Koch* geholt: zur Strafe lernst du mir eine Seite mit Rezepten auswendig, bevor du auch nur einen Bissen zum Abendbrot kriegst. Arme Julia! sie ist wahrhaftig in einen Mohren verwandelt; und John da hat einen Tintenklecks auf der Stirn, daß er so finster dreinschaut wie Gevatter Tod. Traun, das war ein Glückstreffer! Ich hätte beinahe große Lust, dir drum zu verzeihen; wird aber nichts draus: hundert Pfund perdu, und das schmeckt mir nicht!«

Es stimmte nur zu gut. Beim Betrachten der Porträts hatte ich die wenigen hier vorliegenden Bemerkungen rasch aufs Papier geworfen. Die Tinte war durch die Feder an meine Finger gelangt und von dort auf jede Seite, die ich umblätterte. Wenn Verbrechen durch Strafe gesühnt werden kann, dann jedoch war meine Sünde bald abgewaschen. Bis zehn Uhr an diesem Abend war ich damit beschäftigt, mit erhobener Stimme die erschütternden Seiten von *Der Ratgeber für den Koch oder Wirtschafter im eigenen Heim* (so glaube ich lautet der Titel dieser Scheußlichkeit) zu verkünden, und ich darf dem Leser versichern, daß eine solche Bestrafung die Vergeltung für eine schwerere Schuld sein könnte.

C. BRONTË,
30. Mai 1834.

## *Mein Angria und die Angrianer*

*von Lord Charles Albert Florian Wellesley*

Die Kinder Israel sind aus unserer Mitte gegangen, und mit ihnen zog auch viel Pöbelvolk und Schafe und Rinder, männiglich *Vieh*. Sie gingen über Baal-Zephon und lagerten in der Wüste SIN. (Ich glaube, die ursprüngliche Schreibung lautete ZIN, doch das tut wenig zur Sache.) Eine Wolkensäule zog vor ihnen her, eine Wolkensäule des Nachts und eine Feuersäule bei Tag (Ist das nicht die genaue Beschreibung von König Adrian, Angrianer?), und bei ihrem Auszug plünderten sie die Ägypter: sie haben unsere Erstgeborenen nicht erschlagen, doch sie haben sie abspenstig gemacht, indem sie sagten, verbindet euer Schicksal mit dem unserigen, so werden wir euch Gutes tun. – Hallelujah! sollte jetzt die Losung in ganz Verdopolis lauten, doch ach, einige werden kein Bedenken tragen, zu rufen »IKABOD! IKABOD! die Herrlichkeit ist dahin.« Mit jener Liebe zu ostentiösem Pomp und protzigem Aufwand, die in den Adern eines jeden Angrianers so unablässig zirkuliert wie sein Blut, war die große Emigration dergestalt geplant, daß an ein und demselben Tag, beinahe zu ein und derselben Stunde, die Kutsche eines jeden morgenländischen Adligen vor der Tür seiner VERDOPOLITANISCHEN Residenz stand, und in einem herrlichen Cortège strömte der wachsende Wagentroß mit dem Gefolge der Vorreiter von Sonnenaufgang nach Sonnenuntergang – eine Donnerflut über die Ost-Chaussee. Vorangegangen waren die Abschiedsbesuche und die letzten Unterredungen, die ernsten Vorhersagen, das vielsagende Kopfschütteln des ancien régime, die impertinenten Hänseleien und die triumphierende Ausgelassenheit der jugendlichen Emporkömmlinge. Ich habe gesehen, wie sich hübsche, königliche Lippen, als sie beim Scheidegruß vor einem ihrer ehemaligen Freunde den Kopf senkten, voller Hochmut und Frohlocken kräuselten, daß es so schien, als habe die konzentrierte Essenz vornehmen (nicht vulgären) Angrianertums dieses Lächeln und den funkelnden, schadenfrohen Blick, der es begleitete, angereizt. Für einen gesetzten, besonnenen Glass Townian (von einem reizbaren alten Aristokraten erst gar nicht zu reden) war die schwadronierende Unverschämtheit dieser letzten Tage schwer zu erdulden. Unerträglich der Anblick der Scharen hochgeborener Schufte, der Horden niedriggeborener Hundsfotte, die sich von Haus zu Haus, von Straße zu Straße vorwärtsrempeln und lauthals und unablässig von ihren Vorbereitungen für den »Großen Auszug« schwatzen, wobei es in den meisten Fällen der besagten Vorbereitungen wohl sein Bewenden gehabt haben dürfte mit dem Einpacken des zweitbesten Hemdes, Halstuches und Sokkenpaares, sowie mit der sorgsamen Sicherstellung des Portjuchhe, das den einen halben Sovereign in Schilling- und Pencestücken birgt, welcher Schatz notwendigerweise in die, von einer Uhr unbelastete, Uhrtasche des Abenteurers gesteckt werden muß, aus Sorge, einige seiner Reisekumpane könnten im Eifer ihres Unternehmungsgeistes ihre Fertigkeit an seiner Person erproben, indem sie ihn um den schnöden Mammon erleichterten, dieweil er ARGLOS auf der Bierbank der »Aufgehenden Sonne« oder des »Scharlachbanner« oder von »Northangerlands Wappen« ausruhte.

Mitanzuhören, sage ich, wie diese Gesellen ihren geckenhaften Spott treiben mit der alten Stadt, in der sie so lange weilten, Heimat ihrer Väter, Königin der Erde, die auf ihr im herrlichen Niger gespiegeltes Antlitz hinabblickt und den fernen Widerschein ihres Tales und ihrer Türme sieht, aufgefangen vom blitzenden GUADIMA und mit UNVORSTELLBARER Schönheit auf den Spiegel geworfen, den ihr ihr Hafen reicht, zu hören, wie sie diesen marmornen Spielzeugladen Adrianopolis, den Parvenü des Calabar, einem so fest gegründeten Babylon, einer so tiefverwurzelten Eiche wie es die Stadt an der Guineaküste ist, vorziehen, macht jeden, der mit einem Zehntel weniger Narrheit geschlagen ist als sie, des Hasses voll und rasend.

Da siehst du, Leser, wie hübsch ich mich in eine SIDNEY'-SCHE, eine St. DAIRI'SCHE oder eine ARDRAH'SCHE Leidenschaft hineingesteigert habe, dabei schert mich die Sache den Teufel, das Gesindel hat, soviel ich weiß, ein Recht darauf, sich aus dem Staub zu machen, und wenn es ihm beliebt, gleichzeitig loszuzockeln, na bitte, nur zu. Gut, daß Verdopolis sie los ist. Dies ist nun leider nicht die Ansicht aller Einwohner, und zum Beweis hierfür nehme man den folgenden Auschnitt aus einer drei Bogen umfassenden Epistel, die die ehrenwerte Julia, Lady Sidney, an ihre Busenfreundin Lady Maria Percy sandte. Nach etlichen Versicherungen tiefempfundener und unsterblicher Zuneigung, welche die Posaunen des Jüngsten Gerichts weder tilgen noch stören würden, fährt sie fort:

»Oh, Maria! wie beneide ich dich. Dein Schicksal scheint mir deinen Verdiensten beinahe angemessen. Höchste Göttin des Angrianischen Hofes (denn ich stelle dich über Lady N---), Frau des ansehnlichsten und fähigsten Angrianischen Ministers, Schwiegertochter des Großen Angrianischen Premier, Bestimmerin der Angrianischen Mode, Belle, gepriesene Schönheit, Rose der Angrianischen Schönen! nun meine Liebe, macht dich deine erhabene Höhe nicht manchmal schwindlig? Mir erginge es bestimmt so, und ich würde ganz wirr davon im Kopf – doch du, Maria, bist zur Größe geboren, und die gesetzte Würde, mit der du ihre Ehren trägst, zeigt, daß sie dir von Natur aus zukommen. Ich inzwischen fürchte, gänzlich vergessen zu werden – Edward hat vermutlich von allen Winkeln deines Herzens Besitz ergriffen, und jeder flüchtigere Gedanke gilt dem TEUREN Angria und dem Glanz seines blendenden Hofes. Bedauere mich, Maria, wenn ich zu nichtig geworden bin, um weiterzuleben. Bedenke meine Situation – allein, allein in einer Wildnis aus Ziegeln und Marmor. Du kannst dir nicht vorstellen, wie dunkel und düster Verdopolis jetzt auf mich wirkt, die Sonne, glaube ich, geht auf *und* unter im Osten – ihre Strahlen finden jedenfalls nie den Weg durch das Fenster von York Place. *Mein* Edward wird zusehends verbissener, seine Züge ziehen sich so grämlich zusammen, daß ich denke, sie werden bald einen unbestimmbaren Klumpen bilden. Die Politik ist ihm Speise, Trank, Wäsche und Logis. Er lebt, wandelt und führt seine Existenz in ihrem Dunstkreis; für etwas anderes hat er keinen einzigen Gedanken übrig. Wir geben nur politische Gesellschaften, führen nur solche Gespräche, die sich um Staatsangelegenheiten drehen. Unser Aufstehen und Zubettgehen wird von der Länge oder Kürze einer Kabinettssitzung geregelt. Sogar seine Träume werden hervorgerufen durch die Händel und Dispute im Ministerium. Du würdest Tränen lachen, sähest du, wie mannhaft er im Schlafe kämpft, Arme und Mienenspiel zucken wie bei einem Besessenen, und ab und zu plappert die Zunge Worte wie: ›Mein Land! Ruinöse Pläne, Verderbte Verwaltung, Prinzipienlose Neuerungssüchtige‹ usw.

Neu ist das freilich nicht, sondern bloß das alte Lied. Außer an GALA-Abenden war mir Zuhause immer ein fader Ort; doch jetzt, Ach! ist mir das Privileg versagt, mir anderswo etwas Anregung zu holen. Nachdem ich den ganzen Tag schwermütig und verdrossen zugebracht hatte, bestellte ich gestrigen Abend die Kutsche und fuhr, als *dernier ressort,* zum Theater Royal. Während die Leute auf der Bühne ihre Possen trieben, betrauerte ich, anstatt ihnen zuzusehen, den veränderten Anblick, den das Haus bot. Die Proszeniumslogen wirkten völlig verödet. Gewiß, es saßen Leute dort und auch Leute von allerhöchster Geburt und Stellung. Eine Menge hochbetagter Komtessen mit Diamantstirnbändern und wippenden Federn. Eine Menge ehrenwerter Fräuleins, die ihr sechzehntes Jahr noch nicht erreicht hatten; im Überfluß silbergraue Grafen, venerable Vicomtes, ausgediente Stabsoffiziere usw., usw. Doch als ich Ausschau hielt nach Castlereagh, dem noblen, schneidigen, Dandy; nach Arundel, dem galanten, artigen Chevalier; nach Edward Percy, dem Hochmütigen und Hübschen, der selten und in großen Abständen wie ein Stern in seiner Loge unter dem Kronleuchter zu erscheinen pflegte; nach Northangerlands ach so sonderbar und anziehend wirkender melancholischer Gestalt; nach dem braven Thornton, der stets nur kam, um das Stück zu sehen, nicht um sich umzuschauen; nach Trusty, nach Seymour, nach Abercorn, nach Lennox, ich beteuere dir, Maria, als ich nach diesen allen Ausschau hielt und nur alte Trojaner und ihre Erbwitwen sah, da kostete es mich viel Mühe, die Tränen zurückzuhalten, die mir über die Wangen fließen wollten. Und was die Ladies betrifft, wo, mein Schatz, waren *deine* schwarzen Augen und langen rabenfarbigen Locken? Wo die reizenden, wenn auch schier farblosen Züge unserer Harriet? Wo war Lady Arundels hochgewachsene, stattliche Erscheinung? Wo die imposante Gräfin Zenobia? Du entsinnst dich, wie fürstlich sie immer da saß, den Blick gespannt auf die Bühne gerichtet und neben ihr Lord N--- in seiner Trauerkleidung mit dem auf der Brust funkelnden Grafenstern. Diese Toilette fand ich übrigens immer besonders bestrickend. Und wo ist Mary Percy (ich bringe es irgendwie nie über mich, sie anders zu nennen), gelassen und stolz, die kaum den Kopf wandte, und wenn sie es einmal tat, dann musterte sie die Person, die ihre Aufmerksamkeit erregt hatte, mit jenem argwöhnisch durchbohrenden Blick, bei dem es mich manchmal eiskalt überlief, wenn ich plötzlich aufschaute und ihn auf mich geheftet fand. Wo waren sie alle? Achje! Nur einhundertfünfzig Meilen entfernt. Maria! Mir bricht schier das Herz – du kannst dir nicht vorstellen, wie niedergeschlagen und nervenschwach ich mich fühle. Schreibe mir bald, sonst werde ich zum chronischen Hypochonder. Deine Briefe sind der einzige Trost, den ich jetzt noch habe. Wenn er ausbleibt, dann gibt es für mich wirklich nur noch *felo-de-se.*«

Soviel zu Lady Julia, dem armen Ding. Die Abreise der Angrianer hat sie in eine arge Klemme gebracht. Was ist zu tun? Am besten sie fordert eine getrennte Unterhaltszahlung. Überläßt Sidney seiner Braut, dem Staat, und entschwindet sofort nach einem eleganten Boudoir in ihrem angebeteten Paradies im Osten.

Leser, wie verschieden ist doch der Sinn der Sterblichen gebildet! Eben das Privileg, nach dem Julia Sydney schmachtet und dem sie hinterherweint, das verschmäht und verachtet Charles Wellesley. Vor seiner Abreise nach Adrianopolis hat General Thornton alles in seiner Macht stehende versucht, um mich zu bewegen, ihn zu begleiten. Umsonst waren Versprechungen, Drohungen, selbst Schläge. Ich grinste ihn an, verspottete ihn, kratzte ihn und ich rebellierte – würde ich mich freiwillig als Untertan in den Dienst des DESPOTEN stellen? Nein – ich blieb standhaft, und Wilkin mußte Girnington Hall ohne mich verlassen. Fünf triste Tage regierte ich als Oberlehnsherr in den getäfelten Gemächern dieses modrigen Herrensitzes, und der Abgeschiedenheit schließlich leid, erwog ich, daß ich mich vielleicht ebensogut damit vergnügen könnte, hinzugehen und die Kahlheit des Landes auszukundschaften, nun wo diese Handlung nicht mehr als Unterwerfung unter Thornton aufgefaßt werden würde. Am Abend des sechsten Tages faßte ich diesen Entschluß und beschloß, ihn am kommenden Tag in die Tat umzusetzen. Folglich war ich den nächsten Morgen vor Sonnenaufgang munter, angekleidet und alleine auf der Park Straße unterwegs. Ja, Leser, ich, der über eine Kutsche und eine Schar Bedienter hätte verfügen können, ich zog es vor, eine hundert Meilen weite Reise zu unternehmen mit keiner anderen Hilfe als der, welche mir meine eigenen Gliedmaßen leisteten, nebst der prospektiven Aussicht auf eine kostenlose Fahrgelegenheit mit den Karren und Wagen, die ich unterwegs treffen mochte. Girnington Park ist fast ein Wald, denn da er aus alter Zeit stammt, sind die Bäume allmählich in die Breite und Höhe gewachsen, sodaß die zwischen den bemoosten Stämmen und mächtigen Ästen verbleibenden Weideflächen das Aussehen von Lichtungen haben. Als ich hindurchschritt, lagen sie im Zwielicht. Hin und wieder ließ sich ein Waldreh ausmachen, das hinter eine goliathähnliche Eiche oder hinter eine schlanke blaßrindige Birke glitt, und in Abständen schwirrte ein aufgescheuchter Fasan von seinem luftigen Sitz hoch oder eine erwachende Holztaube gurrte leise und tief aus ihrem stillen Nest im fernsten Waldeswinkel, doch andere Geräusche gab es zu dieser Stunde nicht. Vermittels eines Hauptschlüssels, den ich ohne Thorntons Wissen bei mir führe, taten sich die schweren Tore auf, die dieses Grundstück zusperren. Ich schloß und verriegelte sie hinter mir, und somit aus der Burg des Riesen ›Verzweiflung‹ befreit, machte ich mich fröhlich auf den Weg. Kühl und balsamisch hauchte die Morgenbrise über die grüne Landschaft, die betaut vor, hinter und zu allen Seiten von mir lag. Als ich mich umwandte, streiften Edwardston Hall und sein Dorf, die (so wirkte es aus dieser Entfernung) an der äußersten Grenze des Parks behaglich eingebettet schienen, den dünnen, blauen Nebelschleier ab und reckten die Dächer sichtlich dem Himmel entgegen, als lüden sie den ersten Strahl ein, sie zu beglänzen.

Der Horizont über den Hügeln Sydenhams leuchtete in jenem eigentümlichen Goldschimmer, der sich zu einem lebhaften Karmesin kräftigt und dann zu einem Silberblau verblaßt, wie ihn in solcher Vollkommenheit nur ein Herbstmorgen zu bieten vermag, – die Morgendämmerung an Sommertagen ist sanft und hell, doch am Horizont entlang nicht so lebhaft getönt wie jene, die das Spätjahr erhellt. Ich blickte die breite Straße hinunter, nach Ost und West; sie lag verlassen, makellos, nicht einmal ein Vogel hüpfte auf ihrem weiten, weißen Band – noch weiß, doch rasch sich gülden färbend unter dem entflammten Himmel. Da ich keine Eile hatte, warf ich mich unter die Hecke und hielt nach einem Reisegefährten Ausschau. Binnen kurzem schien unter den fernen Bäumen von Edwardston ein schwarzes Etwas dahinzugleiten in so großer Entfernung, daß die Bewegung zuerst kaum merklich war. Es näherte sich, und man konnte den Umriß einer menschlichen Gestalt erkennen. Noch immer war kein Laut zu hören. Eine Wegbiegung verbarg sie, sie tauchte keine achtzig Yards entfernt wieder auf, und raschen und festen Schrittes näherte sich mir ein kleiner, schmächtiger Mensch, bekleidet mit einem schwarzen Rock und rabengrauen Hosen; der fast ins Genick geschobene Hut enthüllte einen Busch fuchsiger Haare, die so frisiert waren, daß sie an den Seiten schier wie zwei gespreizte Hände abstanden, auf einer vorspringenden römischen Nase hockte eine Brille, dazu noch ein schlampig gebundenes Halstuch und, um das Bild abzurunden, ein in der Hand geschwungenes schwarzes Rohrstöckchen. Seine Haltung beim Gehen war leidlich aufrecht und von dem unbeschreiblichen Schwung geprägt, den sich all jene zulegen, die sich brüsten, gut zu Fuß zu sein. Ich erhob mich bei seiner Annäherung und sprach ihn an. »Na, Wiggins«, sagte ich (denn kein anderer war es), »wie geht's, wie steht's an diesem schönen Morgen?«

»Ein ausnehmend schöner Morgen, Lord Charles. Ich bin überglücklich, Euch zu sehen. Will doch hoffen, Ihr geht ein tüchtiges Stück die Straße längs. Wäre stolz auf Eure Gesellschaft, vorausgesetzt, Ihr könnt mit mir Schritt halten.«

»Unbesorgt, Wiggins, ich werde mein Bestes tun, doch sagt, wollt Ihr ans Ende der Welt? Bei dem Eifer, mit dem Ihr ausschreitet, möchte man's fast meinen.«

»Nicht *ganz* bis ans Ende der Welt, durchaus nicht. Vorläufig. Ich gedenke nicht weiter als bis Zamorna zu gehen. Letzte Nacht kam ich bis nach Edwardston, wo ich geschlafen habe. Mr. Greenwood hat aus VERDOPOLIS nach mir geschickt. Ihr wißt, Lord Charles, die Entfernung beträgt vierzig Meilen, und die habe ich in zwölf Stunden geschafft, – eigentlich sind es mehr als vierzig, nahezu fünfzig. Ja freilich, und mehr als sechzig oder fünfundsechzig, glaube ich wohl. Nun, Sir, was haltet Ihr von einem Mann, der fünfundsechzig Meilen an einem Tag zurücklegt?« Da ich Wiggins Art zu übertreiben kannte, antwortete ich nur mit einem Kopfnicken, und er fuhr fort: »Es heißt, in Zamorna wäre heut' mächtig was los, eine Grafschafts-Versammlung von wegen der Ansprache an die Angrianer, und Lord Castlereagh wird den Vorsitz übernehmen und Mr. Edward Percy soll der Hauptredner sein. Ich würde ihn *soo* gern hören. Er ist einhundert Meilen an einem Tag und in einer Nacht gegangen – ein großer Mann, ein sehr großer Mann, trägt akkurat den richtigen Schwalbenschwanz mit einem hohen Kragen, der ihm fast bis zum lockigen Scheitel reicht. Heute Morgen habe ich eine halbe Stunde lang vor den Toren von Edwardston Hall gekniet. Seht Euch mal die Knie meiner Hosen an. Über diesen Lehm, Lord Charles, da bin ich sicher, ist er oftmals geschritten. Ich wünschte, mein Rücken dürfte sich der selben Ehre rühmen, doch es ist höchst vermessen von mir, so etwas zu sagen. Solche Narreteien würde er verachten.«

Gerade dann unterbrach Pferdegetrappel hinter uns Wiggins Redekunst. Wir machten kehrt. In forschem Trab auf einem herrlichen Braunen reitend, erschien just der Gegenstand von meines Gefährten Lobpreisung. Er war allein, aber er bedurfte keiner Diener, um seine Aura von Rang und Bedeutung zu verstärken. Er saß so aufrecht-stolz im Sattel, hielt mit so starker Anmut und meisterlichem Geschick die Zügel, seine ganze Ausrüstung war in einem so vollkommenen Zustand, brünierte Sporen und Steigbügel, die wie Gold glitzerten, Trense und Kandare glänzten wie pures Silber, die Stiefel pechschwarz, der olivebraune Rock und die sahnegelben Beinkleider, die offensichtlich von einem erstklassigen Meister Zwirn gefertigt waren und die das vortreffliche muskulöse Ebenmaß des jungen ATHLETEN, den sie einhüllten, vorteilhaft herausstellten. Seine Falkenaugen blickten geradeaus und erhellten seine noblen Züge wie Edelsteine. Sie sind blau, doch von so feuriger Ausdruckskraft, daß ich für mein Teil nicht in ihren Blick geraten möchte, wenn die Fackel des Zorns sie entflammt. Er ritt vorüber, ohne uns eines Wortes oder Blickes zu würdigen. Ich sah ihm nach, bis ihn die Ferne verschluckte, und wandte mich dann wieder zu Wiggins. Sieh' da, er lag platt wie eine Flunder auf dem Gesicht, reglos wie ein toter Hering, nach Osten zu hingestreckt wie ein Parse, der der neuaufgegangenen Sonne huldigte.

»Benjamin«, sagte ich, »steht auf. Wozu den Narren spielen, wenn Ihr nur mich als Zuschauer habt.«

Er gab keine Antwort, und ich weiß nicht, wie lange er noch in derselben Haltung verharrt haben würde, hätte nicht ein Geräusch wie ferner Donner die Angrianische Postkutsche angekündigt, und da kam sie auch schon, innen wie außen schwerstbeladen, auf dem Dach stapelten sich Pakete, die Pferde dampften – die Passagiere scherzten, lachten und johlten, der Schirrmeister und der Kutscher fluchten entsprechend. Das Gerausch und Geratter, mit dem sie vorbeibrauste, war ohrenbetäubend. Es brachte Wiggings recht flink auf die Beine, doch kaum, daß er stand, stieß er aus: »Ich mistiger Hofgockel! altersschwache, blödsinnige Blindschleiche, mißgestalteter Bastard, Bratspießdreher, Wicht, Langfinger, Wegelagerer, Assassine, Mörder, Taschendieb, Hunderäuber, Inbegriff von Pocken, Pest und Hungersnot! Was *bin* ich denn, daß ich noch lebe, nachdem ich Percy, den Sohn von Northangerland, an mir vorüberreiten sah, ohne daß er auf mich geschossen oder gespuckt hat. Warum habe ich mich nicht unter die Räder dieser Kutsche geworfen so wie ein Hindu unter den Wagen des Jugurnaut, und ich will meinen, da saßen auch berühmte Männer drin. Ich glaube einen Baß vernommen zu haben, der sich so anhörte wie Wolverton Talbot, Rogue's Kämpe. Habt Ihr den mal gesehen, Lord Charles? Ein finsterer, starker Mann mit buschigen Augenbrauen, so zäh, als bestünde er ganz aus Kautschuk, und herrlich fluchen tut er. Er war früher mal Pirat, und er würde auch jetzt noch einen Mann genauso unbekümmert wegputzen wie eine Zwiebel, aber herrje, was rede ich denn da, wie kann ich nur von jemand anderem sprechen oder träumen als von Mr. Edward Percy, der auf diesem großartigen Pferd dahersprengt, das fünfhundert Guineen wert sein muß – das heißt achthundert, wenn nicht tausend, zu so früher Stunde und ganz ohne Lakai oder Pagen oder sonst irgendwelchem Gesindel, das ihm hinterdreinzottelt. Er hat sich's in den Kopf gesetzt, als erster in Zamorna zu sein und alles nach seinen Wünschen einzurichten. Hoffentlich bestellt er für die Musikkapellen Unterkünfte in Hülle und Fülle, sonst wird Mr.

Greenwood gar nicht erfreut sein, ebensowenig Mr. ROHNER oder Mr. Nicholson oder Dr. Crotch. Lord Charles, es haben sich fünf Blechbläserkapellen angesagt, zu jeder gehören zwei Trompeten, drei Bombardons, vier Cyclopeden, fünf Serpentes, sechs Signalhörner, sieben Waldhörner, acht Gongs, neun Kesselpauken, und zehn Ramgalongtonas, ein neues Instrument, das noch nie in Afrika geblasen wurde. Und die fünf Holzbläser- und Pfeifercorps bestehen aus elf Flöten (alle von Nicholson), zwölf Klarinetten, dreizehn Piccolos -----«

»Verschone Er uns, Wiggins«, unterbrach ich. »Wenn's nach Eurer Auflistung der Musikinstrumente geht, dann werden die und ihre Betreiber das Gerichtshaus bis auf den letzten Platz besetzen. Doch wenn Ihr könnt, dann schlagt Euch die Zamorna-Angelegenheit mal eben aus dem Kopf und beantwortet mir ein paar Fragen, die ich bezüglich Eurer Privatperson habe. Zunächst, wo habt Ihr das Licht der Welt erblickt, und welchem Teil Afrikas ward die Ehre Eurer Geburt zuteil?«

»Ei, Lord Charles, ich wurde gewissermaßen teilweise in Thorncliffe geboren, doch andererseits betrachte ich mich immer als einen Einheimischen von Howard, einer großen Stadt in den Warner Hills unter der Herrschaft des wundervollen und übermenschlichen Gentleman WARNER HOWARD WARNER, Esq., (hier zog er den Hut und verbeugte sich tief). Sie besitzt vier Kirchen und obendrein zwanzig Grand Hotels und eine Straße namens TAAN Gate, die viel breiter ist als Bridgenorth in FREE TOWN.«

»Schluß mit dem Aufschneiden, Wiggins«, sagte ich, »ich weiß sehr wohl, daß Howard bloß ein erbärmliches Dörfchen ist, begraben in trostlosen Mooren, Moorbrüchen und Marschen. Ich bezweifele, daß es dort auch nur *eine* Kirche gibt oder etwas, das einem Hotel ähnlicher sieht als die Bierschenke hier am Wege, nach der Ihr so sehnsüchtig schielt.«

»Ich bin rechtschaffen durstig«, erwiderte er, »und werde mir wohl in jener Kneipe einen Krug Porter oder ein Glas Brandy mit Wasser bestellen.«

Er stob über die Straße. Eine dralle Wirtin trat ihm auf der Schwelle entgegen. »Nun Sir, was steht zu Diensten«, sagte sie, weil er einen Augenblick stumm da stand.

»Hättet Ihr wohl die Güte, Ma'am, mir um einen halben Penny Milch zu geben oder eine Viertelpinte Molke oder auch bloß einen Schluck Grabenwasser, wenn's Euch zuviel der Mühe ist, für einen bloßen Stromer wie mich die anderen Flüssigkeiten zu beschaffen.«

Die Gastwirtin, die eine gute Seele zu sein schien, war an Wiggins Gebaren zweifellos gewöhnt, denn er reist häufig auf dieser Straße. Sie lachte und sagte: »Tretet nur ein, Sir, und labt Euch an einer warmen Tasse Tee. Das Frühstück steht auf dem Tisch.«

Wiggins putzte sich sorgfältig die Füße ab und folgte ihr ins Haus. Durch die offene Tür konnte ich sehen, wie er am Kamin Platz nahm, zwei oder drei Tassen Tee kippte und dazu rasch ein gehöriges Quantum Butterbrötchen verschlang. Dann erhob er sich, zog rund zwanzig Schilling in Silber aus der Tasche (wie er dazu kam, weiß ich nicht) und streckte sie der Wirtin wichtigtuerisch mit den Worten hin: »Bezahlt Euch hiervon, Ma'am, nehmt nur so viel Ihr wollt, ich fordere nie eine Rechnung.« Sie bediente sich lachend, und mit einem galanten »Guten Morgen« verließ er das Haus und gesellte sich zu mir.

»Wohlan!« lautete seine erste Äußerung, »Ich fühle mich durchaus wie ein Löwe. Zwei Flaschen von Sneachie's Glass Town Ale und ein Doppelquart Porter, dazu Käse, Brot und kalten Braten habe ich verzehrt, seit ich Euch verließ, Lord Charles. Das nenne ich tüchtige Arbeit leisten, und ich fühle mich kein bißchen benebelt – nur beschwingt, munter und unternehmungslustig. Ich nähme es mit allen GÄNSERICHEN der Christenheit auf – fürwahr, das tät' ich – und mit hundert Gänschen obendrein. Doch sei's drum, wir wollen unser Gespräch fortsetzen. Was hattet Ihr mich doch gefragt, Sir?«

»Ich hatte gefragt, wo Ihr geboren seid, Sir, und jetzt frage ich Euch, was für Verwandte habt Ihr?«

»Ja, irgendwie könnte man sagen, daß ich keine Verwandten besitze. Ich weiß ebensowenig wie der Stein da, wer mein Vater und meine Mutter waren. Es gibt zwar gewisse Personen, zumal in Gestalt von drei Mädchen, die behaupten, mit mir verwandt zu sein, doch die Ehre, mich zum Bruder zu haben, kommt ihnen nicht zu, ich bestreite, daß sie meine Schwestern sind. Robert Patrick SDEATH, Esqr. ist in gewissem Grade mein Onkel, aber er ist der einzige Verwandte, den ich anerkenne.«

»Wie heißen Ihre Schwestern denn?«

»CHARLOTTE Wiggins, JANE Wiggings und ANNE Wiggins.«

»Und die sind ebenso schnurrig wie Ihr?«

»Ach, das sind erbärmliche dumme Geschöpfe, nicht wert, daß man sie erwähnt. CHARLOTTE ist achtzehn, ein plumper Knirps, der mir kaum bis zum Ellenbogen reicht. Emily ist sechzehn, hager und karg, mit einem Gesicht, so groß wie ein Penny, und Anne ist nichts, das reine Nichts.«

»Wie das? Doch kein Idiot?«

»Na viel fehlt eben nicht.«

»Hmm, Ihr seid mir ein schöner Verein, doch sagt, Master Wiggins, was hat Euch denn überhaupt bewogen, Howard zu verlassen und nach Verdopolis zu kommen?«

»Nun, Lord Charles, ich wollte schon immer über meinen Stand hinaus. Ich war's nicht zufrieden, Schildermaler in Howard zu sein, so wie's Charlotte und die ganze Bagage zufrieden war, Näherinnen zu sein. Ich stellte mir die weite Afrikanische Ebene vor, und ich skizzierte mir meinen eigenen Weg hindurch, der am Tor eines herrlichen, auf Cock Hill gelegenen Palastes endete, dessen Portal die Inschrift trug ›Residenz des Herzogs von Thorncliffe‹, und dahinter ein Grab unter den Eichen meines eigenen Parks, das dem Vorüberkommenden Worte wies wie diese: ›Errichtet zum Gedenken an PATRICK BENJAMIN Wiggins, Herzog von Thorncliffe und Viscount von Howard. Als Musiker war er größer als Bach, als Poet übertraf er Byron, als Maler stellte er Claude Lorraine in den Schatten, als Rebell entriß er Alexander Rogue die Siegespalme, als Kaufmann war Edward Percy sein Subalterner, als Fabrikbesitzer konnte ihm Granville nicht das Wasser reichen, als Reisender trotzte er doppelt so vielen Gefahren und überwand doppelt so viele Schwierigkeiten wie De Humbolt, Ledyard, Mungo Park, usw., usw. Er machte Australien der Kultur zugänglich, er gründete die Stadt Wigginopolis in Neuseeland. Er errichtete den Obelisk von BARALITICUS in Otaheiti, jenem Land, dem er auch die Wissenschaften und Künste brachte, die dort jetzt in solcher Vollkommenheit gedeihen, und als letzte Großtat baute er die erstaunliche Orgel geheißen Rumpelpumpeldröhnequietschödblödismus, die jetzt die Kathedrale von St. Northangerland in seinem Geburtsort Howard veredelt. Nachdem er sich diesen Ruhmeslohn verdient hatte und in sein vierhundertundsechstes Jahr gelangt war, wurde diese summum Bonus menschlicher Erhabenheit schließlich in einem feurigen Wagen in den Himmel entführt, welches Mirakel sich ereignete um das Jahr zweitausendzweihundertundvierzig.‹

Ihr könnt Euch denken, Lord Charles, wie sehr ich mit so sublimen Ideen im Kopf ein weites Feld herbeisehnte, um sie zur Ausführung zu bringen. Schließlich bot sich die ersehnte Gelegenheit. Vergangenen Mai wurde in der Kirche zu Howard eine nagelneue Orgel eingeweiht. Wie es sich traf, kehrte zu dieser Zeit John Greenwood Esqr., seines Zeichens Musiker und Komponist, von seinem Aufenthalt in Stumpsland zurück, aller Existenzmittel beraubt und so heruntergekommen, daß er weder einen Penny in der Tasche, noch Schuhe an den Füßen noch ein Hemd auf dem Leib trug. Dieser berühmte Mann war gleich nach der Landung genötigt, vorübergehend Unterschlupf zu suchen im Hause eines ergebenen Bekannten, eines gewissen Mr. Sudbury Figgs, der vier Meilen von Howard entfernt wohnte und, weil Pianist von Profession, verschiedenen Familien in der Umgegend Musikstunden zu geben pflegte. Als ich von seiner Ankunft vernahm, stand ich fünfzehn Minuten lang Kopf. Diese herrliche Neuigkeit war nahezu unglaublich, doch als mir dann Mr. Abey Figgs bei uns daheim beim Tee erzählte, Mr. Greenwood sei durch seinen Einfluß bewogen worden, der Einweichung und Wiedereinweichung der Orgel (denn der Aktus wurde zweimal vollzogen) zu präsidieren, verfiel ich schlechterdings in einen Freudentaumel. Er kam – ich erblickte ihn – ja, ich entsinne mich des Augenblicks, da er die Kirche betrat, den Orgelchor erklomm, wo ich mich aufhielt, Sudbury Figgs, der just Händels ›Und die Herrlichkeit des Herren‹ spielte, von Schemel stieß, selber dort Platz nahm, die Finger auf die Tasten, die Füße auf die Pedale setzte und uns desweiteren mit, ›Ich weiß, daß mein Erlöser lebt‹ elektrisierte. ›Nun‹, sprach ich, ›dies ist ein Gott, kein Mensch‹. Solange mir die Musik im Ohr klang, wagte ich weder zu reden, zu atmen, noch aufzuschauen. Als sie verhallte, warf ich einen verstohlenen Blick auf den Tonkünstler; bisher hatte die bare Kenntnis seines Ruhmes und seiner Kunst mein Herz entzückt: doch nun ward es unwiderstehlich bestrickt, als ich Mr. Greenwood als einen hochgewachsenen, schwarzgekleideten Mann erkannte, mit Schultern, blasser Gesichtsfarbe und rotstichigen Haaren – just mein Schönheitsideal, das sogar noch eine gewisse, entfernte Ähnlichkeit mit dem Bild besaß, das ich mir von ROGUE gemacht hatte. Sogleich nahm ich jene umgekehrte Haltung ein, die bei mir stets ein Zeichen höchster Verwunderung, Freude und Bewunderung ist. Anders gesagt, ich knallte meinen Schädel auf den Boden und warf mit einem Ruck die Hacken hoch. Sie trafen zufällig Mr. Sudbury Figgs Kinn, weil dieser wie üblich stand, in den Zähnen puhlte und den Unterkiefer eine Elle über den Rest seines Gesichtes vorschob. Er brüllte so laut, daß Mr. Greenwood aufmerksam wurde. Er wandte sich um und sah mich. ›Was sollen uns die Gauklerstückchen dieses Burschen hier?‹ hörte ich ihn sagen. Bevor noch jemand antworten konnte, lag ich ihm zu Füßen, leckte den Staub darunter und rief lauthals: ›Oh Greenwood! größter, mächtigster, berühmtester unter den Menschen, zweifellos ist Euch die Nisse einer Laus, wie ich es bin, gänzlich unbekannt, doch ich habe Euch vermittelst Eurer wunderbaren Werke kennengelernt. Leidet's daß sich die niedrigste Kreatur gänzlich Eurem Dienst weiht als Stiefelputzer, als Geigenharzaufstreicher, als Überzieherträger – als Portmusique, kurzum als vollendeter Speichellecker.‹ Greenwood lachte. Er verstattete mir, neben ihm zu stehen. An diesem Abend reichte ich ihm, als er die Kirche verließ, seinen Hut, wobei ich in meiner Hast über William Rad, Henry Lock und John Mildmay (den Sohn des Orgelbauers) stolperte. Später wurde mir die erhabene Glückseligkeit zuteil, mit seinem indischen Halstuch, das er liegengelassen hatte, zum Wirtshaus zu laufen. Während seines verbleibenden Aufenthalts in Howard boten sich mir noch diverse kleine Gelegenheiten, mich bei ihm einzuschmeicheln. Als er dann eines Abends mit Tom und John Rad, dem Onkel und dem Vater von Billy Rad, im GASTHOF ZUM SCHWARZEN STIER saß und eben sein dreizehntes Glas Brandy mit Wasser geleert hatte, teilte er mir schließlich mit, ich dürfe ihn nach Verdopolis begleiten, und zwar von Herzen gern. Ehe meine Danksagungs- und Erkenntlichkeitsekstasen vorüber waren, erhob er sich und befahl mir, mein Hab und Gut zusammenzupacken, weil er noch diese Minute zur Straßenkreuzung aufzubrechen gedenke, wo um zehn Uhr eine Kutsche nach Westen vorbeikäme. Ich lief nur eben heim, um den Kindern Bescheid zu sagen, meine besten Kleider anzuziehen, das reine Hemd und den reinen Kragen, und binnen einer Stunde ratterte ich, so schnell wie mich vier Kutschpferde zu ziehen vermochten, gen Free Town. Am nächsten Tag sah ich die Sonne hinter dem Turm aller Nationen untergehen, und das, Lord Charles, wäre die Geschichte meiner Emigration von Howard nach Verdopolis.«

Kurz nachdem Wiggins seine sonderbare Erzählung beendet hatte, die eine eigentümliche Mischung aus Torheit und Tatkraft, abgeschmackter Speichelleckerei und kühnem Ehrgeiz bot, betraten wir beide die belebten Straßen von Zamorna. Genau vor der neuen Börse trennten wir uns. Er schickte sich an, Greenwoods Bleibe ausfindig zu machen, denn besagtes musikalisches Ignis-fatuus hat derzeit in dieser Stadt seinen festen Wohnsitz genommen; und ich, »Ziellos wie die Wolken, die am Sommerhimmel ziehen«, ließ meine Schritte von der Laune lenken. Es war wohl gegen Mittag, als ich an die herrliche Hängebrücke kam, die man jüngst über den Olympia geschlagen hatte. Hier war das Gedränge der Menge, die auf dem schnellsten Weg zum County Field eilte, so dicht, daß ich trotz der Erfahrung, die ich darin besaß, mich durch Menschenmassen zu wühlen, schlechterdings nicht weiter kam. Nachdem ich ein paar Mal mit knapper Not dem Schicksal entronnen war, inmitten der vorbeibrausenden Kutschen, hochsteigenden Rosse und unzähligen Fußgänger zu Boden geworfen zu werden, lief ich die Stufen eines der Zolltürme hoch und stand da sicher wie das Zicklein auf dem Dach seines Stalles. Von dort bot sich meinem Blick eine erregende Szene. Unmittelbar vor mir strömte, trampelte, hastete und rasselte die ungezählte Unzahl in langer Reihe dahin und verdunkelte auf ihrem Zug zum Sammelplatz die ganze Breite der Stuartville Road. Unter mir der rasche Strom, der im Sonnenlicht und Abglanz eines herrlichen Herbsthimmels strahlendblau funkelte, und dessen geschwinde, lebendige Wellen hüpften, als hätten sie an der Festlichkeit des Tages teil, doch ihre Stimmen waren jetzt unhörbar, denn der Lärm, der über sie hinwegschreitenden, gewaltigen Menschenmenge übertönte jedes leisere Geräusch. Östlich lag die Stadt, die vom Geläut der Glocken und den Jubelrufen widerhallte, die in jeder Straße erschallten. Edward Percys Neue Fabrik mit dem kolossalen Schornstein erhob sich prächtig an der Böschung des Olympia, und die Hütten und Kämmereien seiner Arbeiter scharten sich darum wie Pygmäen, die einen Riesen bewachten. Gegenüber lag das County Field mit dem Rathaus obenan und der davor aufgebauten Rednertribüne, die mit ihren Fahnen und Marquisen aus dieser Entfernung aussah wie ein scharlachroter Zwickel, der die Fassade dieses gewaltigen städtischen Gebäudes dekorierte. Die Musikkapellen waren bereits am Platze, und zwischendurch übertönten ihre anschwellenden Weisen den tosenden Jubel. Dazu die prachtvolle Ebene der Felder, Parks und Wälder, die sich um den luftigen Gürtel der Zamorna Hills und der ferneren Hügel Sydenhams dehnte, und dann des Himmels Sphäre – der mittäglich glühende Horizont –, die alles begrenzte. Während ich so stand und die Aussicht genoß, kam eine Kutsche, die von Vorreitern usw. in leuchtend rot-und-goldenen Livreen begleitet wurde, über die Brücke gejagt. Auf ein Zeichen des Insassen hielt sie vor meinem Standort. Der Schlag flog auf. Eine Stimme sagte: »Den Augenblick hierher mit ihm«, und eh ich noch wußte, wie mir geschah, wurde ich schon die Zolltortreppe hinuntergedrängt und mit Gewalt in das Fahrzeug gezwängt. Drinnen saßen eine Dame und zwei Herren. Bei ersterer handelte es sich um meine Base Julia! bei den letzteren um Mr. Babbicombe Morley und General Thornton. Der erste Eindruck, den ich von Letztgenanntem flüchtig empfing, überzeugte mich, daß er gereizter Stimmung war. Die gerunzelten Augenbrauen und die gerötete Stirn sprachen eine ausreichend deutliche Sprache.

»Du abscheulicher Balg«, lautete seine Begrüßung, »möchte nur mal wissen, was du an einem solchen Tag in Zamorna zu suchen hast. Als ich wollte, daß du mich begleitest, bist du Dickkopf in Girnington geblieben, und jetzt, wo ich alle Hände voll zu tun haben werde, in diesem Mischmasch aus Pferden, Leuten und Kutschen auf mich selber aufzupassen, da hockst du mir hier auf der Brücke herum wie ein Affe in der Falle. Wenn ich's erlebe, machst du heut' abend Bekanntschaft mit der Zuchtrute, eh' du ein Kissen unterm Kopf spürst.«

»Nicht doch, General«, sagte Lady Sidney, »echauffiert Euch doch nicht so über den kleinen Racker, ich nehme ihn unter meine Fittiche. Charles, setzt du dich zu mir auf die Damen-Galerie?«

»Werden leben, werden sehen«, erwiderte ich. »Doch sagt mir, Julia, wie kommt Ihr hierher? Wen besucht Ihr?«

»Lady Maria. Sie hat mir so eine nette und herzliche Einladung geschickt, und ich habe zu Sydney gesagt, ich nehme sie an. Und er hat gesagt, kommt *nicht* in Frage, aber diesmal war ich entschlossen, mein eigener Herr zu sein, und als er aus dem Haus war, habe ich mich auf französisch verabschiedet, meine Zofen und den Wagen gerufen, und auf ging's nach Angria!«

Wir steckten jetzt im dichtesten Tumult. Unsere schäumenden Rosse zogen uns aufs County Field, und wie wir durch die eine Zufahrt hereinkamen, donnerten Lord Castlereagh, Mr. Percy, Lord Arundel, Oberst Hartford, Lord Dance usw., usw. zur anderen herein. Die Kapellen schmetterten Marseilles' mitreißendes Epos »WILLKOMMEN IHR HELDEN IM KRIEG!« Der vereinte Jubel der Menge rollte in einem donnernden Beifallssturm vom Fluß bis in die Vororte von Zamorna. Wir brausten immer weiter bis zur Rednertribüne. Wir stiegen aus. Thornton und Morley gesellten sich den übrigen Herren zu, und ich und Julia stiegen auf die Empore, die man zur Unterbringung der vornehmsten Damen errichtet hatte. Wie majestätisch glitt sie zu ihrem Platz neben Maria Percy, die zusammen mit der Gouverneurin und der Gräfin von Arundel in der Mitte der ersten Reihe saß. Als die vier Platz genommen hatten, betrachtete ich sie. Es war ein prächtiger Anblick. Maria, Schönste der Schönen, vor Aufregung errötet, vor Triumph strahlend, ein herrlicheres Bild habe ich nie erschaut. Ihre ganze Garderobe war scharlachrot, und ihr strahlendweißer Hals, ihre pechschwarzen Haare und Augen kontrastierten vorzüglich und angenehm zu dem blendenden Gewand. Die drei anderen Damen trugen scharlachrote Shawls und Federn, aber der Rest der Aufmachung bestand aus weißem Samt. Auch sie waren hübsch, anmutig, entzückend, und durch einen merkwürdigen Zufall besaßen sie alle einen dunklen Teint. Edith, Julia, Harriet, Lady Arundel: allesamt brünett. Manche Leute behaupten übrigens, Lady Arundel sei nicht durch und durch Angrianerin. Ich möchte diesen Irrtum berichtigen. Sie verliert wenig Worte darüber, doch ihr geliebter Frederick neigt sich vor der Aufgehenden Sonne nicht anbetungsvoller nieder als sie. Als sie dem chevaleresken Arundel ihr Herz schenkte, da schenkte sie es ihm nicht halb, sondern ungeteilt. Seine »Götter wurden ihre Götter und sein Land ihr Land«. An jenem Tag sah ich, wie sie sich das Haar aus der edlen Stirn strich und mit einem durchdringenden Blick, in dem sich fast eine schwärmerische Begeisterung ausdrückte, das Menschenmeer betrachtete, das um sie herum tobte und toste und auch um die Tribüne mit dem düsteren und gewaltigen Rathaus als Hintergrund, mit den blutroten Bannern, die im Licht zinnoberrot leuchteten und blutig im Schatten, und mit den kraftvoll-erhabenen Personen, von denen jede einzelne nun so entflammt und ernst war, als hinge das Schicksal der Nation von der jetzigen Stunde ab. Von dort schweifte ihr Blick zum offenen Land, der sonnenbestrahlten Stadt, dem breiten Olympia und seinen Ufern, wo sich hier Gebäude häuften und dort von Bäumen betupfte und von Vieh gesprenkelte Weiden erstreckten.

»Maria«, sagte sie, indem sie sich zu ihrer Schwester kehrte »in unseren Adern fließt Hochland-Blut, wir sind die Töchter eines Monarchen, doch Untertanen in diesem herrlichen Land, verheiratet mit zwei so herrlichen Geschöpfen wie dein Edward und mein Frederick. Schau, sie stehen gerade beieinander. Wir müssen uns nicht grämen nach dem Palast von St. Mary, dem Berge ELIMBOS, der Bucht der ›Dschinnen‹, nicht einmal nach unserem Bruder Fidena!« Maria lächelte triumphierend und faßte Lady Arundels Hand, sagte aber nichts. Inzwischen bemerkte ich, daß Lady Julias funkelnder, fröhlicher Blick anderen Dingen galt als der erhabenen Szene. Sie hatte unweit Mr. Charles Warner und Mr. John Howard in der Menge erspäht und winkte sie zu sich. Ihr Elfenbeinfächer und ihr Arm wie aus Elfenbein waren in einer hochvornehmen, anmutigen Geste erhoben, und die scharlachroten Federn nickten stolz auf ihrem Kopf, den sie kokett neigte. Sie kamen so schnell, wie sie die Hindernisse, die sich ihnen in den Weg legten, überwinden konnten. Mit einer bezaubernden Offenheit, die halb gespielt, halb echt war, streckte Julia jedem eine Hand entgegen.

»Mein lieber Mr. Charles, mein lieber Mr. John, ich bin entzückt, Sie zu sehen: ein ganz unerwartetes Vergnügen. Ich hatte schon befürchtet, Mr. Warner bedürfe in diesen unruhigen Zeiten Ihrer Gegenwart in Angria, und das wäre eine rechte Enttäuschung für mich gewesen.« Eine Minute lang antwortete keiner der Herren; sie stießen sich nur gegenseitig mit den Ellbogen an, zum Zeichen, der andere solle zuerst sprechen. Schließlich erwiderte Charles: »Mylady«, sagte er, »wir sind Euch zutiefst verbunden. Ihr versteht es, Komplimente zu machen. Nur schade, daß unser John hier nicht verdient, daß man soviel Höflichkeit an ihn verschwendet.«

»Ei was, Charles«, brummte John, »nun übertreib mal nicht. Die Lady war zu mir ebenso höflich wie zu dir, und sie schätzt mich genauso.«

»Fürwahr«, entgegnete Julia, »so ein Paar wie Euch wird die Welt schwerlich wieder zu Gesicht bekommen. Doch sagt, Gentlemen, warum seid Ihr nicht auf der Rednertribüne? Ihr werdet doch gewiß sprechen.«

Beide erröteten und senkten den Blick. »Je nun, Madame«, sagte Charles, »unser John hier hat nie viel für Worte übriggehabt. Es fehlt ihm der rechte Sinn dafür, könnte man sagen. Meine Gaben sind reicher, doch seit meinem jüngsten Mißgeschick, habe ich es vermieden, oft in der Öffentlichkeit zu erscheinen. Wißt Ihr, Madame, die Leute nutzen jede Gelegenheit, um ihre Witze zu reißen, und eben das behagt mir nicht.«

»Euer jüngstes Mißgeschick, mein werter Sir? Davon habe ich noch gar nicht gehört, sicher doch nichts Ernstes ---«

»Nichts Ernstes! Mylady. Und wie ernst. Seht her«, und er hielt seine rechte Hand hoch, deren kleiner Finger verstümmelt war. Julia mußte ein Lachen unterdrücken. »Nun, Mr. Charles«, fuhr sie in einem tröstenden Tonfall fort, »daß ist gewiß betrüblich, eine Beeinträchtigung Eurer einst vollkommenen Männlichkeit, könnte man sagen, aber ich verstehe trotzdem nicht, wieso Ihr deswegen nicht reden solltet, und ich muß darauf bestehen, daß Sie beide, Ihr und Mr. John, sich herbeilassen, diese Versammlung mit Eurer Weisheit zu erleuchten. Tun Sie es mir zuliebe, Gentlemen.« Sie beugte sich über die Empore und blickte mit einem holden, flehenden Lächeln zu den Kavalieren hinunter, und Charles schmolz dahin. »John«, sagte er, indem er seinem Gefährten einen tüchtigen Rippenstoß versetzte, »was meinst du, es wäre doch unhöflich, dem gnädigen Fräulein die Bitte abzuschlagen, und unser Prinzipal hat uns nicht verboten zu reden. Er hat nur gesagt, er hoffe, wir würden nicht so dumm sein, es mit einer Rede zu versuchen.«

»Allerdings, Charles, also komm', wir werden ihn mit einer Rede überraschen, die so ausgewogen ist wie seine eigenen.«

Sie verbeugten sich vor Julia, gingen davon und waren alsbald in der Menge verschwunden. Und dann begann das eigentliche Ereignis des Tages. Unter ohrenbetäubenden Hochrufen schritt Mr. Edward Percy zur Rampe der Rednertribüne. Er wartete schweigend, bis sie verklungen waren, und während dieser Zeitspanne sah ich aus seinen blitzenden Augen ein so frohlockendes Feuer sprühen, wie ich es noch nie erblickt hatte. Über seine Rede will ich nur sagen, daß sie seiner würdig war, voller Entschiedenheit, bündig und zwingend in der Argumentation, gelegentlich mit einem prahlerischen Anstrich, vor allem, wenn er auf den großen Northangerland anspielte, aber im Ganzen könnte man sie eine Angrianische Oratio von erstem Range nennen, und so empfanden es auch die Zuhörer. Der Beifallssturm, unter dem er wieder Platz nahm, war ungeheuer. Nachdem er abgeklungen war, traten weitere Redner vor. Alle sprachen mehr oder weniger geschickt in derselben Manier und wurden entsprechend ihren Verdiensten begeistert bejubelt. Gegen Ende des Tages schließlich, als die Leute überlaut, überfröhlich und überaufgeregt zu werden begannen, rief Castlereagh vom Vorsitz Mr. Charles Warner auf. Diese Persönlichkeit trat errötend vor, dicht gefolgt und brüderlich unterstützt von seinem liebevollen Vetter John. Im ungestümen Geschrei der Versammlung war seine Stimme nur zwischendurch zu vernehmen. Das folgende ist ein wörtliches

Transkript dieses höchst eloquenten Ergusses: »Gentlemen (Beifall) Sie sind sehr gütig, doch (lauter Beifall) aufgrund eines jüngst erlittenen Unglücksfalls (anhaltender Beifall) der den Verlust eines kostbaren Gliedes mit sich brachte (Hier konnte der sehr ehrenwerte Gentleman vor Rührung nicht weiter sprechen. Nachdem er seine Fassung wiedergefunden hatte, fuhr er indes fort) Angrianer, nur weil mich eine Lady so inständig angefleht hat, (donnernder Beifall), die Schönste Ihres Geschlechts. Also nun sag' du mal, John, du findest sie doch auch sehr hübsch.« (John sotto voce, seinen Zylinder drehend und glattstreichend, sittsam niedergeschlagenen Blicks):

»Wohl, sie ist das, was man eine ansehnliche Weibsperson nennen könnt.« (Minuten währender Beifall.)

Mr. Charles weiter: »Ich habe mich erkühnt, einige Worte Ihrer Aufmerksamkeit aufzudrängen (Geschrei, Rufe und Beifall vermischt) Unser Prinzipal – meiner und der von John – hat etwas gegen eine Menge Geschwätz, (Beifall) deshalb verdichte ich (erneuter Beifall) in wenigen Worten (ein absolutes Erdbeben an Beifall) Gentlemen, dies ist der herrlichste Tag meines Lebens – ich – ich – ich bin restlos überwältigt (Hussa-Rufe und Weiter so, Hört, Hört, usw.) Mir bleibt nicht viel Zeit. Hat Warner nicht gesagt, wir sollten um sechs Uhr zurück sein, John?«

»Wohl, Charles, und jetzt ist schon halb sechs durch.«

»Gentlemen, ich erlaube mir, die Resolution zu unterstützen und meinen herzlichsten – meinen, meinen (donnernder Beifall) – ich werde nun wieder Platz nehmen.«

Mr. C. Warner setzte sich unter einem derartigen Gebrüll der unterschiedlichsten Äußerungen – Gelächter, Bravorufe, Gejohle, usw., daß es sich als unmöglich erwies, noch einem weiteren Redner Gehör zu verschaffen. Deshalb ließ der edle Vorsitzende neun mal neun Salven Salut für Zamorna und Angria abfeuern und erklärte die Versammlung daraufhin für aufgelöst. Sogleich stimmten die Kapellen wieder ihre orkanartige Musik an. Signalhörner erschallten, Trommeln dröhnten,

Trompeten schmetterten jauchzend, die Menge wogte in heftiger Bewegung, und über ihr hingen schwer und riesig die dichtgedrängten Banner, deren Falten wegen der leichten Brise und der schaukelnden Bewegungen ihrer Träger flatterten. In diesem Augenblick stürmte ein Gentleman von hoher und kräftiger Gestalt durch die Menschenmasse, übersprang mit einem Satz die Schranke vor der Rednertribüne, erstieg sie ganz ohne Förmlichkeit, breitete, als er hochaufgerichtet an der Rampe stand, die Arme aus und sagte mit schneidender Trompetenstimme, die das Getöse übertönte und beinahe ertränkte:

»Männer von Angria, ehe einer unter euch seine Schritte heimwärts lenkt, wollen wir alle gemeinsam unsere grandiose Nationalhymne ›Laßt die Trompeten erschallen über Afrikas dunkler See‹ singen. Spielt auf, Kapellen.«

Obwohl der Sprecher ein Fremder war, wurde ihm prompt Gehorsam gezollt. Seine gebieterische Art, der ergreifende feierliche und erhabene Klang seiner Stimme und die Art seines Vorschlags, alles fand Gnade bei denen, die ihn hörten, und bald erscholl dieses hehre Lied so laut, so volltönend, in den Kadenzen so tief, in den Crescendi so triumphierend, daß es schien, als sänge der Donner im Himmel und die Winde und Meere der Erde antworteten ihm. Das Lied verklang, rollte, hallte am pfeilschnellen Strom dahin, verhauchte seine letzten Klänge am Fuße von Sydenhams langgestrecktem Bergriegel. Nun folgte eine Pause der Stille.

»Gut gemacht«, fuhr der Fremde fort, »das war beherzt gesungen. Dank Euch, Kameraden, für Eure Willfährigkeit.«

Er sprang von seinem Standort herunter, blieb hinter der Absperrung und begab sich langsam zu der Empore, wo die Damen saßen. Natürlich musterten sie ihn alle, und mir schien, daß so manch strahlender Blick auf seiner Gestalt verweilte und ihm sehnsüchtig folgte, als er vorüberschritt. Auch er musterte sie mit einem unbekümmerten, leutseligen Lächeln, in dem Stolz aufflammte, wenn er auf die sich jetzt zerstreuende Menschenmenge blickte. Er verharrte genau meinem Sitzplatz gegenüber, und so war es mir möglich, ihn in aller Muße zu betrachten. Er schien in voller Jugendblüte zu stehen; seine Gestalt war überwältigend groß, mit der Vollkommenheit einer Statue gebildet, und es wohnte ihr etwas inne, das ich nicht beschreiben kann – etwas Superbes, Ungestümes, Unwiderstehliches, kurz, etwas, das sich mit einem einzigen Wort unmöglich ausdrücken läßt. Sein Haar war tiefschwarz und üppig gelockt, die Stirn darunter jedoch nicht von der schwarzbraunen Schattierung, die zu diesen italienischen Locken paßte, sondern weiß und glatt wie Elfenbein. Seine Augenbrauen waren schwarz und buschig, die langen Wimpern und großen, hellen Augen hingegen sepiabraun. Seine Schläfenlocken reichten bis zu dem verschwenderisch gekräuselten, rabenschwarzen Backen- und Schnurrbart, der Mund und Kinn verbarg und die hellhäutigen Wangen umschattete. Für seine offenkundige Jugend erschienen mir diese Symbole des Mannesalters viel zu ausgeprägt und überreich. Lächelte er, so kamen Lippen und Zähne zum Vorschein, um die ihn jede Dame beneidet hätte: korallrot und perlweiß. Die Oberlippe war sehr kurz – griechisch – und auf mir vertraute Weise hochmütig gekräuselt. Auf den ersten Blick hielt ich ihn für einen Soldaten. Die aufrechte Haltung, die gesetzte, militärische Nonchalance und der gemessene, stolze Schritt bezeugten das überdeutlich. Sogar seine Kleidung sprach für die Kriegerkaste, obwohl sie sich weder durch Litze, Degengehenk oder Epauletten auszeichnete: – blauer Mantel, schwarze Halsbinde, weiße Weste und Pantalons, eine Feldmütze aus Pelz, die nach vorn geschoben war, sodaß ihr Rand die Brauen und die blitzenden Augen düster umschattete, auf Hochglanz polierte Stiefel, die gerade so eng geschnitten waren, daß sie das vollkommene Ebenmaß seines kleinen, tscherkessischen Fußes zur Geltung brachten.

»Das heiß ich einen richtigen Mann«, sagte Maria Percy, nachdem sie ihn eingehend betrachtet hatte. »Einer der wenigen, bei denen ich mich herbeilassen würde, sie eines zweiten Blickes zu würdigen. Kennt ihn wohl jemand? Fragt doch meine Schwägerin Cecilia und Lady Richton – sie tuscheln mir so wissend.«

»Hat Maria gerade von mir gesprochen?«, fragte die sanfte, schalkhafte Cecilia Percy und beugte sich vor. »Ja, mein Schätzchen, ich möchte wissen, ob du mit dem schwarzhaarigen Titan dort bekannt bist.«

»Nein!« entgegnete sie barsch. »Und du, Matilda?« (an Lady Richton gewandt). »Nein«, lautete die knappe Antwort. »Bei meiner Ehre, ich werde ihn nach seinem Namen fragen«, fuhr Maria fort. »Das wirst du nicht«, warf Edith frostig ein, »er kann kein sehr bedeutender Mann sein.«

»Ich werde es trotzdem tun, und obendrein so, daß er sich auf meine Aufmerksamkeit nichts wird einbilden können.«

»Nur zu«, sagte Lady Sydney, »du gehst ja stets allem gleich auf den Grund, Maria.« Mit aller Pracht ihres Standes und ihrer Schönheit neigte sich die Prinzessin über die Empore. »Hieher, Sir«, sagte sie gebieterisch. Er wandte den Kopf, doch nicht die Gestalt.

»Nun, hübsches Kind, was möchtest du von mir?« lautete die verblüffend vertrauliche Anrede an eine der stolzesten und schönsten Frauen Afrikas. Meiner Base Julia hätte dies den Wind aus den Segeln genommen. Doch Maria spornte es an.

»Was ich von Euch möchte, Sir? Nur eben Euren Namen, damit ich Euch bei der zuständigen Behörde anzeigen kann, weil Ihr über die Absperrung vorgedrungen seid.«

»Ach«, sagte der Fremde, »Ihr wünscht, daß ich gegen mich selbst Zeugnis ablege – das nun eben nicht, Funkelauge.«

»Ich werde Euch auf der Stelle festnehmen lassen, wenn Ihr mir nicht gehorcht. Meine Diener sind bei der Hand«, fuhr die erregte und zornige Prinzessin fort.

»So, wirst du das?« sagte der Fremde in gedämpftem und verändertem Ton. Maria zuckte zusammen, errötete an Hals, Stirn und Schläfen und sank lammfromm auf ihren Platz zurück. Er ging lachend auf sie zu. »Kommt, Madame«, sagte er, »es lag nicht in meiner Absicht, mich mit einer mir so völlig

Unbekannten wie Euch zu streiten. Meine Name ist Major Albert Howard, vormals Wastwater Forest im Westen, doch jetzt Mournely Crag in Arundel. Ich war mir nicht bewußt, daß diese Schranke eine Absperrung bedeutete, Ihr müßt also mein Eindringen entschuldigen.«

»Gewährt«, sagte Maria, neigte den Kopf und lächelte sehr anmutig. Major Albert lächelte ebenfalls, doch sein stolzes Haupt beugte sich nicht, und stumm schritt er langsam davon.

»Wie konnte ich nur so dumm sein«, murmelte Maria, als er fort war. Cecilias hübsches Gesicht beugte sich wieder über ihre Schulter.

»*Er*, Schwester, was gilt die Wette«, sagte sie schelmisch.

»Oder sein Geist«, erwiderte die Prinzessin.

»Was, mit Haaren, die so schwarz sind wie deine, Maria?«

»Ja, und selbst wenn sie blond gewesen wären so wie deine, Cicely.«

»Je weniger darüber geredet wird, desto besser«, meinte Lady Arundel.

»Ich weiß gar nicht, was es da für euch alle so geheimnisvoll zu tuscheln gibt«, sagte Lady Julia. »Der Mann ist sehr ansehnlich und sicher ein Gentleman. Er erinnert mich mehr als irgendjemand an meinem Vetter Zamorna. Du meine Güte, glaubt ihr etwa, er könnte es sein, in einer Verkleidung – gefärbte Haare, falscher Backenbart, vertauschte Kleidung, verstellte Stimme? Er ist's, er ist's. Oh hätte ich doch mit ihm gesprochen, und darum, Maria, bist du auch so rot geworden. Der Tonfall dieses 'So, wirst du das?' war durchaus Zamorna'sch, doch dann wieder Major Howard, Wastwater Forest! Mournely Crag – nein, nein, ich fürchte, es ist unmöglich, und der Backenbart wirkte auch nicht künstlich. Was meinst du, Harriet?«

»Je«, sagte Lady Castlereagh, »wenn so ein Backenbart auf einer solchen Haut sproß, kann man dem Teint nicht trauen, weiter nichts.«

Nun nahten die Gentlemen von der Rednerbühne.

Castlereagh kam in Hochstimmung angestürzt. »Nun, Lady Sydney, Ihr hier! köstlich! Was sagt Ihr zur Versammlung? Hat gezündet wie ein Schuß, was? Einmütigkeit, hübsche Gefühlsbekundung, hocherfreut. Ihre Majestät dürften mit der Ansprache zufrieden sein. Habe ich einen guten Vorsitzenden abgegeben? Habe ich zur Zufriedenheit agiert?«

»In diesem Quartier zur vollständigsten Zufriedenheit, Mylord.«

»In diesem Quartier! dem einzigen, worauf es einem ankommen sollte, sehr verbunden für das Kompliment. Ha, ha! ausgezeichnet! Surena, mein Schnupftuch.« Surena brachte stracks ein viereckiges, scharlachrotes Seidentuch bei, das fast so groß war, um einem Kriegsschiff als Großsegel zu dienen. Seine Lordschaft wedelte und fächelte fünf bis sechs Minuten lang damit herum und verbreitete ringsum den Duft von Eau de Cologne, Poudre des Œillets, Otto des Roses usw., usw., schneuzte sich sodann die aristokratische Nase, spritzte den aristokratischen Speichel zwanzig Yards weit und fuhr fort: »Ein ganzer Schwung von Reden – mitunter sogar beachtlich anständig – Edward Percy's war gar nicht übel, die meinige, obwohl ich das selber sage, gleichfalls recht passabel und die von Morley dort wär's auch gewesen, wenn er uns seine abscheulichen Langweilereien über Intellekt und unnützes Wissen und amüsanten Humbug erspart hätte.«

»Zur Ordnung, Lord Castlereagh, zur Ordnung!« rief Morley, der in der Nähe stand. »Ich rufe Euer Lordschaft zur Ordnung. Ihr handelt in böswilliger Absicht, wenn Ihr diese drei Substantive so verächtlich herzählt.« Und an die Lady gewandt: »Nun, Madame, wenn Ihr mir verstattet, es in Eurer Gegenwart dreißig Minuten hindurch auszuarbeiten, werde ich den Beweis unternehmen – und zwar auf eine Weise, die Euch den allerangenehmsten inneren Trost spenden und Euch ein für allemal jeden Zweifel ausräumen soll über den Gegenstand – daß Intellekt, Wissen und Humbug, die drei Würzen sind, die die Gesellschaft frisch halten. Gnädiges Fräulein sind gewahr, daß es dreizehn Arten gibt, eine Unterscheidung zu treffen, fünf echte und acht mutmaßliche der Beweisführung halber. Diesen dreizehn werde ich eine vierzehnte hinzugesellen, um die Zahl gerade zu machen, und alsdann unverzüglich fortfahren, meinen Diskurs in mehrere Hauptpunkte einzuteilen. Zuvörderst denn also –«

»Verschont mich!« unterbrach Julia. »Um des Himmels willen, Mr. Morley, zeigt ein wenig Mäßigung. Ich werde Euch ein andermal anhören, unter vier Augen, wenn ich mehr Muße habe, doch für jetzt –«

»Doch für jetzt, Eure Ladyschaft, werdet Ihr *mich* anhören«, sagte mit lauter Stimme Charles Warner, und er und John stürmten wie vom Wein erquickte Riesen herbei. Sie faßten sogleich Julia bei den widerstandslosen Händen. »Meine liebe, erhabene Lady«, schluchzte Charles beinahe. »Wenn überhaupt je eine Frau, so gleicht Ihr einem Goldjuwel in einer Schweineschnauze. Ohne Euch hätte ich nie erfahren, was da in mir steckt, und also hätte es auch nicht zu Tage kommen können so wie heute.«

»Hat Charles seine Sache nicht grandios gemacht?« meinte John. »Meiner Seel'! als er sagte, dies sei der herrlichste Tag in seinem Leben, da mußte ich ganz einfach hört! hört! rufen. Und als *ich* dann sprach, wollte mir's ab und zu so scheinen, als schwenkten Eure Ladyschaft Ihr Taschentuch für uns beide.«

»Fürwahr, das tat ich auch«, erwiderte Julia, deren lachende Augen wie Sterne funkelten, denn sie war jetzt ganz in ihrem Element. »Fürwahr, das tat ich auch, und ich hätte alle Banner auf dem Feld schwenken lassen, hätte dies in meiner Macht gestanden. Zwei famosere Burschen habe ich nie gehört noch gesehen. Es war herzergreifend. Gewiß doch, Gentlemen, eine Beredtsamkeit wie die Euere könnte einen Menschen zu allem bewegen – zum Hängen, Ertrinken, Erschießen, alles erschiene einem leicht, würde man durch eine so herrliche, flüssige Sprache dazu ermutigt. Ich muß auf der Hut sein, in der Tat, das muß ich, es ist gefährlich.«

»Nicht die Bohne, keine Spur, nichts kann Eurer Ladyschaft gefährlich sein. Ich habe große Lust, Euch zum Zeichen meiner Dankbarkeit meinen Jagdhund Dash zu schenken, die Warner Hills kennen keinen besseren.«

»Recht getan, Charles. Es wird Ehre für die Familie einlegen, wenn wir großzügig sind und uns auf eine Weise betragen, die einem Gentleman wohl ansteht. Es wird nicht schaden, wenn ich noch das Paar Frettchen dazugebe. Du weißt ja, Stitch und Sting haben letzten Frühling gewaltig in Richard Agars Kaninchengehegen gewütet. Er hat's ihnen nie verziehen, daß sie seine erbärmlichen Ratten ausgestochen haben.«

»Nimmer hat er das verziehen, John, und unser Henry hat sich auf seine Seite geschlagen – Schande über ihn.«

»Aye, Charles! und unser Romilly hat beim gleichen Frettchen-Wettkampf fünf Gold-Adrians verloren.«

»Aye, und George hat sie gewonnen.«

»Ja, und ein Dutzend Flaschen Madeira davon gekauft, und von denen hat dein William vier gekippt.«

»Ja, und dein James hat nur zwei geschafft.«

»Aye, und die Hälfte hat er später ausgespuckt.«

Ich weiß nicht, wie lange es mit diesen erbaulichen Reminiszenzen noch fortgegangen wäre, hätte Edward Percys dröhnende Stimme sie nicht unterbrochen – »Ruhe da«, sagte er, »kein Wort mehr aus euerem Munde, bis ich zu Ende bin.«

»Mylords, Ladies und Gentlemen, ich lade Sie alle samt und sonders heute abend nach Edwardston Hall ein. Die Sonne ist untergegangen, vom Turm hat es sechs geschlagen, und die Karossen warten, also sputen Sie sich.«

Jetzt durchlief eine Bewegung die ganze amphitheaterähnliche Empore. Die Damen erhoben sich vereint – so habe ich Federn und Locken noch nie wogen, Augen und Diamanten noch nie funkeln sehen. Ihre Ehemänner, Galane und Brüder standen bereit, um sie zu den Karossen zu geleiten. Ich sah Julia lachend dahintrippeln, zur einen Seite Thornton, zur anderen Charles und hinterdrein John, dem sie ihren Fächer und ihr

Taschentuch anvertraut hatte. Inmitten einer prächtigen Eskapade verdunkelte der Schatten eines Gedankens ihr hübsches Gesicht. Im Nu war er verflogen, doch was hatte ihn verursacht? Dachte sie an Sydney?

»Cecilia«, sagte Maria Percy, indem sie sich zu ihrer Schwägerin umwandte, deren Leutseligkeit, die gegen ihren eigenen hochsinnigen Stolz abstich, sie überaus schätzt, »fährst du mit uns? Tu mir die Liebe.« Ein junger Mann trat vor und hakte meine Base hastig unter. »Bedauere, Madam«, sagte er mit einer Verbeugung. »Euch dürfte meine Gemahlin von Herzen gern begleiten, doch Gast in meines Bruders Haus kann sie nicht sein.« Er entfernte sich.

Binnen einer halben Stunde war der ganze lange Wagenstrom in einer gewaltigen Prozession vom Feld gerollt, und man konnte die Karossen im sinkenden Licht die Stuartville Road hinauffahren und mit jedem Augenblick kleiner werden sehen, bis auch der letzte Nachzügler verschwand und noch das fernste Rädergerassel erstarb.

Auch ich hatte den Versammlungsort verlassen, jedoch in entgegengesetzter Richtung, und nun saß ich zwei Meilen vom Rathaus entfernt – zwei Meilen von Zamorna entfernt, beim Tor eines friedvollen und eleganten Herrenhauses, umgeben von hohen Ulmen und sanftgeböschten Rasenflächen (nicht von Parks), wo Rosenstöcke und Goldregen das taufeuchte Gras beschatteten, ringsum nur Stille, der Mond war aufgegangen, der Himmel wolkenlos, die Sterne flimmerten freundlich – ein gedankenleiser Wind wisperte launisch im kaum bewegten Blattwerk, die Lichter der illuminierten Stadt blinkten in weiter Ferne, und der gedämpfte Lärm und das Glockengeläut von dort klangen wie ein Sturzbach im Gebirge.

Ich befand mich innerhalb der Grenzen von Elm Grove Villa, dem einstigen romantischen Zufluchtsort von Lily Hart zu der Zeit, als Zamorna ein wenig besuchtes Dorf und das umliegende Land in dem Maße verlassen war, wie es jetzt bevölkert ist. Rittmeister William Percy erwarb dieses Herrenhaus von

FIDENA kurz nach seiner Heirat und hat dort seither residiert. Bald schreckte mich das Geräusch nahender Schritte aus der Träumerei, in die ich verfallen war. Ich blickte auf. Eine Gruppe von vier oder fünf Personen näherte sich mir gemächlich entlang des ausgedehnten Kornfeldes, das am Gartentor beginnt. Sie überstiegen den von Weißdorn beschirmten Zauntritt und standen vor mir. Ich war nicht wenig überrascht, als ich in der vordersten Person Major Albert Howards hohe erhabene Gestalt erkannte. Zwei Damen, deren feine römische Züge, blonde Haare, schneeweiße Haut und kühne blaue Augen sie mir als Georgiana und Eliza Seymour auswiesen, hingen an seinem Arm, und beide schienen in dem Maße um seine Aufmerksamkeit zu wetteifern, in dem sie sonst die Aufmerksamkeit aller anderen Männer königlich stolz mißachten.

Sie redeten ihn mit Augustus an, nicht mit Albert oder Howard. Dann folgten Captain und Lady Percy. Cecilia sah mich. »Nun, Charley«, sagte das süße Geschöpf, nahm mich bei der Hand und zog mich mit sich fort. »Wirst du die Nacht in meinem Haus verbringen? Bei mir weilt nämlich eine kleine, aber erlesene Gesellschaft. Georgiana und Eliza sind gestern angekommen, und sie werden eine Woche bleiben. Hast du schon mit ihnen gesprochen, Kind?«

»Nein, und wenn ich's täte, würden sie mir doch bloß den Kopf tätscheln. Die Mädchen scheinen ganz entzückt von diesem apollonischen Mars, Major Howard. Sag, ist er verheiratet?«

»Witwer«, sagte William Percy, »mit fünf oder sechs Kindern.«

»Fünf oder sechs! Ei was, wieviele Jahre hat der Mann denn auf dem Buckel?«

»Laßt's gut sein, Sir. Ich rate Euch, kommt ihm nicht zu nahe. Er ist sehr hitzig.«

Wir betraten das Haus durch eine Glastüre, die uns sogleich in den Salon brachte, der in einem beunruhigenden Dämmerschein glomm, den die prächtige und erbauliche Feuerstätte verströmte. Major Howard warf sich ganz ungeniert, so als sei er hier zu Hause, auf das Sofa. »Hier, Mädchen«, sagte er zu meinen vornehmen Basen, »holt die Fußbänke und setzt euch. Das Sofa habe ich mit Beschlag belegt.«

Und zum Beweis dieser unfeinen Aneignung streckte er seine langen Glieder auf der Samtcouch aus und bettete das Lokkenhaupt in die Kissen. Die Damen Seymour nahmen die niedrigen Schemel ein, die er ihnen angewiesen hatte und saßen, die fließenden Roben über den kostbaren Teppich gebreitet, mit der Anmut und dem Gebaren von persischen Prinzessinnen ihm zur Seite. Der junge Percy beugte sich über die Sofalehne.

»Cecilia«, sagte er, »wie sehr würde mich dieser Schuft Edward beneiden, wüßte er, welchen Schatz ich in meiner Villa hüte. Euer Majestät, ist Elm Grove wohl ein schönerer Ort als Edwardston?«

»Ein stillerer«, erwiderte der Major, »und nach einem turbulenten Tag dieserhalb vorzuziehen. Und jetzt die Flöte geholt, William. Cecilia, mein Elfchen, dort steht die Harfe und dort das Notenbuch. Georgiana, sollte das in dem Alkoven da eine Guitarre sein? Eliza, dieser Flügel freit um deine Finger. Wir werden einen friedvollen und harmonischen Abend verbringen. Was meine Person angeht, so werde ich nur liegen und lauschen.«

Ich war betrübt, als es in jener Nacht von der Bronzeuhr auf der Anrichte zwölf schlug. Ich habe nie einen Abend verlebt, der mir einen ruhigeren und tieferen Genuß bescherte; er wird mir stets ein Sonnenfleck auf dem gescheckten Pfad des Lebens sein.

Es war um zehn Uhr des Abends, der auf den von mir zuletzt beschriebenen folgte, als meine Wenigkeit, General Thornton, Lord Castlereagh, Mr. Edward Percy und Major Albert Howard mit der Eroberer-Postkutsche in Adrianopolis eintrafen, ein Reisemittel, das, *en passant* bemerkt, bei den Angrianern sehr *en vogue* ist und das sie gewöhnlich ihren Privatkarossen vorziehen.

Beim Hotel ›Feder und Säbel‹ stiegen wir aus. Major Howard ging nicht hinein. Er entrichtete sein Fahrgeld, hüllte sich in einen mächtigen, scharlachroten *roquelaure* und mischte sich unter die von Gaslicht beschienene Menge auf der Chaussee. Ich merkte mir die Richtung, die er einschlug, und folgte dichtauf und behutsamen Schrittes. Er machte merkwürdige Umwege über schmale Sträßchen, Sackgassen, Durchgänge, Torwege und überwölbte Passagen. Adrianopolis schien ihm bis in die finstersten und hintersten Winkel vertraut zu sein. Mir war, als wanderte ich in einer völlig unbekannten Wildnis, doch durch leidliche Beharrlichkeit und geleitet bisweilen von seiner Saulus-Gestalt und bisweilen von seinen gleichmäßigen und hallenden Schritten, gelang es mir, ihm auf den Fersen zu bleiben. Plötzlich traten wir aus einer langen, schummerigen Gasse in den Glanz eines weiten, hellen, glatten Meeres von Mondschein, das auf einer stolzen, weißen Gebäudemasse schlummerte, die etwa zweihundert Schritt vor uns hochragte. Zuerst flößte mir die Szene, die so unerwartet auf meine Sinne einstürmte, nur den undeutlichen Eindruck von unermeßlicher Erhabenheit ein, doch bald schon konnte ich einen gefaßteren und achtsameren Blick darauf werfen. Was da so ehrfurchtgebietend, gewaltig, grenzenlos wirkte wie der schlohweiße Kegel des KAUKASUS, schrumpfte binnem kurzem zu einem Bauwerk von Maurerhand. Es war in der Tat sehr weitläufig und schwang sich zu sublimer Höhe auf, dennoch blieben seine Grenzen gut und klar umrissen. Eine mächtige Reihe Marmorsäulen, bleich und schimmernd wie Eis, strebten imposant vor mir empor. Ihre unvergänglichen Sockel, ihre Giganten-Schäfte, ihre prachtvollen Kapitelle, der lange, lange, hochangesetzte Karnies, der über ihnen entlanglief, alles war von reinster, edelster griechischer Form. Alles sprach von Ionien in seiner Blütezeit. Hier war die Hand des berühmten Architekten Palladio nicht zu merken. Die klassische Eleganz des Venetianers war einem tiefsinnigeren, einem strengeren, einem majestätischeren Stil gewichen. Ja doch, ein Vergleich zwischen Zamorna Palace und Wellesley House zeigt deutlich, wie sich beider Herr verändert hat und aufgestiegen ist. Einst war er ein Mann von Geschmack, Bildung, Genie, Gelehrsamkeit – zugleich der Homer und der Maecenas seiner Epoche, jetzt – doch ich will weder Zeit noch Temperament verschwenden, indem ich niederschreibe, was er *jetzt* ist.

Jenseits des Palastes rollten die Wogen des Calabar breit und glatt dahin. Ich hörte, wie sie im Weiterströmen die Marmormauern küßten, als huldigten sie Ihm, der die Ufer so veredelt hatte, die einst wüst wie eine Wildnis waren.

Major Howard überquerte den stillen Platz. Er erklomm nicht die Vorhalle, sondern stahl sich ganz leise um einen Flügel des Gebäudes und machte bei einer Hintertür halt, vor der ein Wachtposten patroullierte. »Halt!« sagte der Mann, als die hohe, schattenhafte Gestalt näherkam. »Auf« war die kurze Antwort. Sofort krachte die Muskete mit dem Kolben nach oben auf das Pflaster, und ihr Träger zog sich mit einer Geste tiefer Verehrung zurück.

»William Chadwick, wie mir scheint«, sagte Howard.

»Derselbe, Euer Majestät.«

»John Ingram ist heut nacht dein Kamerad bei der Wache?«

»Ja, Euer Majestät kennen uns alle.«

»Dem Namen nach. Guten Abend, William – die Nacht ist herrlich sternklar.«

Er drückte die Klingel, die mit einem dünnen Silberton antwortete. Augenblicks ging die Türe auf, und er trat ein. Ich säumte noch einen Augenblick. Durch die offene Tür sah ich wie Eugene Rosier ihm aus dem *roquelaure* half.

»Wünschen Eure Lordschaft, sich jetzt umzuziehen oder nicht?« fragte er.

»Nein, es liegt wenig daran – wo befindet sich Eure Lady, Rosier?«

»Im Violetten Salon, Mylord, glaube ich. Dort gewährte sie vor wohl einer halben Stunde Mr. Robert S'Death eine Audienz.«

»S'Death! hum, der Schurke! was mag er wohl gewollt haben?«

Mit diesen Worten ging er davon. Ich folgte, natürlich ungehindert vom Wachtposten oder Eugene, da ich ihnen zufälligerweise gut bekannt war. Ich schlich das Marmortreppchen hoch, das eine kleine, doch elegante Halle abschloß, und gelangte alsbald in einen langen, von Lampen erleuchteten, hallenden, verlassenen Korridor. Nur wenige außer dem Major würden es, glaube ich, gewagt haben, in einer so königlichen, so erhaben stillen Wohnstatt ein derartiges Echo zu erwecken, wie es seine messingbeschlagenen Stiefel taten. Er bog bald in einen Innenraum ab, und ich ging hinter ihm her durch eine Suite von Zimmern, die von betäubender Pracht waren, und die das Licht, das sie aus dem Dunkel hob, noch eindrucksvoller gestaltete – milder, feierlicher Mondschein, der sich schwermütig durch die griechischen Fenster stahl und jedwedes Ding, das sein Glanz berührte, perl- und silberfarben tönte.

Er verharrte vor der Flügeltür eines Gemachs, öffnete sie sacht und trat ein, ohne sie ganz wieder zu schließen. Sie stand eben noch weit genug offen, daß ich die Penetralien gut sehen konnte. Hier glommen warme Lampen über den kostbaren, dunklen, düsteren Wandbehängen, den sinnverwirrenden Teppichen und purpurnen Couchen. Königin Mary Henrietta befand sich in der Mitte des Raumes allein, allein (wie Julia Sydney sagt), sie lagerte halb in den aufgetürmten Kissen einer purpurnen Seidenottomane, schön, zart wie ein Traum, ganz lieblich und sanft, gelassen und gebieterisch.

Ja! Jetzt spürte ich, daß ich in einem Königspalast war. Das Heer von Liebreiz, das mich in Zamorna so geblendet hatte, verblaßte; das waren Menschen von dieser Welt, die in Scharen gingen und lachten und redeten und gesellig scherzten. Doch dies hier war ein klarer großer Stern der Schönheit, der sich abseits hielt und seinem ganz eigenen wolkenlosen Himmelsviertel zugehörte – eine unschätzbare Perle, die ein starker

Mann gefunden hatte und nun hütete und eifersüchtig bewachte. Doch so königlich Königin Marys Einsamkeit auch war, so wirkte sie doch gleichfalls melancholisch. Ich beneidete sie nicht. Sie schien durch ihre hohe Stellung vom Verkehr mit ihren Artgenossen abgeschnitten. Trotzdem verrieten der stolze Ausdruck ihrer Stirn und ihrer schimmernden Mondscheinaugen, daß ihr dies kein Anlaß zum Bedauern war. Glücklich indes war sie nicht, sondern schwermütig, kummervoll und betrübt, und als sie unwillig die Wange auf dem Kissen wandte, worauf sie ruhte, und die Stirn mit der Hand verschleierte, da sickerten die Tränen eines heimlichen Kummers durch jene schlanken Finger.

Neben ihr stand ein Ebenholztisch, auf dem ein auseinandergefaltetes Blatt Papier lag, und darauf schien ihr Blick mit großer Bangigkeit zu haften. Major Albert faßte sie mit einem langen, unerschütterlichen Blick ins Auge. Eh' er ihn abwandte, schaute sie auf und sah ihn. Der krampfhafte Ruck, mit dem sie von ihrer Couch hochfuhr, zeugte von einem überspannten Gemüt. Für einen Augenblick stand sie bestürzt. Die Verkleidung hatte ihre Gedanken versprengt. Ein einzig Wort jedoch, ihr eigener Name ›Mary‹, mit leiser Stimme geflüstert und von einem freundlichen Lächeln begleitet, genügte zum völligen Wiedererkennen. Sie eilte nicht vorwärts, sondern sagte sanft und traurig: »Ach, Zamorna, glaubtet Ihr, *ich* ließe mich von einer solchen Maskerade betören? Wo seid Ihr gewesen, Mylord? Und wie lange ist es her, daß Ihr von mir gegangen seid? Ich weiß kaum mehr, wie die Zeit verrinnt.«

Der Herzog kräuselte die Lippen, trat zum Kamin und schwieg. In diesem Augenblick war er wirklich einmal unzufrieden mit sich.

Die Herzogin ergriff wieder das Wort. »So sagt mir doch, Adrian, wo Ihr gewesen seid, nur das möchte ich wissen.«

»Worüber klagst du, Henrietta?« sagte er schnell.

»Ich bin sehr bekümmert, und das nun schon seit langer Zeit.«

Zamornas Hand griff nach der goldenen Kette, die er auf der Brust trug, und sein Gesicht war finster wie die Nacht.

»Kommst du mir mit der alten Leier?« sagte er, streifte sie mit dem Blick und ließ ihn dann sinken – ein düsterer Blick, der schwerlich von dieser Welt zu sein scheint. Sie erwiderte nichts, und er fuhr fort: »'S'Death war doch wohl bei dir, wie?«

»Er war hier, Mylord.«

»Und was brachte den Unhold her?«

»Er kam von meinem Vater, Sire.«

»Daran zweifelte ich nicht. Er ist seit jeher des Satans Bote. Und was, mein Täubchen, wußte er von deinem Vater zu sagen?«

»Daß seine Gesundheit und sein Geist in einem fremden Land mehr ermatten als sie es zu Hause taten. Insgleichen brachte er diesen Brief, den ich Eurer Majestät antragen würde, allein, ich fürchte –«

»Fürchte nichts, Kind. Er kann keine Gesinnungen enthalten, die abscheulicher wären als die, die ich ihm ohnehin zutraue, also laßt uns das teuere Dokument sehen.«

»Ich bin gewiß, Sire, Ihr werdet günstiger von meinem Vater denken, habt Ihr sein hier geoffenbartes Herz gesehen«, sagte Henrietta, indem sie ihrem Gatten das Papier gab. Er setzte sich. Der von der Salondecke herabhängende Lüster mit den Lampenschirmen spendete ihm Licht. Mit zusammengepreßten Lippen und versteinerter Miene las er Northangerlands berühmten Brief an die Angrianer sorgsam durch. Während der Herzog dergestalt beschäftigt war, durchbrach kein Laut die Stille, nur die Blätter raschelten, als er sie umdrehte.

Mary beobachtete ihn gespannt. Mit unbewußten Bewegungen stahl sie sich immer näher zu ihm, bis sie neben ihm stand. Als sie dann des Stehens müde war, kniete sie auf ein Knie nieder, lehnte sich an sein Sofa und blickte auf in das Gesicht ihres Gebieters mit einem so innigen, so zärtlichen, so flehenden Ausdruck, daß kein Standbild und kein Gemälde, das ich kenne, es mit dem dort vermittelten Pathos aufnehmen könnte.

Er kam zum Schluß und legte das Blatt nieder. Gegen Ende

hatten sich seine Wangen lebhaft gerötet, und seine Augen bekamen jetzt einen erregteren und blitzenderen Glanz.

»Sire, darf ich sprechen?« fragte die Königin und faltete inbrünstig die Hände.

Er vernahm ihre Stimme, doch nicht ihre Worte, glaube ich. Sein Geist weilte weit entfernt in einer anderen Region, und indem er ihren unübertrefflichen Liebreiz mit einem dünnen, abwesenden Lächeln betrachtete, versammelte er seine Gedanken zu tiefem Nachsinnen.

Mary deutete das Lächeln als Zustimmung, rückte noch näher und sprach zu ihm wie folgt: »Ich weiß, Sire, Ihr werdet nun mit Eurer königlichen Aufrichtigkeit zugeben, daß Lord Northangerland nichts Böses gegen Euch im Schilde führt. Er nennt Zamorna seinen edlen König und tut schwärmerisch seine Bewunderung für ihn kund. Oh, Adrian, wenn Ihr wüßtet, wie sehr ich meinen Vater liebe, dann würdet Ihr die Leiden zu würdigen wissen, die ich jüngst erduldet habe. Ich sah doch, wie sich Eure Miene jedesmal verfinsterte, wenn er Euch unter die Augen kam. Ich wußte, Ihr haßt ihn, und habe nie ein Wort gesagt. Ich sagte ihm Lebewohl – vielleicht zum letztenmal. Ich sah das Schiff, das ihn von Afrika fortführte, kleiner werden und verschwinden, und ich schwieg immer noch. Ich hörte ringsum ausgestreute Gerüchte, die Königin sei ohne Einfluß oder kalt und gefühllos. So schmähte mich mein Bruder Edward, und ich ertrug auch dies. Am meisten aber ängstigte mich, Sire, – war es grundlos? – Eure Abneigung gegen Percy könnte sich mit Euren Gefühlen für seine nichtswürdige Tochter vermischen. Einsam weinte ich, und obgleich mir die übernatürliche Anstrengung schier das Herz brach, kam mir noch immer kein Wort über die Lippen. Ich hatte einen Grund für dies Betragen, einen Grund, den ich kaum mir selber einzuflüstern wagte. Es war die schauderhafte Furcht, der Widerwillen Eurer Majestät möchte wohlbegründet sein – Percy könnte wahrhaftig Zamornas erbitterter Feind sein; und ob richtig oder falsch, gerecht oder gottlos, ich war sogar bereit, das Leben meines Vaters – so treulich ich diesen liebte – zu opfern den Interessen dessen, den ich mit blindem, verblendetem, verzehrendem Eifer einfach anbeten mußte. Von meinem eigenen Leben, eigenen Glück will ich nicht reden – Staub dünkten sie mich in der Wagschale zu sein – doch, Sire, als ich vor zwei Stunden diesen Brief erhielt und ihn gelesen hatte, da schwand der Trug. Da wußte ich, daß Northangerland getreulich zu Euch stand, und dafür segnete ich ihn mit ganzer Seele. Meinem Vater wurde übel mitgespielt, Sire, schnöde und schändlich mitgespielt. Er besitzt menschliche Gefühle, doch einen übermenschlichen Verstand. Aus diesem Mißverhältnis mögen Irrtümer erwachsen sein, und diese, sagt er, will er nicht verteidigen, und nach diesem edlen Eingeständnis, wer wagte es da, ihn anzuklagen? Mein König, mein Gatte, mein Gott, lächelt mich noch einmal an und sagt mir, daß Percy wieder Eure rechte Hand sein soll. Oh, Sire! er ist so wert wie all die Schakale, die Euch jetzt umringen. Er ist ein echter und königlicher Löwe, würdig des Verkehrs mit Euch, seine Verleumder hingegen sind geringer als der Staub, den Eure Füße zermalmt haben. Soll ich heut' nacht ruhelos in den Kissen liegen, Zamorna? Soll ich das Brot des Kummers essen und das Wasser des Kummers trinken, oder soll ich, gesegnet vom versöhnlich-milden Licht Eurer Miene, in Frieden schlafen und in Geborgenheit erwachen?«

Die Verehrung, mit der sie während ihres inständigen Flehens zu seinen Füßen kniete, beinahe kauerte, ihre süße, schwellende Stimme, ihre Erscheinung ganz wie Philippa, die für die Calaiser oder wie Esther, die für die verurteilten Hebräer bittet, führten Zamornas abwesende Gedanken rasch zurück, und er hörte den letzten Teil ihres Gesuchs mit großer Aufmerksamkeit. Die Hand des Monarchen bebte vor einer starken inneren Regung, als er sich mit ihr die breite, weiße Stirn wischte und sie dann langsam sinken ließ auf den Kopf seiner Königin, der sich vor ihm neigte wie eine sturmgepeitschte Lilie.

Sie weinte vor Glück, als sie spürte, wie sich seine Finger kosend auf ihre blonden Locken legten.

»Sei ruhig, mein Lieb', sei ruhig, meine liebe Mary«, sagte er mit seiner leisen, taugleichen Stimme, die Lord Richton so treffend mit dem Flötenregister einer Orgel verglichen hat, »um seiner anmutigen Tochter willen, würde ich deinen Vater gewiß mit offenen Armen wieder aufnehmen, stünde hinter einem Viertel der Gefühle, die sein Brief enthält, Lauterkeit, – doch nein, Mary, ich sehe keinen Schimmer vom Licht der Wahrheit. Ein hohles Rad dreht sich mit einem noch hohleren; und die ganze große Maschinerie webt einen Trugschleier, der einen Machiavell blind machen könnte, doch ich habe ihn von mir geschleudert, und ich gehe standhaft meinen eigenen Weg ohne nach rechts oder links zu schauen.«

Mary seufzte tief. »So soll ich meinen Vater also niemals wiedersehen?« sagte sie.

»Ich bin gewiß, du wirst ihn wiedersehen, meine Liebe, in ebendiesem Palast. Ich prophezeie sogar, daß er vor Ablauf eines Monats wieder Premier von Angria sein wird. Ich bin entschlossen, ihm keine Hindernisse in den Weg zu legen. Sein Genie, das sich in diesem Brief so grandios offenbart, das will ich, und wenn irgend möglich, werde ich es auch bekommen, aber mit Gottes Hilfe werde ich mich vor seiner heimtückischen Bosheit hüten.«

»Er liebt Euch, Sire«, warf Henrietta ein. Der Herzog lächelte. Er hob seine Gemahlin behutsam auf, setzte sie auf sein Sofa und schritt dann mit verschränkten Armen und nachdenklicher Stirn im Zimmer auf und ab. Sein beschleunigter Schritt verriet bald, daß der Fluß seiner Überlegungen lebhaft und stark strömte.

Er hielt inne. Mary sah ihn an. Da stand er, überhuscht vom roten Feuerschein, einen Fuß vorgestellt, stolz erhobenen Hauptes, den entflammten Blick auf die gegenüberliegende Wand geheftet und erfüllt von einer inspirierten Verklärung – der Anflug von Wahnsinn, der seinem Blut gewiß beigemengt ist, blickte aus den leidenschaftlich geweiteten Pupillen, so als starre er hinaus auf Visionen, die er selbst in die Luft gegossen.

»Wir gehen vereint«, rief er laut aus. »Unsere Hände werden sich ineinander verschlingen, unsere Ziele müssen eins sein. Er hat kein Herz, und meines werde ich mir aus der Brust reißen, bevor sein rascher, heißer Schlag in Widerstreit gerät mit dem, was ich bei Tag und Nacht sehe, empfinde, ahne. Warum denn sonst sind wir im selben Jahrhundert geboren? Seine Sonne hätte untergehen müssen, eh' die meine aufging, wäre ihr vereinter Glanz nicht dazu ausersehen, die Erde in Brand zu stecken. Bei den Großen Dschinnen! er breitet sich aus! weiter und weiter, die Bilder werden immer blutiger. Ich werde folgen – du wirst nicht wagen, Schritte vorzuzeichnen, die mein Fuß nicht wagte zu vollziehen. Ha! er endet, ist verschüttet – Schwärze, Schwärze, wo bin ich? Der Tag sank plötzlich! Alles nur tiefstes Dunkel, Geist! Percy! Ich habe das Ende meiner Schlachten gesehen. Wie eilt die Zeit – zwanzig Jahre sagtest Du – gerafft in die Spanne einer Stunde, so scheint's aus diesem Abstand. Das Leben gleitet unter mir hinweg, und dort ist der Schlund der Ewigkeit. Ewigkeit! Tief, wesenlos, formlos, was segelt dort? warum fehlt jegliches Geräusch? Eine so steinerne Stille, eine so trostlose Leere. Im Raum müßten doch Sterne sein. Wer hat behauptet, ich würde mich vielleicht erinnern? Eine eitle Hoffnung – schon entgleitet mir der Gedanke. Welt, Dasein, bedeutend war ich in beiden, doch, ich entsinne mich meiner Bedeutung nicht mehr.« Er verstummte, sein Blick war starr geworden, sein Gesicht wirkte aschfahl und leblos, doch, eine Hand auf die Brust und die andere auf einen Lampenständer gelegt, stand er immer noch kerzengerade da.

Während er sprach, war meine Aufmerksamkeit zu stark in Anspruch genommen, um zu bemerken, was am anderen Ende des Salons vor sich ging, doch nun hörte ich eine Stimme sagen: »Du hast ihn in diesem Zustand schon erlebt, Mary?«

Ich schaute herum. Neben der Herzogin stand ein schwarzgekleideter Herr, und sein gepudertes Haar und die starre, statuarische Physiognomie verrieten ihn sofort als den Herzog von Wellington. Er trug einen Reiseanzug und war offenkundig gerade erst im Palast angekommen.

Mr. Maxwell sen. begleitete ihn, seine hochgewachsene Amtsgestalt tauchte im Hintergrund auf.

Henrietta schien ruhig und gefaßt, allein sie zitterte am ganzen Körper. »Ich habe den Herzog in diesem Zustand schon zweimal erlebt«, sagte sie, »und beide Male war ich mit ihm allein, und nie habe ich einer Menschenseele ein Wort davon gesagt. Kennen Euer Gnaden diese Paroxysmen?«

»Ja! Ja, Mary, und noch seltsamere oder zumindest gefährlichere als diese. Ist Alford im Hause?«

»Ja, doch bitte ich Euer Gnaden, nicht nach ihm zu schicken. Zamorna ist jetzt nicht empfindungslos. Die leiseste Bewegung in Richtung Glocke oder Tür würde ihn in Raserei versetzen. Ich habe diesen Fehler einmal begangen, und nie werde ich den Tonfall und den Blick vergessen, mit dem er mir befahl, davon abzulassen.«

»Hum«, erwiderte mein Vater. »Wie ein beseßner Leichnam. Ich vermute, Maxwell, Euer junger Herr ist zu Zeiten ein wahrer Dämon.«

Maxwell schüttelte den Kopf. »Soll ich nach William schikken?« flüsterte er. »Auf der Philosophen-Insel hat er sich um den Herzog bemüht, als dessen Geist, der sich um Lady Victorine quälte, häufig in dieser Weise erschüttert wurde.«

»Ich sage Euch, schickt nach niemand«, sagte Mary schnell. »Wenn Ihr Euch nicht traut, Euch ihm zu nähern, Maxwell, so werde ich es selber wagen. Es war nicht Lady Victorine, die er eben vor sich sah, obwohl ihr Geist einmal zwischen mir und ihm stand. Kein Mann auf Erden, sag' ich, weiß, was jene leiden müssen, die Zamorna vergöttern so wie ich und ihn dann in seinen dunkelsten Augenblicken erleben. Ich glaube wahrhaftig, daß er Offenbarungen hat, die andere Menschen nicht haben, wo nicht, muß seine Einbildungskraft wie glühende Kohle brennen. Doch seht! Er regt sich, ich will zu ihm gehen.«

Sie wollte ihm eben nahen, aber der Herzog von Wellington legte seine starken, sehnigen Arme um sie und hielt sie mit Nachdruck zurück.

»Nur ruhig, meine Liebe«, sagte er, »ich würde ihm in diesem Augenblick nicht trauen.«

Zamorna schritt im Salon langsam hin und her und begab sich dann zu der Gruppe. Ich war froh, jetzt nicht dazuzugehören. Er blieb einen halben Meter vor ihnen stehen und bedachte sie mit einer solchen Miene, einem solchen Blick – daß klar wurde, daß er weder seinen Vater noch seine Gemahlin, noch Maxwell sah. Die Sehorgane waren starr und glasig; sie blickten mit regungsloser Anspannung durch alle festen Körper hindurch und über sie hinaus – regungslos bis auf ein gelegentliches Flattern der Augenlider und der langen Wimpern. Sie betrachteten die von der Imagination gemalten flüchtigen Visionen, dann kehrten sie sich langsam nach oben. Sein Gesicht wurde zusehends weißer, auf seinen Lippen zeigte sich so etwas wie Schaum – und er zog konvulsivisch die Brauen zusammen.

Der Herzog von Wellington wandte sich an Maxwell. »Schafft meine Schwiegertochter aus dem Zimmer«, sagte er. »Schert Euch nicht darum, wenn sie sich wehrt, und verfügt Euch sogleich wieder hierher.«

Als der Oberhofmeister diese Befehle befolgt hatte, schloß und verriegelte mein Vater nacheinander die drei Türen des Gemaches, und vergaß auch nicht die Flügeltür, und da mein Beobachtungsposten somit zerstört war, sah ich nichts mehr.

»Vater, du hier?« sagte der Herzog von Zamorna, als er am nächsten Morgen das Frühstückszimmer seiner Gattin betrat, allem Anschein nach wohlauf, abgesehen von einer Spur von Erschöpfung, die auf seinen Zügen lag. »Wann und wie bist du hergekommen? Was führt dich her? Aber ich kann es mir schon denken. Northangerlands Brief, habe ich recht?«

Der Herzog nickte gewichtig.

»Nun«, fuhr sein Sohn fort, »ich habe diese Angelegenheit

gebührend erwogen, und hier ist das Ergebnis meiner Überlegungen.« Er reichte meinem Vater einen handschriftlichen Entwurf der Rede, die er später anläßlich der Eröffnung des Angrianischen Parlaments hielt.

»Wann hast du dies geschrieben?« fragte Wellington, nachdem er sie sorgsam durchgelesen hatte.

»Verwich'ne Nacht!«

»Verwich'ne Nacht, mein Junge! Unmöglich! Bist du dir über deine Verfassung zu dieser Zeit denn klar?«

»Meine Verfassung! meine Verfassung!« sagte Zamorna hastig, als entsinne er sich einer unangenehmen Erinnerung.

»Oh, ich glaube, ich habe es schon befürchtet, denn als ich um Mitternacht erwachte, wußte ich vom Abend nichts, gar nichts mehr. Und du warst dabei – Mein Gott! Ich hoffe niemand sonst. War Mary? – Ja, ja, – ein Blick genügt – blaß und erschöpft, Gott sei mit dir, Henrietta, bald werde ich dich ausgelaugt haben – so war es auch mit – Ihm. Es ist nicht mein Wille – ich kann nicht anders.«

Er errötete und stützte bekümmert den Kopf in die Hand. Mary blickte ihn innig an. Sie wäre von ihrem Platz aufgestanden, doch mein Vater hinderte sie daran, indem er das Thema wechselte.

»Ich bin teils in privaten Angelegenheiten nach Adrianopolis gekommen«, sagte er, »und darüber werden wir jetzt sprechen, und die öffentlichen haben Zeit bis nach dem Frühstück. Lies das, Augustus.« Er entnahm seinem Notizbuch einen Brief und warf ihn über den Tisch. Er war gerichtet: »An Seine Gnaden den Hochedlen Arthur Adrian Herzog von Zamorna, König von Angria, usw.«, und sein Inhalt lautete folgendermaßen:

Mein gnädiger Herzog, Mit Bedauern melde ich Euch die Abberufung meines verehrten Herren. Seine Hoheit der Herzog Badhi verblich gestern Nachmittag ganz unerwartet. Er saß in seinem Sessel beim Kamin, da fiel ihm die Pfeife aus der Hand und sein Gesicht wurde ganz schwarz. Monsieur Designats, der seine übliche Visite machte, bot noch jede Hilfe an, doch ohne Gewinn. Das Leben war erloschen. M. D. gibt als Todesursache meines Herren den Schlagfluß an. Er wünschte die Leiche zu öffnen. Natürlich hielt ich es für meine Pflicht, mich jeglichem solchen Ansinnen zu widersetzen, zumindest solange, bis ich Euer Gnaden in Kenntnis gesetzt hätte. Das Testament befindet sich in meinen Händen. Eine Abschrift davon habe ich mit der Post an William Maxwell, Esqr. übersandt. Sollten Euer Gnaden es für geziemend erachten, bezüglich des Begräbnisses persönliche Anweisungen zu erteilen, so ist Badhi Palace durchweg gerüstet, Euch und Euer Gefolge zu bewillkommnen. Andernfalls werde ich mit Freuden unter der Leitung von Mr. Maxwell zu Werke gehen. Ich habe von diesem wahrlich beklagenswerten Ereignis bislang noch keine Kunde nach dem Schloß in Humeshire geschickt, da ich vermeine, Euer Gnaden hätten früher einmal den Wunsch geäußert, mit der Lady Frances Millicent Hume über alle Gegenstände eigenhändig zu korrespondieren, und zweifellos wird sie der Unglücksschlag weniger hart treffen, wenn ihn Eure Hand austeilt. Ich verbleibe stets Euer Gnaden allerergebenster, allergehorsamster und alleruntertänigster Diener,

MILDERT O'SULLIVAN.

PS. Ich habe heute morgen ein Rechtsgutachten eingeholt die zu wahrende Form betreffend im Falle, daß es Euer Gnaden für angezeigt halten sollten, den Titel des Herzogs von Badhi in Herzog von Alderwood zu ändern, von welcher Absicht Euer Gnaden mich einmal vertraulich unterrichteten. Sir Copley Lyndhurst belehrte mich darüber, daß mit der Zahlung von fünfhundert Pfund in die Staatskasse Eures königlichen Vaters sowie in die von Verdopolis alle gesetzlichen Voraussetzungen erfüllt seien, um eine solche Änderung zu komplettieren.

»Nun«, sagte Zamorna, als er den Brief hinlegte, »das sind gute Nachrichten, auch wenn sie von Tod künden, und recht schicklich gehandhabt, O'Sullivan. Keinen Glückwunsch – Recht! Diese Oberhofmeister sind doch glattzüngig. So ähnlich würde Maxwell bei Bedarf auch geschrieben haben. Hm, Seine Hoheit Alexander Badhi hat also schließlich seine letzte Pfeife geraucht, sein letztes Pint getrunken und seine letzte Leiche zerlegt. Nur schade, daß er so Knall auf Fall abscheiden mußte. Hätte ihn gern auf dem Totenbett erlebt – gewiß ein Bild des Jammers. Wie er die Beiwohnenden auszankt und verflucht.«

»Nun, Sir«, sagte mein Vater und unterbrach diese unziemliche Ausdrucksweise, »ist das alles, was Ihr über einen Mann zu sagen habt, der Euch zweihunderttausend Pfund Sterling per annum hinterlassen hat?«

»Nahe daran«, lautete die Antwort, »doch Vater, mir ist da eine sonderbare Frage in den Sinn gekommen. Wohin ist es mit ihm gegangen? Hinauf oder hinab? Für den Himmel taugt er nicht, und doch erscheint mir für ihn, den alten Geck und Bretonen, der Herd von Lord Northangerlands Herren und Meister zu warm. ›Bei dem Gedanken sollte er mich jammern.‹ Wie ich schon immer sagte, es muß ein Vorzimmer zum Hades geben.«

Hier zog er sein Notizbuch hervor und schrieb: »NB. – Stanhope bei der nächsten Nachmittagssitzung mit einem neuen Argument betreffend mein Lieblingsthema die Spitze bieten. Badhi *imprimis* sein Leben und Wandel, *secundum* sein Tod und seine Errettung – Beim letztenmal habe ich ihn bezwungen – diesmal werde ich ihn vernichten.«

»Vater«, fuhr er fort, »was für ein Begräbnis soll ich anordnen? Doch wohl ein Prachtbegräbnis, da er einer der Zwölf war?« Und der königliche Bruder Liederlich summte bedeutsam.

»Wie es Euch gutdünkt, Sir, doch seid mir mäßiger. Komm, ich hieß die Maxwells, uns in deinem Arbeitszimmer zu erwarten.«

»Ich komme. Guten Morgen, Mary. Ich weiß, ich werde vor heute Nachmittag keine mehr Zeit finden, dich wiederzusehen. Verwünschte Angelegenheit – besorge dir so rasch als möglich

Trauerkleidung, meine Liebe. Aus keinem anderen denkbaren Grund, als dem, daß wir einen neuen Titel und neues Vermögen bekommen haben, müssen wir nun alle den dunklen, fatalen Begräbnisflor tragen. Marys schönes Gesicht wird mit dem schwarzen Schleier allerdings reizend ausschauen. Hier ein Kuß und abermals: Guten Morgen, Herzogin von Zamorna, Herzogin von Alderwood, Königin von Angria und von was weiß ich sonst noch.«

Er verließ das Zimmer. »Gepriesen sei sein edles Herz«, murmelte Henrietta.

»Und sein wirres Hirn«, ergänzte mein Vater, der ihm auf dem Fuße folgte.

Als sie in das Arbeitszimmer traten, wurden sie von den tiefen Bücklingen und gemurmelten Begrüßungen der Herren Maxwell jun. und sen. empfangen. Zamorna verharrte im Türrahmen und fixierte sie mit seinem funkelnden und durchbohrenden Blick (der jetzt doch recht anders war als vor zwölf Stunden, als seine Phantasie die Zügel seiner Vernunft so fest ergriffen hatte, daß beide schier zu Tode gehetzt worden wären).

»Nun, hochwerte Krokodile, Alligatoren von Haus und Hof«, sagte er, »wer von euch ist am besten darauf vorbereitet, mir sein Beileid zu dem schmerzlichen Verlust zu bezeigen, den ich erlitten habe? William, Euer gelbes Gesicht dünkt mich am besten gerüstet. Diese unbewegliche Muskelstarre. Seht ihn Euch an, Vater – die Augenbrauen leicht gerunzelt, das Gesicht im genauen Maßstab einer Paganini-Geige in die Länge gestreckt – die Mundwinkel heruntergezogen, die Hautfarbe okkerfarbener als sonst, so als wäre ihm vor Kummer die Galle übergeflossen – die schwarzen Locken stricheln die dunklen Schläfen mit natürlicher Trauer. Oh dein ganzer Anblick ist dem Auge angenehm – eine betaute Blumen zu Saron, eine weinende Rose im Tal. Mein lieber William – mein Jonathan, mein Pytheas, mein Pylades oder besser, mein Joab, mein Achates, mein Patroklus, trockne deine Tränen. Morgen dann mehr rührselige Gedanken, doch nun zum Geschäft. Wo ist das Testament?«

»Euer Gnaden wissen, daß ich nicht das Original habe«, entgegnete Mr. William gesetzt, »nur die von Mr. O'Sullivan indossierte Abschrift. Soll ich sie vorlesen?« und damit brachte er ein gewaltiges Pergamentbündel hervor, das verschnürt, versiegelt und mit offizinöser Pedanterie gefaltet war. »Lest es gar nicht, Sir. Gebt es Eurem Vater und laßt es ihn meinem Vater vorlesen. Was Euch angeht, kommt her, setzt Euch an den Schreibtisch und schreibt, was ich diktieren werde. Adressiert an Mildert O'Sullivan Esqr. Oberhofmeister des Alderwood Estate usw. Beginnt.

›Sir, der Herzog von Zarmorna heißt mich, die tiefe Betroffenheit kundzutun, die Eure von gestern datierende Nachricht in ihm auslöst.‹

Habt Ihr das? Es stimmt jedes Wort. Ich fühle mich fürwahr stark betroffen.

›Er wünscht, daß das Begräbnis mit dem Gepränge stattfindet, das dem Rang des erlauchten Verblichenen entspricht und –‹

Sputet Euch. Trödelt nicht so, William, ›und daß Einladungen an diejenigen der noch lebenden Zwölf ergehen, die nicht *non compos mentis* sind.‹

Diese Klausel schließt Craki und unseren venerablen Patriarchen David Cracki aus. Schreibt, Sir. Was stümpert Ihr da herum? ›Also‹ – laßt nichts aus – ›werden die Karossen von Wellesley House und von Waterloo Palace zum Leichenzug gehören. Insgleichen wird Adrianopolis eine Abordnung entsenden. Ich habe Weisung von meinem Herren, Euch mitzuteilen, daß er als Erbe des Titels selber den Platz des ersten Leidtragenden einnehmen wird. Meine Herrin wird nicht teilnehmen. Seine Gnaden haben die Absicht, Euch im Oberhofmeisteramt zu belassen, und ebenso werden die subalternen Domestiken übernommen. Ich bin, Sir, Euer gehorsamer, untertäniger Diener,

WILLIAM MAXWELL.‹

Seid Ihr nun fertig? Ja, das mag so hingehen. Eine schicklichere Epistel, als Ihr sie ersonnen hättet und nicht die Bohne lügenhaft. Platz da – die nächste Epistel muß ein Original sein.«

Mr. Maxwell verließ das Schreibpult, und seine Gnaden nahm den Platz des Oberhofmeisters ein, griff zu einem neuen Blatt Papier und schrieb rasch wie folgt:

Nun, meine liebe Millicent, ich glaube am Ende doch, daß es dein kleines liebes Herz recht bekümmern wird, wenn ich dir mitteile, daß der, der dein Vater hätte sein sollen, vor einigen Tagen am Schlagfluß gestorben ist. Du mußt aber nur eine Träne vergießen und einmal tief aufseufzen. Mehr wäre durchaus überflüssig. Er hat nicht einmal deinen Namen in seinem Testament erwähnt, das mir durch eine umfassende Klausel jeden Pfifferling des Vermögens in die raffgierigen Hände schleudert, doch ich werde Sorge dafür tragen, daß es dir an nichts mangeln wird, mein süßes Bäslein. Kein kalter Windstoß soll dich streifen. Ja, Augustus ist nun dein Vater und auch dein Bruder und Beschützer, Milly. Ich weiß, es wird die Betrübnis meiner kleinen blinden Waise mehren, wenn diese Nachricht eintrifft, aber wenn ich sie in eigener Person und mit eigener Stimme überbringen könnte, so sollte mir keine Träne fließen oder wenn doch eine flösse, so würde die Hand, die eben schreibt, sie geschwind fortwischen. Wo würdest du am liebsten wohnen, Frances? Im Schloß, im alten Forsthaus, in Mornington Court, im Palast oder in Wellingtonstown?

Vielleicht gefällt dir nichts davon. Ich entsinne mich eines in deinem letzten Brief traurig geäußerten Wunsches, Zarmorna doch näher zu sein, welcher deine Gedanken mehr beschäftige, als er es verdiene. Nun denn, meine Liebe, soll ich dir einen kleinen Feenpavillon an den Ufern eines blanken Baches erbauen, den ich Arno getauft habe und der in seinem eigenen grünen Tälchen durch Hawkscliffe Forest fließt? Ich sehe schon das Lächeln, mit dem du diesen Vorschlag begrüßen würdest, und so soll es geschehen. Effie Lindsay wird dir diesen Brief vorlesen. Sag ihr, sie möge doch so nett sein wie sie hübsch ist und mit ihrer Musik Fortschritte machen, damit sie mir bei unserer nächsten Begegnung ›Jessy die Blume von Dunblane‹ vorsingen kann; sie darf dann auch ihre Herrin in Richtung Osten begleiten. Meine Pflegemutter wird auf der alten Schwelle unter dem alten Dache sitzen.

Ich verbleibe, Millicent,
Ewig der Deine,
AUGUSTUS WELLESLEY.

Folgendes fand ich auf dem Arbeitszimmertisch des Herzogs von Zamorna zwischen den Seiten eines griechischen Buches, worin er gelesen hatte. Es ist ein sonderbares, abenteuerliches Fragment. Deute es mir, wer kann.

SZENE – *Mondschein, ein Balkon des Palastes – in der Ferne Adrianopolis* – ZENOBIA *allein*

ZEN: »Sanft! mild! friedlich! so die Attribute, die man für gewöhnlich dem Mondlicht verleiht. In diesem Augenblick scheinen sie mir nicht angemessen. Luna sieht heute Nacht ganz schauerlich aus. Blutrot, obwohl sie zehn Grad über dem Horizont steht. Sie hängt dräuend über der Stadt, und ihr großer trüber Halo kündet von einem baldigen Sturm. Dort drüben segelt wohl eine Barke den Calabar flußabwärts. Die Seeleute mögen sich in acht nehmen. Hah! Ich sah doch das Schiff, aber wo ist es jetzt? Verschwunden, der Schatten einer Wolke verfinsterte sein weißes Blinken, und jene Wolke, die den aufblitzenden Fluß verdunkelte, hängt nun über Adrianopolis. Sie treibt weiter – weiter – weiter – ein Turm, eine Kuppel, ein Palast und Straße und Platz sinken nacheinander ins Dunkel, sind verborgen, kommen wieder zum Vorschein, bleich wie Gespenster in Bahrtüchern. Die Wolke ist weitergeglitten, oder liegt sie dort wie ein schwarzer verschwommener Strich am Horizont? Nein,

nein, nur ihr Schatten ist's, der die Zamorna Hills verhüllt. Doch sie hebt sich. Die Bergflanken werden in Silber getaucht, und Himmel als auch Erde sind wieder licht.
Warum habe ich den Zug krauser Dunstschwaden so gebannt verfolgt? Ich weiß es nicht. Mein Sinn war schon den ganzen Tag sonderbar gestimmt und ist's am Abend immer noch. Gern würd' ich ihn auf etwas richten, doch er mag nirgends ruhen bleiben. Losgelöste Bruckstücke aus der Vergangenheit, der fernen Vergangenheit, die niemals wiederkehrt, sind mir seit der Frühe durch die Erinnerung geglitten wie jene Wolke. Und doch blieb, nachdem sie geschwunden waren, eine quälende Einbildung zurück, und welche ist's? Eine närrische, doch ich vermag sie nicht für ungegründet zu erachten – daß ich vor Mitternacht etwas tun, eine wichtige und ernste Pflicht erfüllen müßte. Ich weiß nicht, welcher Art sie ist. Mich überkommt nur eine dunkle Ahnung, und manchmal so heftig, daß ich in jähem Entsetzen von meinem Stuhl hochfuhr.
Einmal glaubte ich das flüchtige Geheimnis gefaßt zu haben. Als ich mich des Mittags in der Gemäldegalerie erging, sprang mir Alexanders Porträt ins Auge. Es belebte sich – wie so oft, wenn ich alleine und gedankenvoll bin – zu körperlichem Dasein. Er war tot und lebte dennoch. Sein Aug' sah mich so seltsam an. Ein melancholischer, ein mahnender, ein herrischer Glanz erfüllte und beseelte es, bis ich vor der übernatürlichen Wirklichkeit des Abbilds erbebte. Dann schoß mir die Erinnerung an etwas, das ich vor langer, langer Zeit gesagt, das ich versprochen hatte, durch den Kopf. Ich versuchte sie zu fassen und auszubreiten. Mir stockte der Atem vor Begierde. Immer wieder starrte ich das Bild an, auf daß es mich erleuchte, doch vergebens, alles verging. Alexanders Gestalt war nicht mehr die, die ich gekannt und geliebt hatte, sondern nur noch ein matter Abglanz davon, und was die Erinnerung anlangt, so wurde sie schwankender und unbestimmter denn je.

Still! Ich höre Schritte.«

(*Auftritt* ALPHA.)

ALPHA: »Zenobia! Ihr hier! und allein. Kalt und finster ist's, und an Mitternacht fehlt kaum eine halbe Stunde.«

ZEN: »Mylord, könnte ich ein Gleiches nicht auch zu Euch sagen?«

ALP: »Gewiß! doch andererseits hab' ich Anlaß für mein Kommen – einen Anlaß, von der Art, die sich mit Nacht und Einsamkeit am besten verträgt. Der Wind klingt kummervoll heut' Nacht, Zenobia.«

ZEN: »So ist's, doch welchen Anlaß habt Ihr, Alpha?«

ALP: »Einen merkwürdigen. Denkt Euch zwanzig Jahre zurück, Gräfin. In einer solchen Nacht, zur nämlichen Stunde, gabt Ihr da nicht Einem, der jetzt tot, begraben und vielleicht vermodert ist, ein heiliges Versprechen?«

ZEN: »Ah! Seid Ihr gekommen, mir das Rätsel aufzulösen? Vom Morgengrauen an habe ich über dies Versprechen nachgesonnen, aber ich weiß nicht, was es ist.«

ALP: »Ich will es Euch sagen. Beim Durchmustern von Papieren in einem Schreibpult, das lange Zeit verschlossen geblieben war, fand ich heutigen Tags ein Memorandum mit folgendem Inhalt:

30. Sept. 1834 – Verbrachte den Abend in Ellrington House – Zenobia, Percy und ich führten ein wunderliches Gespräch über den Tod und seine Konsequenzen. Wir (d.h. Z. und ich) versprachen im Falle, daß Northangerland vor uns sterben sollte, zwanzig Jahre nach seinem Hinscheiden die Gruft aufzusuchen und den Sarg zu öffnen, worin er liegt.

Nun, was sagt Ihr dazu, Gräfin?«

ZEN: »Was ich suchte, ist gefunden. Wie Eis fährt mir die Wahrheit ins Herz. Doch gern würd' nun den Blick ich wenden von solch gräßlicher Erkenntnis – Gräßlich, sagt' ich so? Ja, das ist sie, doch wohl gleichfalls auch erhaben, Alpha?«

ALP: »Zenobia! Ich vermag Euere Gedanken zu lesen – Ihr zagt und zittert. Das Vorhaben ist grauenhaft, doch fürchtet nichts, ich bin bei Euch. Einlösen müssen wir, was wir gelobten.«

ZEN: »Ich stimme zu – kaum etwas vermag mich lange zu erschüttern. Ich werde Percy noch einmal sehen, auch wenn ich danach nie mehr lächeln sollte.«

ALP: »Ein tapferer Entschluß. Ihr wart seit jeher die Krone der Frauen, Zenobia. In Eurem Fall hat die Natur geirrt und in einer femininen Schatulle eine maskuline Seele verwahrt. Da – faßt meine Hand und kommt.«

*(Abgang)*

Hier bricht das dramatische Fragment ab, und das Thema wird in lyrischen Gedichtzeilen fortgeführt.

Wohlan, die Herzogin von Zamorna hat es zu guter Letzt geschafft und obendrein so recht im guten Angrianischen Stil, nämlich mit Glanz und Gloria. Ihre Untertanen sind entzückt – sie vergöttern sie rundweg. Es entspricht so ganz eigentlich ihren Vorstellungen – etwas außer der Reihe – die Sache ist vollbracht, und eine Zugabe gibt es auch noch. Angria leidet nichts Alltägliches. Alle Angelegenheiten des Landes, vor allem, wenn sie den König betreffen, müssen mit Pauken und Trompeten über die Bühne gehen. Nun, sie dürfen zufrieden sein.

Am 5. Oktober 1834 gegen zwölf Uhr mittags saß ich im vorderen Salon von Julia Place (General Thorntons neuer Residenz in Adrianopolis, galant nach Lady Sydney benannt) und sah zu, wie die strahlende und sengende Sonne herunterbrannte auf den pfeilschnellen Calabar und die weißen Marmor- oder Sandsteingebäude, die seine Ufer säumen, und auf die geschäftigen Boote, die vor Anker lagen oder mit vollen Segeln den rasenden Strom hinunterschossen.

Ganz plötzlich und ohne jede Vorwarnung erbebte das Fenster, vor dem ich saß, von einem ehernen Schmettern, das im ersten Augenblick zu betäubend war, um es zu fassen. Nach einer kleinen Pause brach oder dröhnte es wieder los, und nun erkannte ich darin den vereinten Glockenschlag aller Geläute in der Kathedrale der Heiligen Dreifaltigkeit, in den Kirchen von St. Abdiel, St. Johannes, St. Cyprian und der Apokalypse. Zwölfmal wiederholte sich dieses gewaltige Getöse. Dann schienen die Bande der Einstimmigkeit aufgelöst, der Einklang barst wohl unter der heftigen Erschütterung, und sie läuteten weithin durch den sonnigen und wolkenlosen Himmel und erfüllten sein Schallgewölbe mit einer so lieblichen, so jauchzenden, so mitreißenden Weise, daß ich unwillkürlich Hurra rief und aus dem Haus auf die Straße stürzte. Sie war voller Menschen. Wie sie sich so rasch hatten versammeln können, weiß ich nicht. Alle redeten so schnell und laut und drängelten sich mit den Ellbogen so herzhaft und ungeniert durch das Gewühl, als ginge es bei jedem um Leben und Tod. Ich hörte, wie rasche Wetten abgeschlossen wurden, und alle schienen auf der Alternative zwischen ›Sohn oder Tochter, Tochter oder Sohn‹ zu beruhen, denn dies war der Grundton, der das Geräuschechaos um mich her beherrschte.

»Was gibt es denn?« fragte ich einen stämmigen, rüstigen Angrianer, der gerade in der Nähe stand.

»Was es gibt?« erwiderte er. »Ei, Herr, unsere hübsche Königin – Gott segne sie – hat ihre Pflicht gegen ihren Gatten, gegen ihren König und gegen ihr Land erfüllt – uns ist ein Kind geboren. Ob ein Sohn oder eine Tochter, das ist noch nicht ausgemacht, aber just kamen zwei Soldaten vom Garde-Kavallerie-Regiment in vollem Galopp die Parliament Street entlanggesprengt in Richtung der Batterien mit Befehlen für die Artillerie. Denn zehnmal wird Salut geschossen, wenn's ein Junge ist, und nur fünfmal, wenn es ein Mädchen ist – ›wenn‹ sag' ich? Da gibt's kein ›Wenn‹ – es muß ein Junge sein.« Und mit dieser charakteristischen Beteuerung machte er auf dem Absatz kehrt.

Die Batterien am Ostufer des Calabar sind von der Stirnseite des Julia Place deutlich auszumachen. In diese Richtung waren alle Blicke bang gerichtet. Alsbald schlug aus der von Kanonen starrenden Befestigungslinie ein Mündungsblitz, eine Rauchwolke, und ein langer, lauter anwachsender Donner rollte über das Wasser – entbot dem königlichen Neuling den ersten Willkommensgruß. Noch einer, ein dritter, ein vierter, ein fünfter erscholl und verhallte. Die ganze Stadt verharrte in Erwartung. Als dann endlich die roten Kugeln der sechsten Salve von der Wölbung des Flusses zurückgeworfen wurden, da rief Julia Place seinen Jubel zur Parliament Street hinüber, Parliament Street schrie der Adrian Road ein ›Hussa!‹ zu, Adrian Road gab es weiter an den Palace Square, Palace Square übermittelte die Neuigkeit mit Donnerhall den Quais, dem Strand und Northangerland Terrace. Kurz, der Jubel lief wie ein Erdbeben durch Adrianopolis. Zehn Böllerschüsse zählte man von der Ost-Batterie – die festgesetzte Anzahl, es folgte eine sechs oder sieben Minuten lange Pause und zum Erstaunen aller nahm dann die West-Batterie das ersterbende Echo auf. Böller nach Böller polterte durch die Stadt, bis noch einmal zehn Salven gezählt waren.

In diesem Augenblick sprengte ein Gentleman zu Pferde durchs Gedränge. Es war General Thornton. Sein Gesicht strahlte vor Freude, und seine Augen funkelten vor Vergnügen. »Bravo, Angrianer!« – rief er und schwenkte den Hut um den Kopf.

»Werft die Mützen und Perücken in die Luft, Männer. Ich komme frisch vom Palast – so frohe Kunde habe ich meiner Lebtag nicht vernommen, Zwillinge! meine Freunde, Zwillinge! und beides stramme, hübsche, gesunde Jungen. So, nun wißt ihrs.«

Diese Neuigkeit versetzte die Menge förmlich in einen Begeisterungstaumel. Als ich sie verließ, verfinsterten sie mit ihren Kopfbedeckungen die Sonne, hüpften, johlten und brüllten Hurra wie toll. Im Verlauf dieses Tages besuchte ich den Palast, fand aber nichts, da mein Fuß ruhen konnte. Außer dem linken Flügel, in dem die Herzogin lag und der für jeden bis auf ihre unmittelbaren Dienerinnen verschlossen war, schwelgte alles in einem Sturm seligen Aufruhrs; Boten kehrten zurück und zogen aus; Anordnungen ergingen betreffend die allgemeinen

Lustbarkeiten; betreffend den Betrieb von Hotels und Wirtshäusern und Bierschenken auf Kosten Seiner Majestät.

Maxwell, dessen gravitätische Miene und würdevoller Blick an diesem Tag funkelten, lief wie auf Sprungfedern einher. »Es sind Briefe in den Westen unterwegs«, beantwortete er eine Bemerkung von mir, »und ich bin gewiß, das ganze Land wird bei der Neuigkeit wie ein einziges großes Freudenfeuer aufflammen. Alderwood muß geradezu entzückt sein. Im Schloß dort wird sich die Pächterschaft und die Gentry von Humeshire drängen. Seit Jahren ist da nicht mehr so eingeheizt worden. Hawkscliffe in Angria hier wird den Wald von einem Ende bis zu anderen illuminieren. Wie ich von Mr. Steighton höre, hat ihm Lord Northangerland die Generalanweisung erteilt, anläßlich der Geburt seiner Enkel die Pächterschaft von Percy zu regalieren. Mr. Warner und Mr. Kirkwall haben es ihm gleich getan und Enara, mein'ich, ebenfalls, denn das Land hat jetzt zwei weitere Stützen, auf denen es ruhen kann. Der Großkämmerer schwört, daß Arundel bis in die Grundfesten wanken soll. Castlereagh bürgt für Zamorna, und was Adrianopolis angeht, das schwebt bereits im siebten Himmel des Triumphs.«

»Was hält der Herzog von der Sache?« fragte ich. »Freut er sich?«

»Je nun, Lord Charles«, entgegnete Maxwell, »mein Herr ist, wie Ihr wißt, zu Zeiten recht schwierig zu ergründen. Die ganze letzte Nacht und auch den heutigen Tag hat er sich in sein Arbeitszimmer eingeschlossen und nur sein Schwiegervater, der Graf, Lady Helen Percy und Doktor Alford wurden eingelassen und durften mit ihm reden, bis er ungefähr eine halbe Stunde nach der Geburt seiner Kinder nach mir schickte, um einige schriftliche Anweisungen zu verfügen. Bei meinem Eintreffen schritt er ruhelos im Raum auf und ab – Lord Northangerland saß so bekümmert beim Kamin, als wäre dem Hause nicht Leben, sondern Tod zuteil geworden. Zamorna lächelte mich an, als ich eintrat, und legte sehr leutselig seine Hand in meine. Ich zitterte und fror. Ich brachte ihm aufrichtig und aus ganzem Herzen meine untertänigsten Glückwünsche dar.

›Dank auch, William‹, sagte er schnell. ›Ich hoffe, das Land wird ebenso erfreut sein wie Ihr. Ganz im Stile Angrias – zwei statt einem. Na, jedenfalls bin ich froh, daß die Sache überstanden ist.‹

Er sprach noch etwa fünf Minuten länger mit mir – ziemlich hastig, und während er sprach, leuchtete in seinem Blick jener schwankende Glanz, der ihm immer eignet, wenn seine Gefühle stark erregt sind. Seine rechte Hand ließ für keine Minute die Monokelkette und das scharlachfarbene Brustband los. Alles in allem, glaube ich, daß er wohlzufrieden ist.«

Ich blieb bis zum Einbruch des Abends im Palast und paßte auf eine Gelegenheit, den Herzog von Zarmorna zu sehen, und sei es auch nur für eine Minute, doch umsonst. Einmal hörte ich seine Stimme und seinen Schritt auf dem Korridor. Seine Gestalt jedoch war verschwunden, ehe ich noch einen Blick von ihr erhaschen konnte. Gestern gelang es mir durch meinen Einfluß bei Miss Sophia Grahahm und Miss Amelia Clifton, zwei Hofdamen der Herzogin, die jungen Prinzen zu sehen. Auf Zehenspitzen betrat ich die Kinderstube. Sie ist ganz mit weißem und silbernem Damast tapeziert, und ihre Wiege ist mit weißen Samtvorhängen mit Silbersaum und Silberquasten verhängt.

Ich erblickte die kleinen Elfchen durch ein feines Gewirk aus genähten Spitzen, das über ihnen hing. Sie sehen genauso aus wie die anderen Kinder des Herzogs von Zamorna – so zart und schön, als wären sie aus Modellierwachs gemacht, mit winzigen hellbraunen Löckchen auf den kleinen, schneeweißen Stirnen, unter denen groß, rund und schwarz die Augen ihres Vaters blitzen. Eigenartig, daß sich dieses Merkmal (genauso wie Northangerlands Nase) so exakt vererbt. Ernest, Julius und die beiden jetzigen Sprößlinge gleichen sich in diesem Punkt vollkommen. Wie ich erfahren habe, sollen sie nächste Woche mit viel Pomp und Prunk getauft werden. Mr. Maxwell, eine unfehlbare Autorität, verriet mir ihre zukünftigen Namen und Titel und auch die ihrer männlichen und weiblichen Taufzeugen.

Der älteste, das heißt der rechtmäßige Erbe von Angria und Wellingtons Land kraft seines höheren Alters von vier oder fünf Minuten, wird Victor Frederic Percy Wellesley, Marquis von Arno heißen. Paten – John Herzog von Fidena, der Graf von Arundel, Edward Percy Esqr., und General Thornton. Patinnen – Zenobia Gräfin von Northangerland und Edith Gräfin von Arundel.

Der Name des jüngsten ist Julius Warner di Enara Wellesley, Graf von Saldanah. Paten – Vicomte Richton (auf persönliche Bitte Seiner Majetät), Vicomte Castlereagh, Warner Howard Warner Esqr. und Henri Fernando di Enara Esqr. Patinnen – Lady Maria Percy und Harriet Vicomtesse Castlereagh. Dr. Stanhope, Primas des Königreichs, wird die Prinzen taufen, unterstützt von Dr. Porteous, Primas von Northangerland und Dr. Warner, Primas von Angria.

CHARLOTTE BRONTË 9. Okt. 1834.

## TAUFE UND PRÄSENTATION

Gestern war die Taufe und Präsentation. Ich wohnte beiden Zeremonien bei. Erstere fand mittags in der Dreifaltigkeits-Kathedrale statt. Es war wirklich ein mächtig imposantes Schauspiel. Hochadel und Gentry von Adrianopolis füllten die Seitenschiffe und das Mittelschiff. Eine Division des Garde-Kavallerie-Regiments hielt den Platz um das Taufbecken frei. Chor und Orgel intonierten »Herr, nun lässest Du Deinen Diener in Frieden hinscheiden, denn meine Augen haben Deine Seligkeit geschaut« und kündigten damit den Einzug der Großen Prozession an.

Paarweise näherte sich der ungeheuer prächtige Aufmarsch, an der Spitze Ihre Königliche Hoheiten, gefolgt vom Herzog und der Herzogin von Fidena, und daran schlossen sich die übrigen Taufzeugen in der gehörigen Reihenfolge an. Als sie näherkamen, entfaltete sich das Militär nach links und rechts. Die Prälaten zogen zum Taufbecken – die Orgel brauste lauter und tiefer, und die Stimmen der Choristen schwollen harmonisierend in die Höhe.

Sie nahmen langsam ihre verabredeten Plätze ein. Zamorna und Fidena standen nebeneinander. Ersterer wirkte beinahe so ernst und nachdenklich wie sein Freund. Allmählich klang das tiefe Brummen ab.

Stanhopes herrlich emphatische Stimme begann mit dem Taufgottesdienst. Dann traten Zenobia, Gräfin von Northangerland und Lady Maria Percy hinzu, beide kostbar und glänzend gewandet, die in ihren Armen die jungen Anwärter trugen, die diesen Tag in den Schoß der Heiligen Kirche aufgenommen werden sollten. Diese beiden herrlichen Frauen knieten auf den Marmorstufen zum Taufbecken und präsentierten ihre Schützlinge den Doktoren Porteous und Warner.

In diesem Augenblick schwieg alles, die Orgel verstummte, die Menge war totenstill. Ich kann nicht beschreiben, welchen Eindruck es auf mich machte, als ich, da Stanhope das Weihwasser versprengte, inmitten des gewaltigen Bauwerks den leisen, dünnen Schrei eines Säuglings hörte und dann das schmeichelnde, besänftigende Flüstern der Ladies, als jede ihr erschrecktes Lämmchen zurückbekam – es war unbeschreiblich, doch sehr feierlich. Nachdem die zwölf Taufzeugen ihr ehrwürdiges Entsagungs- und Adoptionsgelöbnis geleistet hatten, knieten sie alle zum Schlußgebet nieder – die Herren barhaupt und die Damen mit in Demut gesenkten Federn. Das Geraschel, mit dem sie sich erhoben, ging unter im modulierten Dröhnen, mit dem Greenwood »Wir loben Dich O Gott! Wir preisen in Dir den Herren, alle Welt verehret Dich, usw.« auf der Orgel intonierte. Als diese Melodie verklang, glitt die neugebildete Prozession durch das Mittelschiff und den Altarplatz. Sie traten aus dem Südeingang, und die Gemeinde löste sich auf.

Die Präsentation war auf fünf Uhr nachmittags festgesetzt, und zum Ort, an dem die Zeremonie stattfinden sollte, war SALDANAH PARK bestimmt, die riesige Grünfläche, die sich hinter dem Zamorna Palace erstreckt. Schon vor halb drei bildete der ganze Hang bis hinunter zum Calabar ein einziges gewaltiges Amphitheater, und dort, wo sich der Calabar am Palast vorbeiwälzt, war er schwarz von Booten und Barken. An den Parktoren waren Wachen postiert, und ein Trupp leichte Reiterei war abgestellt, um für Ordnung unter der Bevölkerung zu sorgen, und diese Verfügung war um so notwendiger, weil Ihre Majestät befohlen hatte, daß zwanzig 18-Gallonen-Fässer Starkbier angezapft und frei ausgeschenkt werden sollten.

Es fehlte nicht an Musikkapellen, scharlachroten Fahnen, Bändern usw., und mehr als einmal stiegen die beiden Lieblingsnationalhymnen »Laßt Laut die Trompete Erschallen« und »Willkommen Helden« in stürmischem Chor von den Anlagen empor.

Der Tag war strahlend und klar. Die Sonne schien herbstlich mild und leuchtend. Der Wind frischte eben stark genug auf, um die herrlichen roten Banner wehen zu lassen und die mächtigen Baumgruppen hin und her zu schaukeln, die sich inselgleich über dem wogenden Meer der Sterblichkeit türmten. Das Tosen des Calabar ertrank im lauteren Getöse derer, die seine Ufer dichtbevölkerten und seine Fluten verdunkelten. Nichts schien still, nichts wirkte feierlich außer dem marmornen Wohnsitz der königlichen Familie, und auch der wahrte nur den äußeren Anschein von Frieden. Innen war alles blendende Pracht, heiterer Trubel, prinzliche Festlichkeit. Die Aristokratie von Adrianopolis hatte sich in den Salons versammelt, und sie prunkten so strahlend, wie patrizische Schönheit und mehr als morgenländische Pracht es nur zuließen.

Um fünf Uhr kam Geläut von den Stadttürmen. Es fand seinen Widerhall in einem echt angrianischen Aufschrei der Ungeduld. Endlich öffneten sich die Palastportale, und tief im

Innern dehnte sich der Große Audienzsaal, der von Standespersonen und Schönheiten bevölkert war. Edward Percy und seine strahlende Braut erschienen auf der Schwelle. Ein wenig dahinter ragte die hohe Gestalt der Gräfin von Northangerland wie die Verkörperung weiblicher Erhabenheit. Lady Helen Percy stand neben ihr, dann die Vicomtesse Castlereagh, die Gräfin Arundel, Julia Montmorency, Lady Cecilia Percy und viele, viele andere.

Unter den Gentlemen hielt ich vergeblich Ausschau nach Lord Northangerland. Er war nicht da. Shaver erzählte mir später, daß er sich den ganzen Tag im fürstlichen Dämmer von Northangerland House eingeschlossen habe, eine Beute tiefer Melancholie.

Doch als die Tore des großen Eingangs aufschwangen, öffnete sich auch eine Seitentür. Zwei großgewachsene, dunkelhaarige Ladys, Sophia und Frances Graham, glitten heraus, schritten die Säulen der Vorhalle entlang und blieben zwischen den beiden gewaltigen Mittelsäulen stehen. Stehend präsentierte jede den Blicken der Menge einen kleinen, hübschen Schlingel, in einem weißen Tragkleidchen mit Schleppe, mit großen, braunen, funkelnden Augen, deren Glanz unter dem Schatten von Straußenfedern hervorleuchtete, die wie eine Schneewächte über ihnen hingen. Die ungewöhnliche Größe dieser Augäpfel verlieh ihren Gesichtern, deren Züge ansonsten zart und süß waren, einen sonderbaren, eher wilden Ausdruck.

Die Angrianer begrüßten ihre kleinen Prinzchen mit einem Schrei wie aus einer ungezählten Unzahl von Kehlen. Die Kapellen spielten auf, und die Banner wehten im Triumph. Und jetzt verdunkelte etwas das Tor des Palastes – eine Figur mit einem Helmbusch »von Gestalt größer als der Menschen Söhne«. Sie war plötzlich aufgetaucht und stieg mit rascher, ungestümer Geste die Freitreppe hinunter und schritt auf die davor freigehaltene rasenartige Fläche zu.

»Nun, Angrianer, das hat euch der Himmel gesandt!« rief Zamorna und wies auf seine Kinder. »Sie gehören euch ebenso wie mir. Ich gebe sie von Geburt an hin. Sie sind zum Gedeihen Angrias geboren und müssen zu seinem Ruhme leben und wenn es sein muß, für sein Bestehen sterben. Um euretwillen freue ich mich über ihre Hervorbringung. Ich liebe sie um ihrer Verbindung mit dem Land, dessen Sonne sie jetzt bescheint, ebenso wie um des Blutes, das in ihren Adern rinnt und des Fleisches willen, das ihre Knochen deckt, obwohl dies Blut und Fleisch mein eigen oder mir teurer als mein eigen ist. Wenn ich könnte, Angrianer, würde ich es jedem hier Anwesenden gestatten, meine Kinder mit seiner Umarmung und seinem Segenswunsch zu segnen, aber da dies nicht sein kann, werde ich sie in die Arme eures bewährten Vertreters legen, und in seiner Person sollen alle Angrianer ihre Prinzen küssen.«

Er wandte sich um und ging zu den Ammen, ich glaube, seine Sprößlinge hatten ihn schwerlich schon so aus der Nähe gesehen, denn als der stattliche Schatten nahte, klammerten sie sich, zwar ohne Geschrei, aber mit erschrockenen und erstaunten Blicken an ihre Beschützerinnen. Er lächelte, beugte Kopf und stolze Trauerfedern über einen von ihnen, ich glaube es war Victor Frederick, küßte ihn, sagte etwas mit sehr sanfter Stimme und hob ihn behutsam an seine Brust.

Das kleine Geschöpf gab gleichwohl keinen Laut der Mißbilligung von sich – seine winzigen Bäckchen bekamen sogar kleine Grübchen, und es antwortete mit einem Lächeln.

»Mr. John Kirkwall möge vortreten«, sagte der Herzog. Besagter Gentleman trat vor.

»Da Ihr«, fuhr Seine Gnaden fort, »der wahre Inbegriff von Angria, die Quintessenz seiner Gefühle und Empfindungen seid, übergebe ich Eueren Armen meinen Sohn und Nachfolger. Möge er die edle Gesinnung seiner Nation mit dem Kuß einsaugen, den ihm ihr gewählter Zeremonienmeister geben wird.«

Mit Betrübnis, Leser, zeige ich an, daß ich von der Präsentation keine weitere Schilderung geben kann. Just als Zamorna sein Kind übergab, verlor ich, als ich mich aus einem Fenster des Palastes lehnte, wo ich mich niedergelassen und von wo aus ich das bisherige Geschehen verfolgt hatte, unglücklicherweise das Gleichgewicht und stürzte aus einer Höhe von zwanzig Fuß lotrecht in die Tiefe. Man hielt mich für tot, und ich blieb bis zum nächsten Morgen in einem Zustand völliger Empfindungslosigkeit. Ich bitte diesen Hiatus zu entschuldigen.

C. A. F. WELLESLEY

14. OKTOBER 1834. C. BRONTË

# *Lebewohl an Angria*

Ich habe jetzt sehr viele Bücher geschrieben, und lange Zeit bin ich verweilt bei denselben Szenen und Sujets. Ich habe meine Landschaften in jeder Nuance von Schatten und Licht gezeigt, die Morgen, Mittag und Abend, die aufgehende, die mittägliche und die untergehende Sonne darauf legen können. Bisweilen habe ich die Luft mit dem fahlweißen Sturm des Winters erfüllt: Schnee hat die dunklen Zweige von Buche und Eiche bossiert und mit Verwehungen die Parks des Flachlandes oder die Engpässe der wilderen Gegenden gefüllt. Derselbe Herrensitz wiederum mit seinen Wäldern, dasselbe Hochmoor mit seinen Tälern war sanft gefärbt vom Hauch des Mondlichts im Sommer, und in wärmster Juninacht neigten die Bäume ihre üppiggefiederten Häupter über Täler, die von Blumen überflutet waren. Und so auch die Gestalten. Meine Leser wurden vertraut mit einer festen Zahl von Gesichtern, die sie einmal im Profil, dann wieder en face sahen, dann wieder im Umriß und wieder auch als fertiges Gemälde – unterschieden nur durch den Wechsel von Gefühl, Temperament oder Alter; leuchtend von Liebe, übergossen von Leidenschaft, umschattet von Kummer, entbrannt in Ekstase; in stillem Nachdenken und in Heiterkeit, in Sorge, voller Verachtung, und hingerissen; mit den rundlichen Umrissen des Kindesalters, der Schönheit und Fülle der Jugend, der Stärke des Mannesalters und zerfurcht von Gedankenreichtum bei nachlassender Lebenskraft. Doch wir müssen uns nun verändern, denn das Auge wird eines Bildes müde, das so oft wiederkehrt und so vertraut ist.

Aber treib mich nicht zu allzu großer Eile, Leser. Es ist kein einfaches Ding, aus meiner Phantasie jene Bildnisse zu verbannen, die sie so lange erfüllt haben. Sie waren meine Freunde und vertrauten Bekannten, und ich könnte dir ohne Mühe die Gesichter, die Stimmen, die Taten derer beschreiben, die meine Gedanken bei Tage bevölkerten und die nicht selten sich des Nachts in meine Träume stahlen. Wenn ich sie verlasse, so ist mir's fast, als stünde ich auf der Schwelle eines Hauses und sagte dessen Bewohnern Lebewohl. Wenn ich mich nun bemühe, neue Bewohner heraufzubeschwören, ist mir's, als sei ich in ein entferntes Land geraten, in dem jedes Gesicht unbekannt ist und der Charakter der Menschen ein Rätsel, das zu begreifen viel Mühe und das darzustellen viel Können erfordern werde. Und dennoch, ich sehne mich danach, für einige Zeit jene sengendheiße Region zu verlassen, in der wir zu lange verweilten – ihre Himmel stehen in Flammen – das Glühen des Sonnenuntergangs liegt immer auf ihr – das Gemüt würde von der ewigen Erregung endlich ablassen und sich kühleren Landstrichen zuwenden, in denen die Morgendämmerung grau und nüchtern heraufzieht und das Tageslicht eine Zeitlang wenigstens von Wolken gedämpft wird.

1839

# Anhang

# ZU DEN TEXTEN

Die Krux bei jeder Beschäftigung mit den literarischen Tagtraumtexten der Kinder Brontë und bei jeder Übersetzung hiervon liegt darin, daß es bis heute keine vollständige Ausgabe der Original-Texte gibt und daß die vorhandenen Ausgaben unzuverlässig sind – zwar in verschiedenen Graden unzuverlässig, aber eben doch so, daß man als Philologe nur für wenige Ausgaben der englischen Texte die Hand ins Feuer legen möchte. Hinzu kommt, daß von den Niederschriften von Emily und Anne Brontë über ihre »Gondal«-Welt fast nichts erhalten ist, mit Ausnahme einiger Äußerungen *über* dieses ihr Traumspiel und einer Anzahl von Gedichten Emilys, die Rollengedichte sind, als gesprochen von Personen der »Gondal«- und »Gaaldine«-Welt zu denken. Außerdem ist schwer einzuschätzen, welchen Anteil Emily und Anne beim Ausdenken der Geschichten (*vor* ca. 1832/33) hatten – die Kanzlisten der Glass Town/Verdopolis-Welt (und der Angria-Welt dann ohnehin) waren jedenfalls nur Charlotte und Patrick Branwell Brontë.

Abgesehen davon, daß wir froh sein müssen, daß so viele der Manuskripte von Charlotte und Branwell überhaupt erhalten sind, ist die Textsituation also betrüblich chaotisch. Auch die bisher umfangreichste, fast 1 000 Seiten umfassende Ausgabe von Schriften Charlottes und Branwells aus dem Glass Town- und Angria-Umkreis, »The Miscellaneous and Unpublished Writings of Charlotte und Patrick Branwell Brontë«, in zwei Bänden 1936/38 erschienen, ist weder vollständig noch ganz zuverlässig; sie bietet obendrein einige Texte als – qualitativ geringwertige – Faksimilia der Handschriften, *ohne* Transkription – ein doch eher irritierendes Verfahren.

Das heißt, man muß sich mühselig ein Bild von der Verläßlichkeit eines jeden der gedruckten Texte zu machen versuchen, und da die Handschriften weitverstreut in England und den USA aufbewahrt sind, in einigen Fällen sogar komplett verschwanden (zum Teil übrigens erst in den letzten Jahren), läßt sich ohne großen Aufwand an Zeit und Geld nichts *absolut* Sicheres herausfinden. Ohne allzu ausführlich werden zu wollen: Ich habe den Eindruck, daß die Ausgaben einzelner Texte aus der Glass Town- und Angria-Welt vor allem durch Gérin und Alexander (1971 bzw. 1981; vgl. die bibliographischen Hinweise) am akkuratesten sind, daß in einigem Abstand davon die Texte der »Miscellaneous and Unpublished Writings« (1936/38) und der auf ihnen fußenden Ausgaben folgen und daß im übrigen die Ausgaben um so problematischer sind, je früher sie gemacht wurden. Wer sich über die abenteuerliche und Fälschungen nicht ausschließende Tradierung, Verschiebung und Edierung von Brontëschen Juvenilia eingehender unterrichten will, sei auf die entsprechenden erfrischend nüchternen Kapitel in Tom Winnifriths »The Brontës and Their Background« von 1973 bzw. 1977 verwiesen. Auch wenn man sich bisweilen über die Häufung unterschiedlicher Lesungen in den verschiedenen Transkriptionen desselben Textes der kleinen Brontës die Haare rauft, muß doch zur Entschuldigung der diversen Herausgeber auch gesagt werden, daß an vielen Stellen die winzigen Druckschriften der Kinder Charlotte und Branwell schwer zu lesen sind und daß außerdem die Manuskripte zum Teil in aufgelöstem, zerrissenem oder zerschnittenem Zustand waren oder sind (oder ein Besitzer sie in diesen Zustand gebracht hat) und daß daher manche Zusammenhänge extrem schwer zu rekonstruieren sind. Es bleibt zu hoffen, daß Christine Alexander ihre Arbeit an einer vollständigen Ausgabe von Charlotte Brontës Juvenilia erfolgreich abschließen kann, so daß wir in absehbarer Zeit endlich, fast hundert Jahre nach der Rettung der Manuskripte, eine verläßliche Ausgabe haben.

Für die vorliegende Ausgabe habe ich mich entschlossen, auf eine – immer sehr problematische – auch nur umrißhafte Rekonstruktion des »Gondal«-Komplexes zu verzichten; die Unsicherheitsfaktoren sind da zu groß. Außerdem habe ich mich auf Schriften Charlottes beschränkt, da diese mir literarisch reizvoller erscheinen als die Branwells. Das tut den bisweilen höchst detailgenauen, bisweilen aber auch ermüdend pedantischen Schriften Branwells zwar vielleicht unrecht, kann aber eines Tages durch eine Ausgabe einer Auswahl seiner wichtigsten Texte ausgeglichen werden, und im übrigen mußte es auch darum gehen, ein einigermaßen einheitliches, nicht zu verwirrendes, nicht allen Verästelungen folgendes Bild der Anfänge und der Hoch-Zeit der Glass Town- und Angria-Phantasien zu geben. Michael Walter und ich hoffen, demnächst einen weiteren Band mit Schriften Charlottes und Branwells vorlegen zu können.

Angesichts der geschilderten Textsituation mußte in den Erläuterungen zu jedem Text genau angegeben werden, welche Drucke konsultiert wurden und welcher dann Textvorlage für die Übersetzung war. Texte, deren bisherige Drucke mir philologisch allzu problematisch erschienen, haben wir nicht übersetzt; eine Ausnahme bilden die »Geschichten von den Inselleuten«, die mir auch in fragmentarischer Gestalt – der des Erstdrucks von 1911 – so wichtig für das Bild des Ganzen erschienen, daß ich ihre Aufnahme riskierte.

Druckte man die frühen Texte Charlotte Brontës mit all ihren Rechtschreibfehlern, Inkonsequenzen, Sprüngen und Verschreibungen diplomatisch getreu ab bzw. versuchte man, diese Eigenheiten auch in der Übersetzung nachzumachen, so würde das etwas zu albern, fast kunstgewerblich wirken. Wir haben uns aber – obwohl wir den durchgängigen Gebrauch des »&« für »und« etwa, oder die bis in ihr Erwachsenenalter sehr fehlerhafte Interpunktion Charlottes nicht nachmachen wollten – bei aller leichten Normalisierung doch bemüht, sowohl in einzelnen Schreibungen als auch in graphischen Einzelheiten – etwa Schreibungen einzelner Wörter in Versalien – bis hin zu den Titeln bzw. Titelseiten der Erzählungen, die ja in den Manuskripten die Titelseiten von ›erwachsenen‹, ›richtigen‹ Büchern nachzuahmen versuchen, etwas von der Atmosphäre dieser Manuskripte und Geschichten zu bewahren, die so niedlich und kühn, so hinreißend und atemberaubend begabt, so kindlich großspurig und zugleich so ungelenk sind.

Insbesondere bei der Wahl eines anzuschlagenden literarischen Stils haben wir für die Übersetzung immer darauf geachtet, keine Einheitlichkeit und Perfektion der Sprache vorzutäuschen, wo keine ist; zu den Charakteristika dieser Texte gehört der bisweilen abrupte Wechsel der Stillagen vom Pathos zur Clownerie und das Nebeneinander des Lyrischen und des verblasen Grandiosen. Das gilt insbesondere auch für die Gedichte, die bisweilen auch im Englischen klischeehaft, ungelenk und voller Wiederholungen sind – eine bedeutende Lyrikerin war wohl doch nur Emily unter den Brontë-Töchtern.

In den Juvenilia, die Charlotte und Branwell aufzeichneten, kommen sehr häufig sprechende Namen vor, von »Edmond de Crack« (Sprung, Knacks) über »Naughty« (frech, ungezogen) bis »Bud« (Knospe), »Leaf« (Blatt) und »Tree« (Baum), auch »Badey« (Bösewicht) und »Flower« (Blume), »Rogue« (Schurke), »Pigtail« (Schweineschwanz) – »&c. &c. &c.«, hätten die Kinder Brontë hinzugefügt. Hätten wir alle diese sprechenden Namen sowie etwa auch den Ortsnamen Glass Town ins Deutsche übersetzt, hätte das wieder etwas Überdeutliches bekommen; wir taten es also nur an einigen wenigen Stellen und respektierten sonst die Unübersetzbarkeit von *Namen*. Initialen im Text haben wir, wo eindeutig ist, wen sie meinen (z. B. »A. W.«, was unzweifelhaft »Arthur Wellesley« meint), aufgelöst, haben aber manche kleinen sachlichen Inkonsequenzen und manche Varianten in der Schreibung von Namen stehenlassen, um nicht Perfektion und Glätte zu suggerieren, wo keine ist.

Jörg Drews übersetzte »Die Geschichte dieses Jahres«, »Eine romantische Erzählung«, »Charakterbilder ...«, »Ein interessanter Abschnitt ...« und »Albion und Marina«, Michael Walter alle anderen Texte. Wir verantworten die Übersetzungen gemeinsam.

Zu danken haben wir beide vor allem Arno Schmidt. Schon vor Jahren nahm ich mir, begeistert durch seinen Radio-Dialog über die »taubengrauen Schwestern«, eine Auswahl-Übersetzung aus den Juvenilia Charlottes vor, und als Michael Walter mitzumachen bereit war, konnte es losgehen mit der Arbeit. Schmidt gebührt das Verdienst, auf diesen literarischen Tagtraum, der ihm so blendend in seine Theorie des »Längeren Gedankenspiels« paßte, in Deutschland enthusiastisch aufmerksam gemacht zu haben. Fannie E. Ratchford, Winifred Gérin und insbesondere Christine Alexander sind alle Glass Town- und Angria-Fans zu großem Dank verpflichtet; ich habe die Damen nie gesehen, verneige mich aber respektvollst vor ihnen. Hans-Bernhard Moeller und Carol Shloss halfen uns beim Zugang zu Brontë-Texten in Druck und Manuskript in Austin/Texas und Cambridge/Massachusetts: thanks very much. Amy G. Foster vom Brontë Parsonage Museum in Haworth und die Wirtin vom »Black Bull« halfen auf unvergeßliche Weise, indem sie nämlich von den Schätzen des Museums und aus der Küche Yorkshires das Beste mitteilten.

Am meisten danke ich Antje Friedrichs.

*München, am 171. Geburtstag*
*von Charlotte Brontë-Nicholls* — *Jörg Drews*

# ERLÄUTERUNGEN

## *Die Geschichte dieses Jahres*

Geschrieben am 12. März 1829. Manuskript im Brontë Parsonage Museum, Haworth. Erstmals gedruckt in Elizabeth Gaskells »The Life of Charlotte Brontë«, London 1857. (Vgl. Gaskell, »Life«, Neuausgabe Harmondsworth: Penguin 1975, S. 116–117). Außerdem in T. J. Wise und J. A. Symington (Hrsg.): »The Miscellaneous and Unpublished Writings of Charlotte and Patrick Branwell Brontë«. Band 1, Oxford: Basil Blackwell 1936, S. 1–2 (im folgenden abgekürzt SHCBM, Band 1 bzw. 2), sowie in Charlotte Brontë, »The Professor, Tales from Angria, Emma, A Fragment«. Hrsg. von Phyllis Bentley. London und Glasgow: Collins 1954 (zahlreiche Neuauflagen bei gleicher Paginierung), S. 47–48. Textvorlage für die Übersetzung (im folgenden: TVÜ): SHCBM, Band 1, S. 1–2.

*Anne:* Schwester C. B. s, * 17. Januar 1820 – 28. Mai 1849.

*Maria:* Schwester C. B. s, * 15. April 1814 – 6. Mai 1825.

*Tabby:* Tabbitha Ackroyd, Haushälterin der Familie Brontë; Tabby kam als Vierundfünfzigjährige ins Haus und starb sechs Wochen vor Charlotte.

*Tante:* Elizabeth Branwell, Schwester der Mutter der Kinder Brontë, kam im September 1821 nach dem Tod der Mutter ins Haus und leitete den Haushalt und beaufsichtigte die Kinder.

*Emily:* Schwester C. B. s, * 30. Juli 1818 – 19. Dezember 1848.

*Papa:* Patrick Brontë (eigentlich Brunty), * 17. März 1777 – 7. Juni 1761.

*Branwell:* Bruder C. B. s, * 26. Juni 1817 – 24. September 1848.

*»Blackwood's Magazine«:* gegründet 1817; eine der wichtigsten Zeitschriften für die englische Literatur des 19. Jahrhunderts. Zwischen 1825 und 1841 eine der Lieblingslektüren der Kinder Brontë, wichtige Quelle für viele Informationen und Vorbild für die Zeitschriften, die Charlotte und Branwell für Glass Town und Verdopolis fingierten: »Blackwood's Young Men's Magazine« und »Young Men's Magazine« (vorwiegend 1829/30).

*Christopher North:* Pseudonym von John Wilson (1785–1854), seit Anfang Redakteur und Beiträger von »Blackwood's Magazine«, worin er die meisten Beiträge für die Kolumne »Noctes Ambrosianae« schrieb, die die Kinder besonders schätzten und imitierten.

*James Hogg:* * 1770–1835. Er war wirklich ein Schäfer aus Ettrick Forest in Schottland, kam 1810 nach Edinburgh, nachdem Scott sein Talent entdeckt hatte. Beiträger zu den »Noctes Ambrosianae«.

*»John Bull«:* Tory-Zeitschrift, die bereits 1824 ihr Erscheinen einstellte; Charlotte erinnert sich noch fünf Jahre später daran.

*»Junge Männer«:* Eines der wichtigsten »Spiele« der Kinder Brontë, Kern für die Weiterentwicklungen der Geschichten der folgenden Jahre. Fast drei Jahre nach der ›Einrichtung‹ des »Spiels« gibt Charlotte in der »Geschichte dieses Jahres« einen Bericht von dessen Anfang; weitere anderthalb Jahre später gibt Branwell *seinen* Bericht von den Anfängen in »Die Geschichte der jungen Männer von ihrer ersten Niederlassung bis zur Gegenwart« (geschr. 15. Dezember 1830 bis 7. Mai 1831).

*»Unsere Kameraden«:* Das wohl am wenigsten wichtige unter den »Spielen« der Kinder; offenbar war Branwell bei diesem »Spiel« die treibende Kraft. Zentrale Figuren waren Riesen, die bis zu »10 Meilen hoch« waren und die Branwell furchtbare Schlachten schlagen ließ. (Vielleicht hängt mit diesem »Spiel« das frühe Manuskript Branwells zusammen, das den – strittigen – Titel »Geschichte des Aufstands in ›Meine Kameraden‹« trägt.)

*»Inselleute«:* Im Rahmen dieses »Spiels« versuchte Charlotte sich zum ersten Mal an längeren zusammenhängenden Erzählungen; »Geschichten von den Inselleuten« schrieb sie dann in vier Bänden von März 1829 bis Mitte 1830 nieder (siehe den dritten der in unserer Auswahl enthaltenen Texte mit Auszügen aus dem Gesamtmanuskript der »Geschichten der Inselleute«). Die Fusion von »Junge Männer« und »Inselleute«, die eine Zeitlang nebeneinander laufen, bringt dann den eigentlichen Beginn der Glass Town-Saga – spätestens in den »Charakterbildern der gefeierten Männer der Gegenwart« vom 17. Dezember 1829. Dabei bleibt der Herzog von Wellington zunächst zentrale Figur, weicht aber dann nach und nach seinem Sohn Arthur Augustus Adrian Wellesley, Marquis von Douro und später Herzog von Zamorna und König von Angria.

*»Bett-Spiele«:* Über diese »Spiele« von Charlotte und Emily, die in einem Raum schliefen, weiß man nicht viel. Wahrscheinlich haben die beiden sie sich vor dem Einschlafen ausgedacht; auch von Überschneidungen mit den anderen »Spielen« ist nichts bekannt.

*Gravey* und *Laufbursche:* Die beiden etwas blassen Namen wurden offenbar später durch die der Entdeckungsreisenden Parry und Ross ersetzt.

*Eine romantische Erzählung*

Geschrieben am 15. April 1829. Manuskript nicht mehr auffindbar. Der Text wird unter dem Titel »Die Zwölf Abenteurer« bereits von Charlotte Brontë in ihrem »Verzeichnis meiner Bücher« vom 3. August 1830 aufgeführt. Erstmals veröffentlicht in dem von Clement Shorter und C. W. Hatfield edierten Band »The Twelve Adventurers and Other Stories. By Charlotte Brontë«, London 1925, S. 3–18. Später dann in SHCBM, Band 1, S. 3–13, und schließlich in C. B., »The Professor, etc.«, London und Glasgow: Collins 1954, S. 49–59. TVÜ: SHCBM, Band 1, S. 3–13.

*Das Land der Dschinnen:* Die »Dschinnen« (engl. »genii« bei den Kindern Brontë) zeigen den Einfluß, den Sir Charles Morells »Tales of the Genii« von 1764 (in Wirklichkeit ein Hoax eines gewissen James Ridley, eine Art Nachahmung von »Tausendundeiner Nacht«), vor allem aber wahrscheinlich der »Arabian Nights' Entertainments« (englische Übersetzung von Gallands Buch von 1706; die Brontës lasen angeblich die Ausgabe von 1798) auf sie ausübte. Die arabischen »jinn« wie die englischen »genii« bei Morell/Ridley und bei den Brontës der Kinder-Schriften sind meist wohl niedere Dämonen, können aber bisweilen auch das bedeuten, was das lat. ›genius‹ meint: Schöpfergott, Schutzgott/Schutzengel. Wenn die Kinder sich selbst als die gottähnlichen Schöpfer und Drahtzieher in ihrer Spielwelt mit »Cheif Genius Tallii« (Charlotte), »Cheif Genius Brannii« (Branwell), »Cheif Genius Emmii« (Emily) und »Cheif Genius Annii« (Anne) bezeichnen, so begaben sie sich selbst mit positiv ausgeübter umfassender Macht. Für die Übersetzung bedeutet dies, daß je nach Umgebung »genius« bzw. »genii« als Dschinn, Dämon, Geist, Schutzgott oder – etwa im Falle der »Cheif Genii« (die Kinder schreiben oft »cheif« statt »Chief«) – als »Großgeist(er)« bzw. als »Fürstinnen der Dschinnen« zu übersetzen ist. – Vgl. auch Jane W. Stedman: »The Genesis of the Genii«. In: »Brontë Society Transactions« 1965, S. 16–20.

*Maimoune:* Fee, Tochter eines Dschinnen-Königs aus »Arabian Nights' Entertainment«.

*Die Entdeckungsreise:* Die Namenliste der »Zwölf«, die in Afrika landeten und später so etwas wie den verdopolitanisch-angrianischen Uradel stellen, gibt Branwell in der »Geschichte der Jungen Männer« (Dezember 1830 ff.) etwas anders: Butter Crashey, Alexander Cheeky, Arthur Wellesley, William Edward Parry, Alexander Sneaky, John Ross, William Bravey, Edward Gravey, Frederick Guelph, Stumps, Monkey, Tracky, Crackey – also insgesamt 13!

*Ochsenauge:* Das Oxford English Dictionary gibt einen Beleg aus dem Jahr 1706: »Jene schrecklichen Stürme vor der Küste von Guinea, welche die Seeleute ›Ochsenauge‹ nennen, wegen ihrer Anfänge; denn zuerst sieht es nicht größer aus als ein Ochsenauge.«

*14ter Juni 1827:* Ein seltsames Datum, denn wenn man rechnet, daß Arthur Wellesley ca. 1794 nach Europa zurückkehrte, damit er ca. 20 Jahre später als Herzog von Wellington und Bezwinger Napoleons wieder nach Glass Town kommen konnte, so hätte man also in Glass Town fast 10 Jahre gewartet, um nach dem Weggang des Herzogs von York einen neuen Herrscher zu wählen...

## *Geschichten von den Inselleuten*

Geschrieben von März 1829 bis Juli 1830. Manuskript in der New York Public Library, Berg Collection. Erstmals erwähnt in Charlottes »Verzeichnis meiner Bücher vom 3. August 1830«.

Der Anfang der »Geschichten von den Inselleuten«, der Bericht von der ›Initialzündung‹ dieses »Spiels« also, findet sich bereits in Elizabeth Gaskells »The Life of Charlotte Brontë«, London 1857 (Neuausgabe Harmondsworth: Penguin 1975, S. 115). Es gibt heute keinen vollständigen gedruckten Text der »Geschichten von den Inselleuten« in irgendeiner Ausgabe der Juvenilia, so daß man – faute de mieux und weil es doch wichtig ist, wenigstens einen ungefähren Eindruck vom Stand der »Spiele« zu diesem Zeitpunkt zu haben – gezwungen ist, sich an die Auszüge zu halten, die 1911 gedruckt wurden, ediert und mit einer Vorbemerkung von Edwin Markham und bereichert durch wenn auch nicht ganz passende, so doch entzückende Jugendstil-Illustrationen von Blanche Greer. TVÜ: »Tales of the Islanders«, in: »The Cosmopolitan Magazine«, Oktober 1911, S. 611–622. Zu den komplizierten Manuskriptverhältnissen und zum Zusammenhang der »Geschichten von den Inselleuten« mit der »Geschichte dieses Jahres« vgl. Christine Alexander, »The Early Writings of Charlotte Brontë«, Oxford: Basil Blackwell 1983, S. 43 und 264 (Anmerkung 1 und 2 zu Kapitel 5).

*John Bull*, Komponist (1563–1628); Astley Cooper, Arzt (1768–1841); Leigh Hunt, Zeitschriftenherausgeber und Essayist (1784–1859); Walter Scott, Romancier (1771–1832); John Gibson Lockhart, Beiträger von »Blackwood's Magazine« (1794–1854); Michael Sadler, Tory-Politiker (1780–1835); Lord Bentinck – gemeint ist wahrscheinlich William –, zeitweise Gouverneur von Indien (1774–1839); Sir Henry Halford, Arzt (1766–1844); Christopher North = Pseudonym von John Wilson (1785–1854), des Herausgebers von »Blackwood's Magazine«.

*Oberdirektor ist der Herzog von Wellington:* Der steht noch höher als »Kleiner König und kleine Königinnen«, die vier Figuren, die die Kinder hier als ihre Herrscher-Stellvertreter sich ersinnen (von den »Großgeistern« wollen sie hier offenbar schon ein erstes Mal loskommen). Als die Kinder einsehen, daß der vielbeschäftigte Herzog von Wellington sich kaum würde um eine Provinzschule kümmern können, lassen sie ihn an sie einen Brief folgenden Inhalts schreiben:

»Kleiner König und kleine Königinnen,

ich bedauere, daß meine Verpflichtungen als Soldat und Staatsmann mir nicht erlauben werden, Eurem Wunsch nachzukommen, Oberdirektor einiger 100er, nicht zu reden von einigen 1 000en von Kindern zu sein, es sei denn, es handelte sich um einen reinen Ehrentitel und ich hätte ein paar Dutzend Untergebene zur Verfügung. In dem Wunsche, daß dies so sein möge, verbleibe ich euer ergebener Untertan. W.« (Wiedergegeben bei Christine Alexander, »The Early Writings of Charlotte Brontë«, Oxford 1983, S. 46).

*Sir A. Hume, Sir A. Cooper und Sir H. Halford:* Die Namen der Ärzte des Herzogs von Wellington bzw. in seinem Umkreis: Dr. John Robert Hume war sein Arzt auf dem Spanienfeldzug von 1808; Cooper war Arzt von König Georg IV.; Halford war der Arzt von Sir Charles Arbuthnot, einem Freund des Herzogs. Dr. Hume lieferte auch die Anregung zu dem Arzt in Glass Town, Dr. Alexander Hume.

*Castlereagh*, Robert Stewart, englischer Politiker (1769–1822).

*Peel*, Sir Robert, englischer Politiker (1788–1850).

*Seringapatan:* Seringapatam = ein Ort in Indien, dessen Gouverneur der Herzog von Wellington während seiner Dienstzeit in Indien war.

*Elfen/Waschfrauen:* Offenbar ein Spiel, das die Kinder mit sich selbst spielen: Sie erhöhten sich zu König und Königinnen, jetzt erniedrigen sie sich zu Waschfrauen und spielen dabei sogar dem respektierten Sohn Wellingtons (Charles, der später das Autoren-Pseudonym Charlottes sein wird) Streiche.

### *Charakterbilder der gefeierten Männer der Gegenwart*

Geschrieben am 17. Dezember 1829. Manuskript verlorengegangen. Publiziert in SHCBM, Band 1, S. 36–44, außerdem in Charlotte Brontë, »The Professor, etc.«, London und Glasgow 1954, S. 60–66. TVÜ: SHCBM, Band 1, S. 36–44.

*Herzog von Wellington:* Das schwärmerischste Porträt, das Charlotte von ihrem Superhelden je entwarf.

*Marquis von Douro* und *Lord Charles Wellesley:* Die Söhne Wellingtons erhalten immer mehr Aufmerksamkeit. Hauptmann Tree, das eine Autor-Ich Charlottes, lobt hier das andere, später dominierende Autor-Ich ihrer selbst, nämlich Lord Charles Wellesley. Charlotte schreibt manchmal Duro, manchmal Douro.

*Hauptmann Bud:* Hier nimmt Charlotte Branwell auf den Arm, vor allem sein langatmiges und pedantisches Politisieren in den Schriften.

*Der Junge Soult:* Branwell hatte eine große Schwäche für alles Französische, seitdem er Sir Walter Scotts »Leben Napoleon Buonapartes« (1827) gelesen hatte; insbesondere hatte er eine Neigung für den Marschall Soult, dem er sich als Sohn andichtete: »Der Junge Soult der Reimer«. Bewunderung für Napoleon zeigt auch, daß er bei der ›Taufe‹ der zwölf Holzsoldaten im Sommer 1826 »Buonaparte« als Namen für *seinen* Lieblingssoldaten aussuchte; allerdings legte die politische Realität nahe, den Herzog von Wellington und seine Söhne doch stärker sein zu lassen als Buonaparte; doch eine Konzession an die Frankophilie Branwells findet sich noch auf der Landkarte, die der »Geschichte der Jungen Männer von ihrer ersten Niederlassung bis zur Gegenwart« beigegeben ist: eine große Insel vor der Küste der imaginären afrikanischen Glass Town Confederacy heißt »Frenchy's Land«, und ihre größten Städte sind Lyon und Paris, wo immer auch die fiktiven Bücher der Kinder vertrieben werden – neben den Glass Towns.

*Sergeant Bud:* Er trägt auch Züge Branwells, und offenbar tadelt Charlotte indirekt sich selbst, daß sie (»Tally«) so eine Schwäche für Bud-Branwell hat.

*Doktor Hume Badry:* Vgl. hierzu auch die Anmerkungen zu »Ein interessanter Abschnitt...«

### *Ein interessanter Abschnitt in den Leben einiger herausragender Männer der Gegenwart*

Geschrieben am 17. und 18. Juni 1830. Manuskript in der Harvard College Library, Lowell Collection. Der Text wird von Charlotte in ihrem »Verzeichnis meiner Bücher« vom 3. August 1830 sowie auch, mit etwas entstelltem Titel, bei Elizabeth Gaskell, »The Life of Charlotte Brontë«, London 1857 (Neuausgabe Harmondsworth: Penguin 1975, S. 112/4) erwähnt. Erstmals veröffentlicht in »The Times Literary Supplement«, 23. November 1973, S. 1453–1454. TVÜ: TLS.

Der Text ist unter verschiedenen Aspekten sehr interessant: Erstens bezichtigt Charlotte ihr Autoren-Ich, in Bücherdiebstähle verwickelt zu sein; Judith Chernaik, die die Veröffentlichung des Textes im TLS verantwortet und kommentiert, meint, es könne durchaus sein, daß Charlotte und Branwell irgend etwas nicht ganz Rechtes getan hätten, um sich in den Besitz von Büchern zu setzen. Zweitens ist dies Motiv verwoben mit dem des Leichendiebstahls. 1828/29 wurde der Edinburgher Anatom Dr. Robert Knox in einige recht suspekte Geschäfte zur Herbeischaffung von Leichen für die Anatomie verwickelt und auch in der Kolumne »Noctes Ambrosianae« in »Blackwood's Magazine« deswegen von Christopher North angegriffen. Das Thema wird nochmals aufgegriffen in den »Briefen von einem Engländer« (1830–1832), die John Flower alias Branwell verfaßte. Drittens: Während im allgemeinen eher Branwell sich den düsteren Seiten des Lebens in Glass Town und Verdopolis zuwendet, ist es diesmal Charlotte, die an den »herausragenden Männern der Gegenwart« kaum ein gutes Haar läßt und sie mit Spott übergießt.

*Brock:* Von ihm könnte eine Querverbindung zu John Bud führen, einem verdopolitanischen Alias von Branwell: Auch John Bud ist Bibliothekar...

*Finic:* Ein Zwerg, Diener Herzogs von Zamorna.

Geschrieben am 12. Oktober 1830. Manuskript in der Wellesley College Library: English Poetry. Erstmals veröffentlicht in »Brontë Society Publications«, XXX/1920, S. 5–18, danach in Shorter/Hatfields »The Twelve Adventurers and Other Stories. By Charlotte Brontë«, London 1925, S. 75–94; darauf in SHCBM, Band 1, S. 24–35, und zuletzt in Charlotte Brontë, »The Professor etc.«, London und Glasgow 1954, S. 67–78. TVÜ: SHCBM, Band 1, S. 24–35.

*... aus Boshaftigkeit und Rache:* Es ist nicht mit Sicherheit festzustellen, ob sich diese Bemerkung von Lord Wellesley bzw. Charlotte Brontë auf Verhältnisse innerhalb der Welt von Glass Town bezieht oder ob Charlotte der Erzählung eine bestimmte Wendung geben wollte, um Branwell zu ärgern. Vorstellbar wäre auch, daß Wellesley den Albion, Marquis of Tagus, daran erinnern wollte, nicht zu lange in Afrika zu verbringen und zu seiner Marina bzw. Marian Hume zurückzukehren. Auf jeden Fall stecken hinter den Namen Herzog von Strathelleraye der Herzog von Wellington, hinter Marquis von Tagus der Marquis von Douro, hinter Sir Alured Angus Dr. Alexander Hume Badry, hinter Marina Humes Tochter Marian. Die Erzählung ist ein erneuter Ansatz dazu, den Herzog und seine Söhne nach Afrika zu bringen: Der Herzog von Strathelleraye hat Ländereien in Afrika? Natürlich, nämlich »Wellington's Land«, ausweislich der Landkarte, die Branwell für die »Geschichte der Jungen Männer« malte. Usw. Im übrigen ist dies Charlottes erste Liebesgeschichte, und vielleicht hatte sie auch deshalb ein schlechtes Gewissen, in ihrer auktorialen Machtvollkommenheit zwei Menschen ins Unglück zu stürzen: einen zu töten, einen verschwinden zu lassen.

*Mannweib:* Im Original steht hier »charioteer«, also »Kampfwagenlenker(in)«; das umständliche deutsche Wort mußte ich durch das sinngemäße und (wie »charioteer«) kurze »Mannweib« wiedergeben.

*Strathelleraye:* Das Gut Strathfieldsaye in Hampshire wurde dem realen Wellington vom Parlament geschenkt, aus Dankbarkeit für die Rettung vor Napoleon.

*Apollo Belvedere:* Apoll-Statue im Vatikan, Inbegriff männlicher Schönheit.

*Albion:* Alter keltischer oder vor-keltischer Name Britaniens.

*Lady Zelzia:* Später heißt sie Zenobia Ellrington; sie ist wahrscheinlich mit Zügen der spätantiken Königin Zenobia ausgestattet, die in Edward Gibbons »The History of the Decline and Fall of the Roman Empire«, Kapitel 6 vorkommt.

### *Die Vermählung*

Geschrieben vom 14. Juli bis 20. August 1832. Das Manuskript, das keinen Titel hat und einfach mit den Worten »In the Autumn of the Year 1832…« beginnt, liegt in der Pierpont Morgan Library in New York. Es wurde veröffentlicht in SHCBM, Band 1, S. 202–213; danach in Charlotte Brontë, »The Professor, etc.«, London und Glasgow 1954, S. 79–87. TVÜ: SHCBM, Band 1, S. 202–213.

Was der Erzähler Lord Charles Wellesley (den Charlotte übrigens nicht immer besonders sympathisch zeichnet) in »Albion und Marina« aus Gründen, die wir nicht genau kennen, noch boshaft hintertrieb, findet nun glückliche Erfüllung: Der Marquis of Douro hat Marian Hume, obwohl sie standesmäßig unter ihm steht, geheiratet. Der Erzähler ist diesmal wohl Hauptmann Tree – sonst würde wohl erwähnt, daß der Erzähler hier seinen Bruder besucht und von ihm berichtet. Übrigens ist die Liebesgeschichte des Marquis von Douro modelliert nach einer Romanze, die es zwischen dem Sohn Wellingtons und der Tochter seines Leibarztes, Elizabeth Hume, gegeben haben soll.

Man hat den Eindruck, daß die Geschichte nur erzählt wird, um einmal mehr in der Eifersucht der Lady Zenobia schwelgen zu können, die ja schon in »Albion und Marina« eine Rolle spielte, und um den Marquis als großen Redner vorzuführen, der mit wenigen Sätzen Alexander Percy zerschmettern kann. Etwas unorganisch, aber sehr aufschlußreich ist der Einbruch sozialer Unruhen in die Verdopolis- und Angria-Welt (eventuell ein Reflex der Ludditen-Unruhen von 1811 bis 1813), die zwar allein auf die Anstiftung durch *einen* Erz-Bösen zurückgeführt werden, aber immerhin plötzlich einen Querschläger sozialer Realität in Charlottes Traumwelt darstellen. Das Bild von Glass Town und Angria wird übrigens – trotz Charlottes Besessenheit von der Aristokratie – auch nicht nur von Palästen und Türmen geprägt, sondern durchaus schon frühindustriell von vielen qualmenden Schloten, die ihre Dreckwolken über die Stadt werfen.

*Danash:* Ein Dämon/Dschinn aus »Arabian Nights' Entertainments«.

*Crashie:* Der älteste der zwölf bzw. (bei Branwell) dreizehn Männer, die aus England nach Westafrika kamen; doch nur sein Aussehen wird hier gleisnerisch – als sei er eine Art Halbgott oder guter Geist – herbeizitiert, um den Marquis zum Gehorsam gegenüber einem der Ahnväter des ganzen Staatswesens zu bringen.

*Azazel:* Ein Engel, einer der Cherubim; vgl. Milton, »Paradise Lost«, I, 534.

## *Unerhörtes von Arthur*

Niederschrift beendet am 1. Mai 1833 (?). Das Manuskript befindet sich im Humanities Research Center der University of Texas in Austin. Erstmals vollständig veröffentlicht in Christine Alexander (Hrsg.): »Something about Arthur«. Austin: Humanities Research Center, University of Texas at Austin 1981, S. 31–59. TVÜ: diese Publikation.

In dieser Geschichte bekommt der Charakter des Marquis von Douro zum ersten Mal stark ›byronische‹ Züge: strahlend von Schönheit, dunkel von Verbrechen. Außerdem wird die Jugendgeschichte des Herzogs ausgeleuchtet, und auch seine Liebesgeschichte mit Mina Laury, der Tochter des – hier sehr positiv gezeichneten – Ned Laury, wird berichtet, auf die in anderen Erzählungen nur leise angespielt wird.

Zu den vielen Liebesgeschichten des Marquis und Herzogs hier also eine neue: Nicht nur war er einmal mit einer Victorine Gordon verheiratet, er hatte auch eine Affäre mit seiner Kusine Rosamund Wellesley; Mina Laury wird er über Marian Hume vergessen, und diese wiederum wird er verlassen, um Mary Henrietta Percy zu heiraten, die Tochter seines großen Gegenspielers Percy, Graf von Northangerland. Die Mina Laury, die ihn hier gesundpflegt, wird weiterhin die entsagungsvolle Treue als eine Spielart romantischer Liebe verkörpern: Auch ohne mit ihm verheiratet zu sein, wird sie dem Marquis bei seinem politischen Sturz ins Exil folgen.

## *Lily Hart*

Niederschrift beendet am 7. November 1833. Manuskript in der Ellis Library, University of Missouri, Columbia. Veröffentlicht von William Holtz (Hrsg.): »Two Tales by Charlotte Brontë: ›The Secret‹ & ›Lily Hart‹«. London und Columbia: University of Missouri Press 1977. TVÜ: diese Ausgabe, S. 65–79.

»Lily Hart« ist der Typus einer absolut märchenhaften Liebesgeschichte; sie spielt im März 1831, zur Zeit des von Branwell in »Briefe von einem Engländer« beschriebenen Aufstandes von Rogue gegen den Marquis von Douro. Christine Alexander vermutet, daß der Name Lily Hart inspiriert ist von »Emily Hart«, einem der Namen Emma Lyons (1761?–1815) vor ihrer Heirat mit Sir William Hamilton. 1834 las Charlotte Brontë Robert Southeys »Life of Nelson«; die Familie Brontë war immer sehr interessiert an allem, was rund um Nelson passierte (also auch an seiner Liebe zu Lady Hamilton): Die Änderung des Namens von Patrick Brunty zu Bronte oder Bronté oder Brontë soll angeregt gewesen sein von Nelsons Titel »Herzog von Bronté«.

Die Erzählung setzt immer wieder stillschweigend die Kenntnis von Branwells »Briefen von einem Engländer« (1830–1832) voraus; zu diesem Zeitpunkt arbeiteten Charlotte und Branwell besonders eng zusammen.

## *Ein Blick in ein Bilder-Buch*

Geschrieben vom 28. Mai bis 16. Juni 1834. Manuskript in der Huntington Library, Kalifornien. Erstmals veröffentlicht in Shorter/Hatfields »The Twelve Adventurers and Other Stories. By Charlotte Brontë«. London 1925, S. 164–179, danach in SHCBM, Band 1, S. 353–364.

Einer der Texte Charlottes, in denen sie keinen Wert auf einen zusammenhängenden Plot legt; »Ein Blick in ein Bilder-Buch« ist nur eine Serie von Porträt-Skizzen, locker und enthusiastisch aneinandergereiht vom Autor Lord Charles Wellesley. Im Ton schwelgt Charlotte hier in ihren Lieblingscharakteren: Percy und Lady Zenobia, der Herzog von Fidena und sein Sohn, Thornton usw. In der Struktur knüpft der Text an die »Charakterbilder der gefeierten Männer der Gegenwart« (17. Dezember 1829) an, die ja Hauptmann Tree niederschrieb, der nun hier auch als Verfasser von »Tree's Porträt-Galerie der Afrikanischen Aristokratie« firmiert, die evtl. identisch ist mit den »Charakterbildern« – bei leicht verfremdetem Titel.

*Edward Findan:* Name angelehnt an den des Malers William Finden, dessen Stiche Charlotte Brontë – neben den Bildern John Martins und evtl. denen des Architekten und Architekturmalers Gandy – großen Eindruck machten.

*Schundwisch von Hauptmann Tree:* Charlotte macht sich hier lustig über ihr eigenes Manuskript »Der Findling«, geschrieben vom 31. Mai bis 27. Juni 1833.

### *Mein Angria und die Angrianer*

Niederschrift beendet am 14. Oktober 1834. Das Manuskript ist nicht mehr auffindbar. Veröffentlicht in SHCBM, Band 2 (1938), S. 1–49, danach in Charlotte Brontë, »The Professor, etc.«, London und Glasgow 1954, S. 88–135. TVÜ: SHCBM, Band 2, S. 1–49.

In diesem längeren Prosastück taucht Angria als neues Land bei Charlotte zum ersten Mal auf. Zamorna hat diese Landstriche erobert; man muß dafür das Jahr 1833 ansetzen, da ungefähr im Februar 1834 Zamorna vom Verdopolitanischen Parlament das Königtum in Angria übertragen wurde. Aus Branwells »Ansprache an die Angrianer« vom 15. September 1834 wissen wir, daß das Land aus sieben Provinzen besteht, insgesamt knapp 5 Millionen Einwohner hat und unter der Oberherrschaft Zamornas, des Königs von Angria, von sieben »Lord Lieutenants«, also etwa ›Gouverneuren‹, verwaltet wird. Die Glass Townians bzw. Verdopolitaner finden es nun schick, nach Angria bzw. in dessen Hauptstadt Adrianopolis überzusiedeln, was den Erzähler Lord Charles Wellesley auch ärgert, aber er resigniert eher als daß er wirklich protestierte, und geht dann auch ins ›neureiche‹ Adrianopolis. Was wir in »Mein Angria und die Angrianer« sehen, ist grundsätzlich immer noch die feine verdopolitanische Gesellschaft, die meisten ihrer Mitglieder aber sind gesellschaftlich eine Treppenstufe heraufgefallen: Frederick Lofty ist jetzt Graf von Arundel und Regent der gleichnamigen Provinz; der Geistliche Dr. Henry Warner ist jetzt Primas von Angria, und General Thornton, der (sozusagen) Vormund von Lord

Charles Wellesley und auf unklare Weise mit dem Clan der Sneachies verwandt ist, fungiert jetzt als Gouverneur der Provinz Calabar. Mit der Geburt der Zwillingssöhne des Herzogs von Zamorna wird die Herrschaftsfolge, die über den Herzog von Wellington und Arthur Wellesley lief, fortgesetzt.

Bemerkenswert sind die sehr stark komischen Elemente in dieser angrianischen Szenenfolge, wobei besonders die Satire auf Patrick Benjamin Wiggins (Branwell, der Großsprecher mit der Vorliebe für Musik und Boxen, der zu geradezu närrischem Enthusiasmus fähig ist) hervorsticht, sowie das slapstickartige Ende des Textes – direkt nach der leuchtend-pathetischen Feier der Taufe der Zwillinge: Der Erzähler Charles Wellesley fällt einfach aus dem Fenster.

### *Lebewohl an Angria*

Geschrieben wahrscheinlich Ende 1839. Manuskript im Brontë Parsonage Museum, Haworth. Das Manuskript hat keinen Titel, wird aber traditionell »Lebewohl an Angria« genannt. Erstmals publiziert in den Brontë Society Publications XXXIV/1924, S. 229–231, innerhalb von C. W. Hatfields »The Early Manuscripts of Charlotte Brontë: A Bibliography«, Teil II; später in SHCBM, Band 2, S. 403–404, und schließlich in Charlotte Brontë, »The Professor, etc.«, London und Glasgow 1954, S. 160. TVÜ: SHCBM, Band 2, S. 403–404.

## EIN KLEINES WHO'S WHO IN DER CHIEF GLASS TOWN, IN VERDOPOLIS UND ANGRIA

Ein vollständiges Verzeichnis aller Personen der verschiedensten Stadien bzw. Landschaften und Städte von der Landung der Jungen Männer bis in die späteste Geschichte des angrianischen Königreiches müßte ungefähr 640 Namen umfassen. Im folgenden kann also nur eine Auswahl an Personen zusammengestellt werden. Sie hat als Kriterium, ob ein Name für die Kenntnis der Gesamtzusammenhänge der Handlung vor allem in den hier dargebotenen Texten unerläßlich ist; Namen, die nur einmal vorkommen und von keiner weiterwirkenden Bedeutung sind, wurden nicht aufgenommen. Einige zusätzliche Informationen zum Personal der Erzählungen finden sich in den *Erläuterungen* zu den einzelnen Texten.

*Alpha:* Geist in einem Dramenfragment, das der Herzog von Zamorna verfaßt haben soll und das wiedergegeben ist in »Mein Angria und die Angrianer«. Steht evtl. für Arthur Wellesley selbst.

*Ardrah, Arthur Parry, Marquis von:* Zeitgenosse und Rivale Zamornas, Erbe von Parry's Land (bisweilen auch Parrisland geschrieben).

*Arundel, Graf von:* Zunächst nur Frederick Lofty, später Graf, Lord Lieutenant der gleichnamigen Provinz und Großkämmerer von Angria. Verheiratet mit Edith Sneachie.

*Bud, John:* Politischer Schriftsteller und Freund von Lord Charles Wellesley; Pseudonym Branwells als Prosa-Autor, Gegenstück zu Hauptmann Tree, Charlottes Pseudonym. Rittmeister im 10. Husarenregiment, Vizepräsident der Gesellschaft der Altertumsforscher, Chefbibliothekar der Kgl. Bibliothek zu Glass Town. Angeblicher Verfasser der »Geschichte der Jungen Männer von ihrer ersten Niederlassung bis zur Gegenwart«.

*Bud, Sergeant:* Sohn von John Bud, gerissener Rechtsanwalt. Z. T. auch Maske für Branwell. Veranstaltet eine Ossian-Ausgabe, wie in »Branwell's Blackwood Magazine« gemeldet wird.

*Castlereagh, Frederick Lord:* Lord Lieutenant des Herzogs von Zamorna und Königs von Angria.

*Crashey, Butter:* Laut Branwells »Geschichte der Jungen Männer«

(Kapitel II) der Kapitän der »Invincible«, die 1770 von England nach Westafrika (Guinea, Aschantiland) segelte. Taucht später in Charlottes »Vermählung« als verehrungswürdiger Geist auf, hinter seiner Erscheinung versteckt sich in diesem Fall ein von Lady Zenobia Ellrington in Dienst genommener böser Geist. Schreibung bisweilen Crashie oder Crashi.

*De Lisle, Frederick:* Verdopolitanischer Porträtmaler, protegiert von Zamorna.

*Derrinane, Lord, Hector de Montmorency:* Feind Zamornas, einer der Anführer der Republikaner, verbündet mit Northangerland.

*Douro, Marquis von:* Siehe unter Wellesley, Lord Arthur Augustus Adrian.

*Ellrington, Lady Zenobia:* Ihr Vorname bisweilen auch Zelzia. Ihre leidenschaftliche Liebe zum Herzog von Zamorna wird von diesem verschmäht (vgl. »Albion und Marina« und »Die Vermählung«). Sie heiratet später Alexander Percy und hält als Gräfin von Northangerland Hof in Adrianopolis. Attraktiv wie Cleopatra, gelehrt wie Madame de Staël.

*Fidena, John Augustus, Herzog von:* Sohn von Alexander Sneachie, König von Sneachiesland (oder Sneaky's Land), wahrscheinlich Bruder von General Thornton.

*Flower, John:* Hauptmann, Autorenpseudonym Branwells; Verfasser der »Briefe eines Engländers«, späterer Baron Flower und dann Viscount Richton, Verdopolis' Botschafter am Hofe von Angria.

*Guelph, Frederick:* Wird in Branwells »Geschichte der Jungen Männer« zum Herzog von York gemacht, fällt dann im Kampf mit den Schwarzen. In gewissem Sinn sein Nachfolger bzw. Stellvertreter ist Stumps, dessen Name einer der zwölf Soldaten Branwells bekommt, und der dann über die der Küste vorgelagerte große »Insel Stumps« herrscht. – Laut Charlottes »Eine romantische Erzählung« kehrt der Herzog von York einfach nach England zurück; die Herrschaft über Glass Town etc. geht an Arthur Wellesley, Herzog von Wellington, über.

*Hart, Lily:* Verheiratet mit John Augustus Sneachy, Herzog von Fidena (auch Sneachie oder Sneaky geschrieben).

*Hume, Sir Alexander:* Auch Dr. Hume genannt oder Dr. Hume Badey oder Badri; er wird später Herzog von Badhi oder Badey und stirbt in »Mein Angria und die Angrianer« an einem Schlaganfall. Laut Charlottes »Charakterbilder der gefeierten Männer der Gegenwart« ein exzellenter Chirurg. In »Albion und Marina« heißt er Sir Alured Angus und ist Vater von Marina Angus.

*Hume, Marian:* Tochter von Dr. Hume. Erste Frau des Herzogs von Zamorna; Gegenstand der Eifersucht von Lady Zenobia Ellrington, die diese Ehe zu verhindern sucht.

*Laury, Mina:* Tochter von Sergeant Ned Laury, eine Zeitlang Geliebte des Herzogs von Zamorna. Sie ist ihm auch später treu ergeben, geht bei seinem Machtverlust mit ihm ins Exil und hilft ihm gegen Northangerland bei der Rückeroberung der Macht.

*Maxwell:* Senior und Junior sind die Diener des Herzogs von Zamorna.

*Northangerland:* siehe unter Percy, Alexander.

*Percy, Alexander:* Wahrscheinlich eine Erfindung Branwells. Soll ursprünglich Pirat gewesen sein, mit Namen Rogue (vgl. sein Porträt in Charlottes »Charakterbildern«). Rebelliert gegen den Marquis von Douro und Herzog von Zamorna, unterliegt und wird hingerichtet, dann aber von den Kindern wieder zum Leben erweckt. Er entwickelt sich zum großen Gegenspieler von Zamorna, mit dem er allerdings zeitweise auch verbündet ist; er entwindet ihm die Macht, steigt vom Premierminister Angrias zum Herrscher auf, wird dann aber von den loyalen Royalisten endgültig besiegt und dar3f nach dieser zweiten Rebellion gegen Zamorna als Privatmann auf seinem Landsitz Alnwick leben.

*Percy, Edward:* Ebenso wie sein Bruder William von seinem Vater, dem Grafen von Northangerland, verstoßen. Macht Karriere, wird Viscount Percy und Handelsminister von Angria.

*Percy, Mary Henrietta:* Tochter des Grafen von Northangerland und zweite Frau des Herzogs von Zamorna, von dem sie dauernd betrogen wird. Fast immer im Zwiespalt zwischen Vater und Gatte, die sie gerne versöhnen würde.

*Rosendale, Augustus Marquis von:* Sohn des Herzogs von Fidena aus dessen Ehe mit Lily Hart.

*S'Death, Robert Patrick:* alias King. Diener von Alexander Rogue, Onkel von Patrick Benjamin Wiggins.

*Sneaky, Lady Maria:* Verheiratet mit Edward Percy, dem verstoßenen Sohn des Grafen von Northangerland.

*Soult, Alexander:* auch »Der Junge Soult« oder »Der Junge Soult der

Reimer«. Spöttisch von Charlotte Brontë auch als »Poetaster« bezeichnet (unter ihrem Pseudonym Lord Charles Wellesley), schon früh von ihr auch unter dem Pseudonym Hauptmann Tree herablassend und spitz porträtiert in den »Charakterbildern«: Pseudonym Branwells als Versdichter, humorlos und großspurig.

*Sydney, Lady Julia:* Eine gebürtige Lady Julia Wellesley, Kusine des Herzogs von Zamorna (Tochter seines Bruders Richard Marquis von Wellesley); heiratet in erster Ehe Edward Sydney, in zweiter Ehe General Thornton.

*Thornton, General Sir William:* Verheiratet mit Lady Julia, geb. Wellesley. Spricht mit Yorkshire-Akzent, ist ehrlich und rauhbeinig.

*Townshend, Charles:* Eines der Autoren-Pseudonyme Charlottes neben Hauptmann Tree und Lord Charles Albert Florian Wellesley. Befreundet mit Sir William Percy, dem verstoßenen Sohn des Grafen von Northangerland; hat Züge einer Karikatur Branwells.

*Tree, Hauptmann:* Prosa-Autor in Glass Town, Konkurrent von Rittmeister Bud und Lord Charles Wellesley. Vater des Buchhändlers Sergeant Tree. Pseudonym Charlottes.

*Warner, Warner Howard:* Rechtsanwalt, Nachfolger Northangerlands als Premierminister von Angria; unbeirrbarer Anhänger des Herzogs von Zamorna, der aber oft auf seinen Rat nicht hört.

*Wellesley, Arthur:* In »Eine romantische Erzählung« ist Arthur Wellesley, »ein einfacher Trompeter«, einer der zwölf Jungen Männer. Er geht nach Europa zurück und kommt recht überraschend als Herzog von Wellington, Sieger von Waterloo, wieder nach Glass Town und wird zum Herrscher proklamiert. Spielt eine Rolle auch in den »Erzählungen von den Inselleuten« und – als Herzog von Strathelleraye – in »Albion und Marina«, tritt dann aber zunehmend in den Hintergrund und macht vor allem seinem Sohn Arthur Augustus Adrian Wellesley, Marquis von Douro etc., Platz.

*Wellesley, Lord Arthur Augustus Adrian:* Sohn des Herzogs von Wellington, Marquis von Douro (was der wirkliche Titel des wirklichen Waterloo-Wellington war) und Herzog von Zamorna. Seine Karriere in Glass Town, Verdopolis und dann Angria, in dessen Hauptstadt Adrianopolis er als König und schließlich sogar als Kaiser regiert, ist zum Teil in Anlehnung an die Laufbahn des (realen) Herzogs von Wellington entworfen; später nehmen dann bei dieser Gestalt die sozusagen ›byronischen‹ Charakterzüge zu. Zamorna ist auch Schriftsteller, wie aus Passagen in »Albion und Marina« und in »Mein Angria und die Angrianer« hervorgeht, außerdem ein eminenter Gelehrter und Patron des Sports.

*Wellesley, Lord Charles Albert Florian:* Sohn des Herzogs von Wellington, Zwillingsbruder von Lord Arthur Augustus Adrian. Häufigstes Autoren-Pseudonym Charlottes. Charles Townshend ist eines seiner Pseudonyme innerhalb der angrianischen Welt.

*Wellesley, Julius Warner di Enara, Earl of Saldanah:* Sohn des Herzogs von Zamorna und Königs von Angria aus dessen Ehe mit Lady Mary Henrietta, Herzogin von Zamorna; Zwillingsbruder (fünf Minuten jünger) von Victor Frederic Percy Wellesley.

*Wellesley, Victor Frederic Percy, Marquis of Arno:* Thronfolger in Angria, da älterer Sohn des Herzogs von Zamorna und Königs von Angria; Zwillingsbruder von Julius Warner di Enara Wellesley.

*Wellington, Herzog von:* siehe unter Wellesley, Arthur.

*York, Herzog von:* siehe auch unter Guelph, Frederick. In Charlottes »Eine romantische Erzählung« war es offenbar Frederick Brunswick, der später Herzog von York wurde.

*Zamorna, Herzog von:* siehe unter Wellesley, Lord Arthur Augustus Adrian.

# BIBLIOGRAPHISCHE HINWEISE

## *1. Texte Charlottes (und z. T. Branwells) aus dem Umkreis von Glass Town und Angria in Auswahl*

Charlotte Brontë: »The Twelve Adventurers and Other Stories«. Ed. by Clement Shorter and C. W. Hatfield. London: Hodder and Stoughton 1925.

Charlotte Brontë: »The Spell. An Extravaganza«. An unpublished Novel. Ed. with an Introduction by George Edwin MacLean. Oxford University Press 1931.

Charlotte Brontë: »Legends of Angria«. Compiled by F. E. Ratchford and W. C. de Vane. New Haven: Yale University Press 1933.

»The Miscellaneous and Unpublished Writings of Charlotte and Patrick Branwell Brontë«. In 2 vols. Ed. by T. J. Wise and J. A. Symington. Oxford: Basil Blackwell 1936 und 1938. (= The Shakespeare Head Brontë. 20 vols., Oxford 1931–1938.)

Charlotte Brontë: »The Professor; Tales from Angria; Emma, A Fragment. Together with a selection of Poems by Charlotte, Emily and Anne Brontë«. Ed., with an Introduction and Biography by Phyllis Bentley. London and Glasgow: Collins 1954. (Häufige Neudrucke.)

Charlotte Brontë: »The Search After Happiness«. Ed. by T. A. J. Burnett. Illustrations by Carolyn Dinan. London: Harvill Press 1969.

Charlotte Brontë: »Five Novelettes. Passing Events. Julia. Mina Laury. Captain Henry Hastings. Caroline Vernon«. Transcribed from the original manuscripts and ed. by Winifred Gérin. London: The Folio Press 1971.

»Two Tales by Charlotte Brontë: ›The Secret‹ & ›Lily Hart‹«. Ed. by W. Holtz. London and Columbia: University of Missouri Press 1979.

Charlotte Brontë: »An Interesting Passage in the Lives of Some eminent men of the Present Time«. Ed. by Judith Chernaik. In: »Times Literary Supplement«, 23. November 1973, S. 1453–1454.

Charlotte Brontë: »Something about Arthur«. Ed. by Christine Alexander. Austin: Humanities Research Center, University of Texas at Austin 1981.

Charlotte Brontë: »Juvenilia«. Ed. by Frances Beer. In: »The Juvenilia of Jane Austin and Charlotte Brontë«. Harmondsworth: Penguin 1986, S. 181–389.

C. W. Hatfield: »The Early Manuscripts of Charlotte Brontë: A Bibliography«. In: Brontë Society Publications XXXIV/1924, S. 220–235.

### 2. *Zu »Gondal«*

Emily Brontë: »The Complete Poems of Emily Jane Brontë«. Ed. by C. W. Hatfield. New York: Columbia University Press 1941.

Fannie Elizabeth Ratchford: »The Brontës' Web of Childhood«. New York: Russell & Russell (Columbia University Press) 1941. (Neuausgabe 1964.)

»Gondal's Queen. Emily Jane Brontë. A novel in verse«. Arranged with an Introduction by Fannie E. Ratchford. Austin: University of Texas Press 1955. (Repr. Paperback McGraw-Hill 1964.)

L. P. Hartley: »Emily Brontë in Gondal and Gaaldine«. In: »Brontë Society Transactions« 1965 (Part 75 of the Society's Publications, No. 5 of Volume 14), S. 1–15.

Winifred Gérin: »Emily Brontë. A Biography«. Oxford University Press 1971. (Repr. 1972.)

Barbara and Gareth Lloyd Evans: »Everyman's Companion to the Brontës«. London and Melbourne: Dent 1982, S. 214–231. (Repr. Paperback 1985.)

### 3. *Über Charlotte Brontë sowie Glass Town/Verdopolis und Angria*

Christine Alexander: »The Early Writings of Charlotte Brontë«. London: Basil Blackwell 1983.

Christine Alexander (ed.): »Something about Arthur«. Austin: Humanities Research Center, University of Texas at Austin 1981, S. 9–29.

Frances Beer: »Introduction to the Juvenilia of Charlotte Brontë«. In: »The Juvenilia of Jane Austin and Charlotte Brontë«. Ed. by Frances Beer. Harmondsworth: Penguin 1986, S. 19–33.

Phyllis Bentley: »The Lives of the Brontës. Introduction«. In: Charlotte Brontë: »The Professor; Tales from Angria; Emma, A Fragment«. Ed. by Phyllis Bentley. London and Glasgow: Collins 1954, S. 7–44.

Margret Howard Blom: »Charlotte Brontë«. London: George Prior, and Boston: Twayne 1977.

Charles Burkhart: »Charlotte Brontë: A Psychosexual Study of her Novels«. London: Victor Gollancz 1973.

Elizabeth Gaskell: »The Life of Charlotte Brontë«. London 1857. (Neudruck Harmondsworth: Penguin 1975.)

Winifred Gérin: »Charlotte Brontë. The Evolution of Genius«. Oxford University Press 1967. (Paperback 1969. Repr. 1971.)

Winifred Gérin: »General Introduction«. In: Charlotte Brontë: »Five Novelettes. Passing Events. Julia. Mina Laury. Captain Henry Hastings. Caroline Vernon«. Transcribed from the original manuscripts and edited by Winifred Gérin. London: The Folio Press 1971, S. 7–29.

Barbara and Gareth Lloyd Evans: »Everyman's Companion to the Brontës«. London and Melbourne: Dent 1982, S. 87–111 und 153–213.

Elsemarie Maletzke/Christel Schütz (Hrsg.): »Die Schwestern Brontë. Leben und Werk in Texten und Bildern«. Frankfurt: Insel 1986. (= insel taschenbuch 814)

Helene Moglen: »Charlotte Brontë: The Self Conceived«. New York: Norton & Company 1976. (Repr. Paperback 1978.)

Fannie Elizabeth Ratchford: »The Brontës' Web of Childhood«. New York: Russell & Russell (Columbia University Press) 1941. (Neuausgabe 1964.)

Arno Schmidt: »Angria & Gondal. Der Traum der taubengrauen Schwestern«. In: Arno Schmidt: »Der Triton mit dem Sonnenschirm. Großbritannische Gemütsergetzungen«. Karlsruhe: Stahlberg 1969, S. 6–48.

Muriel Spark (ed.): »The Brontë Letters«. Selected and with an Introduction. London, Melbourne and Toronto: Macmillan 1966.

Tom Winnifrith: »The Brontës«. (Masters of World Literature Series.) New York: Collier/Macmillan 1977. (Paperback Macmillan 1977.)

Tom Winnifrith: »The Brontës and Their Background. Romance and Reality«. London and Basingstoke: Macmillan 1973. (Repr. 1977.)

# Nachwort

*... Und England liegt mir nicht:*
*'s ist kalt und voller Schnee;*
*so anders als des schwarzen Afrika*
*sonnig-warmes heit'res Glühn.*
Charlotte Brontë, i. e. Arthur Wellesley

»Ich habe mir ein seltsames Paket anvertrauen lassen«, schrieb Elizabeth Gaskell 1857 in ihrem »Life of Charlotte Brontë« zwei Jahre nach deren Tod, »das eine sehr große Menge handschriftlicher Texte auf unvorstellbar engem Raum enthält; Erzählungen, Stücke, Gedichte, Romanzen, geschrieben vor allem von Charlotte, in einer Handschrift, die ohne Hilfe eines Vergrößerungsglases fast unentzifferbar ist.« Die Wichtigkeit dieser Manuskripte schätzt sie aber nicht richtig ein, widmet ihnen nur ein knappes Dutzend Seiten in ihrer Biographie und gibt dann das Paket an Patrick Brontë, den Vater Charlotte Brontës, zurück. Der wiederum überläßt es Charlottes Mann, dem Reverend Nicholls, der die Manuskripte mitnimmt, als er nach Irland zurückgeht, und man kann getrost wörtlich nehmen, was Clement Shorter 1925 zu Beginn einer ersten umfangreicheren Publikation von Juvenilia der Charlottë Brontë sagt: daß der Reverend Arthur Bell Nicholls die kleinen Büchlein verbrannt hätte, wenn er, Shorter, nicht in Banagher, Irland, aufgetaucht wäre. Wären die Manuskripte vernichtet worden, wir wüßten nicht, wie Charlotte Brontë in dem oben zitierten Gedicht nach Afrika kommt und daß sie als Autor dieses Gedichts eigentlich eher Arthur Wellesley als Charlotte Brontë heißt. Das Gedicht macht nur Sinn – und zwar doppelten Sinn –, wenn man weiß, daß es einmal gelesen werden muß als Rollengedicht: Ein junger Adeliger namens Arthur Wellesley aus englisch-westafrikanischem Adel ist Schüler in Eton, in dessen kalten Mauern und unter grauem britischem Himmel es ihm gar nicht gefällt, und so träumt er sich heim nach Afrika; und daß in dem Gedicht zweitens doch auch Charlotte Brontë spricht, die ebenfalls gerade in einer Internatsschule ist und sich nicht nach einem realen, sondern in ein literarisch tag-geträumtes Afrika sehnt, in dem sie ›ihr‹ Königreich besitzt, das zu diesem Zeitpunkt »Glass Town« und »Glass Town Konföderation« heißt und später dann, im Fortgang ihrer literarischen Phantasien, um jenes Reich Angria erweitert wird, dessen Name zum Kennwort für das Brontësche – besser: eines der beiden Brontëschen – Traumreiche wird, die zeitlich *vor* der ›erwachsenen‹ Literatur der Brontës liegen.

Als sie das obige, von den Herausgebern ihrer Gedichte meist »Heimweh« überschriebene Gedicht schrieb, war Charlotte gerade einen Monat in einem Internat; im Januar 1831 wurde sie, vierzehn Jahre alt, auf eine Schule geschickt, um ihre formale Ausbildung weiterzutreiben; ihr Bruder, ihre beiden Schwestern und sie genossen sonst den Privatunterricht bei ihrem Vater, dem Pfarrer Patrick Brontë in Haworth in Yorkshire. Und sie genossen ihn wirklich; der Reverend scheint, zumindest bevor er dann krank und mürrischer wurde, ein witziger, liberaler Lehrer seiner zuerst sechs, später vier Kinder gewesen zu sein, ein temperamentvoller, schlagfertiger und redegewandter Mann, der seine Kinder offenbar sehr ernst nahm und wie kleine Erwachsene behandelte. Sowohl sein in seiner Informalität die Kinder-Schüler durchaus privilegierender Unterricht als auch die Tatsache, daß die Kinder ihn nicht nur lieben konnten, sondern aus guten sachlichen Gründen schätzen mußten, machten vor allem Charlotte allen späteren Unterricht fast zum Ekel. Nach dem, was wir von der Schule in Roe Head wissen, auf der sie, bis Mai 1832 zunächst, fast 18 Monate lang blieb, war dies eine angenehme, liebevoll und keineswegs tyrannisch geleitete Schule. Dennoch war Charlotte Brontë offenbar oft unglücklich und zeigte das auch: »Ein leise weinendes, dunkles, kleines Figürchen kauerte unter dem großen Erkerfenster«, schreibt ihre Freundin Ellen Nussey über ihr erstes Zusammentreffen. Charlotte Brontë hatte, wie sie bekannte, Heimweh, aber den speziellen Grund, die besondere Färbung dieses Heimwehs kennen wir erst seit dem Anfang dieses Jahrhunderts. So beschreibt eine andere Freundin aus der Zeit in Roe Head, die urbane und kluge Mary Taylor, Charlotte Brontë kurz nach ihrem Tod, im Jahre 1856, rückblickend auf das Jahr 1831 in der Schule der Damen Wooler: »Ich sah sie zum ersten Mal, als sie, in sehr altmodischen Kleidern, sehr durchfroren und elend aussehend, aus einer geschlossenen Kutsche stieg. Sie kam, um Mrs. Woolers Schule zu besuchen. Als sie dann im Klassenzimmer erschien, trug sie andere, aber genauso altmodische Kleider. Sie sah aus wie eine kleine alte Frau und war so kurzsichtig, daß sie fortwährend den Eindruck erweckte, sie suche etwas und bewege den Kopf hin und her, um des Gegenstandes ansichtig zu werden. Sie war sehr scheu und nervös und sprach mit einem starken irischen Akzent. Gab man ihr ein Buch, ließ sie ihren Kopf so tief hinuntersinken, daß ihre Nase fast draufstieß. Wenn man ihr sagte, sie solle den Kopf heben, so folgte das Buch dieser Aufwärtsbewegung, bis es dicht vor ihrer Nase war, so daß es unmöglich war, ein Lachen zu unterdrücken.«

Dies weltfremde, kindliche und zugleich ein wenig altkluge Weiblein, nicht nur damals, sondern ihr Leben lang lachhaft altmodisch gekleidet, konnte sich mit vierzehn Jahren schon – allerdings nur im geheimen – als die Autorin von »zweiundzwanzig Bänden« bezeichnen: Das verhuschte Wesen hatte bereits Hunderte von Seiten geschrieben und eine ganze Welt im Kopf, eine glühende Welt mit reichstem Personal, eine Welt voller bedeutsamer Konflikte, großer Gesten und weitreichender Entscheidungen. Eine Autorin war Charlotte in vollem Ernst und zugleich so, daß es zum Kichern ist. Denn die zweiundzwanzig Bände, die sie im »Katalog meiner Bücher, die ich bis zum 3. August 1830 geschrieben«, stolz aufführte, sind alle etwa fünf mal sieben Zentimeter groß und vollgeschrieben in minutiösester, Druck imitierender Buchstabenschrift und tragen Titel wie »Die zwölf Abenteurer«, »Charaktere der gefeierten Männer der Gegenwart«, »Albion und Marina«, »Der Dichterling«, »Ernte in Spanien«, und darunter sind auch sechs Nummern einer »Zeitschrift der Jungen Männer«.

Elisabeth Gaskell, die Biographin, erkannte zwar richtig, daß es sich um »Lehrlingsarbeiten« der Autorin Charlotte Brontë handelte, machte sich aber keine Vorstellung von der Ausdehnung dieses literarischen Kontinents, dieses Sub-Textes unter dem Leben der Brontë-Kinder und vor allem Charlottes von 1826 bis in den Anfang der vierziger Jahre. Erst nach ihrer sukzessiven Veröffentlichung seit Anfang dieses Jahrhunderts konnten sich die Philologen und Brontë-Biographen eine Vorstellung machen von dieser literaturpsychologischen Kuriosität – sagen wir zunächst einmal »Kuriosität«, neutral und irgendwie auch verlegen.

Denn was dann in der Forschung als »Erzählungen aus Angria«, dann als »Angria-und-Gondal-Komplex« bezeichnet wurde und jetzt ganz sachlich meist als »Juvenilia« firmiert, ist zunächst wohl der umfangreichste literarische Tagtraum, den wir kennen, ein Gewebe von Erzählungen, dem man den Status von Literatur zubilligen muß und doch nicht ganz kann; das Ganze ist sozusagen »proto-literarisch«. Es ist, in Arno Schmidts Terminologie, ein »Längeres Gedankenspiel«, und es ist unter psychologischen Aspekten exakt das, was der Psychoanalytiker Hanns Sachs 1924 als »Gemeinsamen Tagtraum« beschrieben hat, das umfangreichste literarische Beispiel für dieses Phänomen. Daß man vor den insgesamt etwa 2000 Seiten dieses literarischen Traumgespinsts so angerührt und, wie gesagt, auch verlegen steht, hat wohl damit zu tun, daß auf bewegende Art hier die Antriebe für das Produzieren von Literatur, zumindest erzählender Literatur, in ihrem nicht-sublimierten Zustand bloßliegen; auch wenn man sich über viele Details der Entstehung dieser Mini-Werkchen noch nicht klar ist oder vielleicht nie klar werden wird: Sowohl die psychische Not wie auch die – sagen wir einmal ganz schnöde: – psychohygienische Funktion dieses mit kindlich-heißwangigem Eifer und in fast vollständiger Geheimhaltung betriebenen literarischen ›workshops‹ der vier Pfarrerskinder ist evident.

Denn es war nicht Charlotte allein, es waren alle vier Kinder des Patrick Brontë, die sich – wahrscheinlich im Jahr 1826 – »Spiele« auszudenken begannen und – ebenfalls wahrscheinlich – ab 1829 davon Aufzeichnungen machten, das heißt: ihren Phantasien – die sie übrigens immer »plays« und nie »writings« (Schriften) nennen – eine literarische Form zu geben versuchten. Charlotte war die älteste (jedenfalls der Brontë-Kinder, die 1829 noch am Leben waren), es folgten Patrick Branwell, geboren 1817, und Emily und Anne, geboren 1819 und 1820. Aufzeichnungen haben wir nur von Charlotte und Branwell; die Niederschriften der Phantasien, die sich Emily und Anne ausdachten, sei es in Kooperation mit Charlotte und Branwell, sei es, als sie dann ihr eigenes Autorenteam gebildet hatten, sind außer einer großen Zahl von Rollengedichten völlig verloren. Daß ein achtjähriges Kind ein kleines Buch bastelt und dessen Inhalt sozusagen ›fingiert‹, im Format 3,6 × 5,6 cm, mit einer Geschichte und mit Zeichnungen für ihre vierjährige Schwester, mag ja auch in einer ›normalen‹ Familie vorkommen: 1824 machte Charlotte ein solches Winz-Buch für Anne, die vierjährige. 1829 aber schreibt sie schon, gewissermaßen federführend für die kleine Gruppe von Quasi-Autoren, in der »Geschichte dieses Jahres« eine Art Rechenschaftsbericht und Protokoll der systematisch fabulierenden Tätigkeit des Jahres 1829 und der Jahre davor, als wüßte sie, daß sich dafür einmal jemand interessieren würde: rührender erster Autorenstolz. Drei »Spiele« führt sie auf, die sie schon seit einiger Zeit begonnen, »eingerichtet« hätten, die »Jungen Männer«, »Unsere Kameraden« und »Die Inselleute«; dies sind die unter den Kindern ›offiziellen‹ Geschichten, die sie fortspinnen; daneben gibt es, zwischen Emily und Charlotte, noch »geheime Spiele«, die sie sich im Bett ausdenken und in denen wahrscheinlich allerlei Spukhaftes, Gespenstisches und Übernatürlich-Gruseliges eine Rolle spielt.

Was auf die Dauer die Oberhand behält, sind erzählerische Vorgänge, die vor allem an die zwölf Soldaten anknüpfen, die Branwell eines Tages 1826 von seinem Vater bekam und die einen noch älteren Satz von Holzfigürchen ersetzten. Die Kinder ›taufen‹ die Soldaten, und damit haben sie eine Truppe, eine ›crew‹ beisammen, die sich in Derivaten und Modifikationen, neu benannt und geographisch verschoben, über viele Jahre, bis etwa 1839, verfolgen läßt. Und schon sind wir mitten in den Strategien im Reich der Wünsche, der Rivalitäten, der Spötteleien und der erotischen Träume, mitten in der gemeinsamen Seelen-Küche, in der in den nächsten Jahren – besonders intensiv zunächst bis Ende 1830 – kindisch-tolles Zeug ausgekocht wird, Texte, über denen Arno Schmidt zu Recht ins Schwärmen geriet, hitzige, aufgeregte, enthusiastische Machwerklein. Charlotte nennt »ihren« Holzsoldaten Herzog von Wellington, Emily ihren mit einem Namen, den man als ›Ernsthaft‹ oder ›Finsterling‹ übersetzen müßte (»Gravey«); Annes Soldat heißt einfach »Laufbursche« – sie ist die kleinste der vier, geliebt, aber nicht ganz ernstgenommen. Und Branwell nennt seinen Soldaten Buonaparte – sozusagen größenwahnsinnig in der Wahl seiner Identifikationsfigur wie Charlotte; doch die Tragödie seines Lebens wird sein, daß er seine Ehrgeizphantasien mit keiner wirklichen Leistung decken kann.

In der kleinen, nur knapp zwei Druckseiten langen »Geschichte dieses Jahres« hat man die Ingredienzien beisammen an Dynamik und Stoff – und zum Teil auch die Quellen – für das, was die Kinder sich wohl gemeinsam ausgedacht und redend ausfabuliert haben und was dann vor allem Charlotte (und mengenmäßig ihr wohl kaum nachstehend Branwell) zu Papier gebracht hat; die Kinder müssen durch Zuruf Rollen verteilt und dann Szenen mit kurzen Dialogen gespielt haben – oder auch geflüstert haben, wenn sie eigentlich lernen und lesen sollten und befürchteten, daß man belauschte, was sie taten. Literatur, Zeitungen, Zeitschriften und Bilder, vor allem aber ihre unbewußten Wünsche geben Anregungen, Substanz, Material und Vektoren her für eine ganze Serie von Texten aus den folgenden Jahren, zunächst vor allem, was Charlotte angeht, bis Ende 1830, denn im Januar 1831 geht sie nach Roe Head zur Schule. Das günstigste Alter für die Entwicklung von »Gemeinsamen Tagträumen« sei, schreibt Hanns Sachs, das Alter »zwischen dem 13. und dem 15. Lebensjahre« – genau in diesem Alter liegt die erste fruchtbare Schreibperiode Charlottes in Kooperation vor allem wohl mit Branwell. Die »Zwölf Abenteurer« von »Eine romantische Erzählung«, sprich: die zwölf mit Namen, also mit Wunschidentitäten versehenen Holzsoldaten brechen nach Afrika auf und beginnen eine Küste zu kolonisieren, eine Stadt zu erobern und zu konsolidieren. Magie können und wollen sie nicht von ihrem Pfad entfernen – das kommt von ihrer Lektüre einer englischen Übersetzung einer Auswahl aus »Tausendundeiner Nacht« (wahrscheinlich die »Arabian Nights' Entertainments« nach Gallands Nacherzählung), wo Elementargeister und nahöstliche Regionen zu Personal, Requisiten und Szenerie gehören; die Entdeckungsreisen von Mungo Park, Parry und Ross einerseits wie auch das Geographiebuch von Goldsmith von 1825 andererseits regen die Kinder bei der Situierung ihres Wunsch-Königreiches an, das sie dann an der westafrikanischen Küste ansiedeln. Und die Verehrung des Herzogs von Wellington, Englands Retter vor Napoleon, schreibt ihnen natürlich sozusagen den Reichsgründer vor, von dem Charlotte sich dann aber bald wieder entfernt (Branwell war ohnehin eher frankophil und ein Buonaparte-Schwärmer), denn dem noch Lebenden sind ja nicht ganz so hemmungslos allerlei fern-fremde Schicksale, Heldentaten und vor allem amouröse Abenteuer bzw. tugendhafter Widerstand dagegen anzudichten; da erfindet sie dem Herzog doch, ehe sie gar so arg mit der Realität kollidiert, lieber zwei Söhne (diese zunächst allerdings auch an die Realität angelehnt), nennt den einen Arthur Augustus Adrian Wellesley (Wellesley lautete übrigens der wirkliche Familienname Wellingtons), Herzog von Zamorna, und den anderen Charles Albert Florian Wellesley. Und mit letzterem hat man dann innerhalb der fiktiven, von der Hauptstadt Glass Town aus beherrschten »Glass Town Konföderation« gleich ein Autoren-Ich und Alter ego, während man dem Marquis von Douro (dies einer der Titel von Wellesley) und Herzog von Zamorna über die Jahre eine immer kompliziertere Biographie, zahllose Liebschaften, drei Ehen und vor allem eine glanzvolle politisch-militärische Laufbahn zuschreiben kann.

Und schließlich spielten bei der Anheizung der Imagination der Kinder, vor allem für Charlottes Phantasien von der Architektur der Hauptstadt und vom Aussehen der Hauptpersonen, die zahlreichen Porträts des Herzogs von Wellington, die Illustrationen von Finden zu den Werken Byrons und die apokalyptisch-exotischen Gemälde John Martins klassischer und alttestamentarischer Städte eine große Rolle, die sich häufig in den damals in England gerade in Mode kommenden Musenalmanachen, etwa in »Friendship's Offering for 1829«, fanden; wir sind schließlich am Ende des Jahrzehnts der größten Wirkung der Romantik. Die Pfarrerskinder dürfen übrigens ohne Einschränkung alles lesen, von Chateaubriands »Tagebuch einer Reise von Paris nach Jerusalem« bis zu Zeitschriften wie »Blackwood's Magazine«; die Bibel ohnehin, aber auch mehrere Tages- und Wochenzeitungen sowie natürlich Shakespeare. Und wenn ein neuer Autor entdeckt wird, dann wird das als großes Ereignis gefeiert und gleich in der kleinen Zeitschrift, die man in Glass Town erscheinen läßt, dem Herausgeber (der man ja mehr oder weniger selbst ist) gemeldet:

»Glass Town, 1ter Juni 1829.

Sir, ich schreibe Ihnen, um Sie von einem Vorfall zu unterrichten, der mir widerfuhr und der von großer Wichtigkeit für die Welt als ganze ist. Am 22ten Mai 1829 kam Großgeist Tally zu mir mit einem kleinen gelben Buch in der Hand. Sie gab es mir und sagte, dies seien die GEDICHTE jenes Ossian, von dem so viel Redens war, aber dessen Werke nie zu erhalten waren. Bei aufmerksamer Lektüre der obengenannten Werke stellte ich fest, daß sie höchst erhaben und hervorragend waren. Ich bin damit befaßt, eine Ausgabe hiervon zu veröffentlichen, Quarto – 3 Bde mit Anmerkungen, Kommentar &c. Ich bin gänzlich überzeugt, daß dies das Werk des Ossian ist, der vor 1 000 Jahren lebte – und keines anderen. Eine intensive Begierde herrscht unter literaturinteressierten Männern, dessen Inhalt kennenzulernen. In Kürze werden sie zufriedengestellt werden, denn die Ausgabe wird am ersten Juli 1829 herauskommen.

Ich verbleibe der Ihre &c &c. Sergeant Bud.«

Hält man sich vor Augen, was den Texten ganz deutlich an Einflüssen, Ingredienzien und Anregungen abzulesen ist, so merkt man, daß das Pfarrhaus am Rande des Hochmoors zwar entlegen gewesen sein mag, aber literarisch und politisch-intellektuell fest angeschlossen war an das Zeitgeschehen. Und noch einer anderen Legende gilt es entgegenzutreten: Zwar fehlte den Kindern sicher die Wärme einer Mutter – Elizabeth Branwell, die nach dem Tod ihrer Schwester, der Frau Patrick Brontës, den Haushalt führte, war wohl puritanisch und streng – doch die Kinder bildeten eine enge Gemeinschaft und stützten sich gegenseitig, hingen überdies auch sehr an Tabby, der Haushälterin, und vor allem war ihr Vater wichtig für ihr Glück. Der Reverend war großzügig, liberal und religiös unorthodox; er förderte alle erkennbaren Begabungen der Kinder, las ihnen aus der Zeitung vor und diskutierte mit ihnen das Gelesene, und nicht zuletzt war er es, in dem die Kinder erstmals einen Autor kennenlernten: Zwischen 1811 und 1818 veröffentlichte er vier Bücher mit »Cottage Poems«, Predigten und Briefen. War der Herzog von Wellington der große ferne Schwarm, so war der Vater das große nahe Vorbild.

Sie waren ein bißchen wie das Schulmeisterlein Wuz: Sie wollten Autoren sein und schrieben sich ihre Bücher selbst; nicht, weil sie sonst keine gehabt hätten – die Leihbüchereien im nahen Keighley und in der Umgebung müssen ausgezeichnet gewesen sein –, sondern weil sie regieren und kreieren, an einer bedeutenden, lebendigen, auf jeden Fall nicht-langweiligen Welt teilnehmen wollten, und um sicherzugehen, daß sie ihren Wünschen entsprach, schufen sie sie selbst. Die »Chief Glass Town« ist die Metropole samt engerem Hinterland mit einigen Gebirgszügen; und »Glass Town Confederacy« nennt sich der ganze Staatenbund. Später wird die Stadt in ein Verreopolis, dann Verdopolis umbenannt, und schließlich, ungefähr 1834, lassen sie ihre verdopolitanischen Adeligen neues Land erobern; die Herrschaft darüber wird dem Marquis von Douro und Herzog von Zamorna übertragen: Er ist nun König von Angria und läßt die neue Hauptstadt Adrianopolis bauen, und als die ehemalige Nobilität von Verdopolis in die neue Metropole umzieht, fällt fast das gesamte Personal auf der Stufenleiter der Titel und Adelsprädikate eine Treppe hinauf. Wenn je Machtphantasien und Wichtigtuereien bezaubern konnten, dann hier in den winzigen Büchlein der Kinder mit ihren Staats- und Familienromanen.

Inzwischen haben Emily und Anne sich – wahrscheinlich 1833 – aus dem Viererverband gelöst und ihr eigenes Reich, »Gondal« mit der Nebeninsel »Gaaldine« (beide im Pazifik gelegen), gegründet. Die Anfänge dieses abgespaltenen Tagtraum-Projekts könnten schon in Emilys Beiträgen zu den »Geschichten von den Inselleuten« liegen; auf jeden Fall scheinen in die »Gondal«-Phantasie auch Anregungen aus der Entdeckungsgeschichte und Geographie von Neuseeland eingeflossen zu sein, wie auch zu vermuten ist, daß es eine Querverbindung zu dem im 19. Jahrhundert literarisch so fruchtbaren Motiv der Inseln im Südmeer gibt. Charlottes Interesse aber gilt immer mehr den erotischen Verwicklungen und Abhängigkeiten ihrer Hauptpersonen; ihr Tagtraum bekommt mehr »weibliche« Züge, während Branwell sich – »männlich«-ehrgeizig – immer haltloser in politische Händel, Budget- und Militärstatistiken und Parlamentsreden hineinträumt. Alles wird langsam großformatiger und gekonnter, bei Charlotte auch psychologisch klüger und erwachsener; sie ist mehr und mehr von den Nachtseiten der menschlichen und vor allem der männlichen Natur fasziniert und schafft dem Herzog von Zamorna einen Gegenspieler in Percy von Northangerland und hat damit eine Personenkonstellation, anhand derer sie sich politische Verwicklungen und Rivalitäten auf höchster gesellschaftlicher Ebene ausphantasieren konnte.

Bis sie sich dann gegen Ende der 1830er Jahre zum Erwachen zwang. Zum einen merkte sie wohl, daß die Unermüdlichkeit, mit der sie sich erotische Affären ihrer Heroinen und Heroen ausdachte, wohl auch ihr ansonsten so liberaler Vater suspekt gefunden und mißbilligt hätte; zum andern mußte sie damit rechnen, daß sie sich als unverheiratete Tochter eines fast mittellosen Pfarrers nach dessen Tod eines Tages als Gouvernante oder Lehrerin würde durchbringen müssen, und nahm sich in die Pflicht, denn sie wollte nicht in Schwindel und Phantastereien untergehen wie ihr Bruder, der es in keiner Stellung aushielt und sich zum Ausgleich an großspurigen fingierten Parlamentsreden besoff. Wie arm und unglücklich oder vielleicht doch relativ glücklich in ihrem häuslichen Nest die Schwestern Brontë waren, mag schwer zu entscheiden sein, aber sicher ist, daß das vertane Leben ihres Bruders sie später unglücklich machte und auch abschreckte, wobei Charlotte wohl bis zum Schluß mehr Mitleid mit ihm hatte als Emily.

Nehmen wir uns einmal eine der Erzählungen Charlottes vor, zum Beispiel »Die Vermählung«. Sie entstand im Juli und August 1832; Charlotte war eben aus der Schule in Roe Head als Sechzehnjährige nach Hause zurückgekehrt und begann sich wieder im Gedankenspiel von Glass Town einzurichten. Schon fast zwei Jahre früher hatte sie eine erste Liebesgeschichte bzw. Liebesszene geschrieben, »Albion und Marina«, eine, die so süß wie Limonade und zugleich untergründig auf seltsame Weise boshaft war: Der fiktive Verfasser Lord Charles Wellesley bringt in dieser Erzählung Marina, die Braut seines Bruders Arthur (den er hier aber Albion nennt), einfach um – angeblich, um sich zu rächen, vielleicht aber auch, um seinen

Bruder zu warnen: Lady Zelzia Ellrington will ihn in Versuchung führen, was glücken könnte, da er vier Jahre schon von England entfernt in Afrika weilt, während doch seine Marina in Merry Old England treu dahinkümmert... In der »Vermählung« nun sind Arthur, Marquis von Douro, und Marian Hume bereits verheiratet, und die Pointe der ganzen Erzählung besteht darin, daß noch einmal – mit Lust an dramatischen Szenen aus der höchsten Gesellschaft, in der ja alle Konflikte bekanntlich viel substantieller und markanter sich ereignen – vorgeführt und ausgekostet werden soll, wie diese Vermählung beinahe *nicht* zustandegekommen wäre, weil die dämonische Lady Ellrington (die jetzt Zenobia mit Vornamen heißt) den jungen Arthur vom rechten Weg zur (bürgerlichen! – also Arthurs im Grunde nicht würdigen) Marian abbringen will. Erzähler ist hier jenes andere Pseudonym Charlottes in ihrer fiktiven Welt, nämlich der Schriftsteller Hauptmann Tree (nicht zu verwechseln mit seinem Sohn, dem Sergeanten Tree; der ist nur Buchhändler...), der wie zufällig auf das Landgut Arthurs gerät und dann zwei Wochen bei ihm und seiner jungen Gemahlin verbringt. Was er bzw. Charlotte erzählen wollen, sind ganz offensichtlich nur die beiden Begegnungen zwischen Arthur und der eifersüchtigen, mit dem Übernatürlichen im Bunde stehenden Lady Zenobia, die noch Züge von Geistern und Zauberprinzessinnen aus »Tausendundeiner Nacht« bzw. aus James Ridleys »Erzählungen von den Dschinnen« von 1764 hat. Zum Teil hapert es an realistischen Motivationen; außerdem gehört zum Beispiel Verschwiegenheit zu den noblen Charakterzügen Arthurs, und so kann er nicht selbst von den Begegnungen mit Lady Zenobia erzählt haben, die er doch diskret schonen will; so ergibt sich die erzähltechnische Schwierigkeit, eine andere Quelle ausfindig zu machen für die Berichte von den verzweifelten Interventionen Lady Zenobias – und da bleiben dann nur großspurig-geheimnisvolle Versicherungen...

Außerdem hapert es häufig an der Erzählökonomie bei der kleinen Charlotte: Das Tempo wechselt abrupt, die Aufmerksamkeit verweilt lange bei Details und eilt über Großes hinweg, von der Prügelei unter Seeleuten bis zur pompösen Staatsgründung ist nur ein kleiner Schritt. Ähnlich auch in der »Vermählung«: Die Erzählung stürzt sehr plötzlich, als sei ihr einfach die Luft ausgegangen, in wenigen Zeilen ihrem Ende zu, nachdem der magische Spuk einmal aufgelöst ist; obendrein wird sowohl das Motiv sozialer Unruhen als auch die – allein! – dafür verantwortliche Figur Alexander Rogues in schnöder Kürze und allein zu dem Zweck eingeführt, Arthur als politischen Heilsbringer, großen Debattenredner und deus ex machina einzuführen: Charlotte kniet eben einmal mehr vor ihrem Idol nieder, wobei drei Personen ineinander übergehen: der Herzog von Wellington der historischen Realität, der aus der Realität gewissermaßen geborgte und in die Glass Town versetzte Herzog von Wellington und schließlich der mit vielen seiner Züge ausgestattete Sohn des Herzogs, Arthur mit Namen, der wunderbarste aller Männer, auf dem von Charlotte entworfenen Titelblatt des von ihm verfaßten Gedichts »Das Veilchen« (denn Dichter ist er auch!) folgendermaßen gekennzeichnet:

MARQUIS VON DOURO
MITGLIED DER GESELLSCHAFT DER ALTERTUMSKUNDLER: PRÄSIDENT FÜR 1830 DES LITERARISCHEN CLUBS: EHRENMITGLIED DER AKADEMIE DER KÜNSTLER & SCHATZMEISTER DER GESELLSCHAFT ZUR VERBREITUNG KLASSISCHER BILDUNG: ERSTER SEKRETÄR DES BUNDES DER EINHUNDERT ZUR FÖRDERUNG GYMNASTISCHER ÜBUNGEN
&C. &C. &C.

Psychologisch ist diese Lady Zenobia, die Charlotte dann dem großen Gegenspieler des Marquis, Percy von Northangerland, zudenkt, lachhaft outriert. Wie es an anderer Stelle heißt, ist sie ein »Blaustrumpf«, der »Herodot im Original liest«, welch letzteres natürlich der Gipfel des Unweiblichen und der Verworfenheit ist; doch merkt man, daß diese etwas schrille Heroine, dieser GOttseibeiuns mit Adelsprädikat, dieser weibliche Byron Charlotte Brontë doch sehr interessiert, was sie aber dadurch in Schach hält bzw. rechtfertigt, daß sie sie unterliegen und die reine Marian Hume – als Tochter eines bürgerlichen Chirurgen in der Welt des Hochadels klarerweise ein Aschenputtel – gewinnen läßt; die prätendiert nicht auf griechisch, sondern weiß – wie sich's gehört – eine kleine elfenbeinerne Lyra zu zupfen. Einmal, in einer vorangegangenen Erzählung, läßt es die von ihrer Erfindung Zenobia sehr faszinierte Charlotte sich als Lord Charles Albert Wellesley sogar gefallen, daß Lady Zenobia ihn/sie mit einem Fußtritt die Treppe hinunterwirft, als er/sie ihr einmal »keck« antwortet... Charlottes Erzähler sind immer männlichen Geschlechts, heißen sie nun Wellesley, Tree oder Hastings, aber das Böse, besser: das Verworfene, Verwerfliche, Verruchte interessiert sie nicht nur bei Männern: Auch Frauen können bei ihr byronischen Einschlags sein.

»Ich bin überzeugt, daß Charlotte Brontës Juvenilia chronisch unterbewertet worden sind, weil sie [die Manuskripte] so schwierig zu lesen sind«, schreibt Frances Beer im Vorwort ihrer Ausgabe von Juvenilia bei Penguin (1986), während umgekehrt Tom Winnifrith schon 1977 dem wachsenden Interesse an den Schriften der Kinder Brontë einen Dämpfer aufsetzen wollte: »Es ist eindeutig lächerlich zu behaupten, daß die Juvenilia als solche große Kunstwerke sind... sie sind der Aufmerksamkeit nur insoweit wert, als sie Licht auf die Romane werfen.« Niemand hat behauptet, die Juvenilia seien große Kunstwerke, aber es ist auch unsinnig (und unnötig), sie nur im Lichte der späteren Romane Charlottes – oder diese im Lichte der Jugendschriften – zu lesen. Sicher kann man die Juvenilia bei der Beschreibung der Genese der »erwachsenen« Romane Charlotte Brontës – »Villette«, »Jane Eyre«, »The Professor« – heranziehen, und sicher auch kann man und muß man an ihnen tadeln: »Instabilität des narrativen Fokus, Schwanken zwischen Realismus und Romanze, aufgeblasene Sprache neben grobem Realismus, Schwelgerei in Szenen aus dem vornehmen

Leben ohne ausreichendes Wissen, Neigung zu pompöser Herumrederei« – so sieht es jedenfalls Tom Winnifrith. Seine Nüchternheit ist bestechend, seine Lieb- und Humorlosigkeit eher deprimierend.

Vor allem kommt man mit dieser Haltung weder dem Geheimnis noch dem Reiz dieser Texte auf die Spur. Denn die Kunstrichterei, in vollem Ernst betrieben, wird an den G'schichteln und Gedichten der Kinder einfach zuschanden – schon deshalb, weil sie meist unfreiwillig, bisweilen aber auch durchaus bewußt so komisch sind, daß man nicht ganz ernst bleiben kann oder, falls man es versucht, sauertöpfisch wirkt. Was einem trotz aller ›künstlerischer‹ Ausstellungen, die man zu machen hätte, die Lust an der Lektüre auch einer größeren Anzahl der Juvenilia nicht nur nicht nimmt, sondern diese Lektüre sogar spannend macht: daß hier eben nicht unfähige Erwachsene, sondern hochbegabte Kinder schreiben – und damit rücken eben auch die evidenten ›Unreifen‹ der Erzählungen in ein anderes Licht. Wer einmal bei einem literarischen Wettbewerb für breitere Bevölkerungskreise in der Jury saß und an Hunderten von Texten studieren konnte, wie wirkliche elende menschliche Unreife und grundlegende Ausdrucksunfähigkeit aussehen, wie peinlich wirklich zurückgebliebenes und infantiles, an allem Realitätsbezug sich vorbeimogelndes Schreiben sich liest, dem springt die Begabung der Kinder, vor allem eben Charlottes, strahlend ins Auge. Vor allem aber können wir in diesen Juvenilia Charlottes und Branwells ganz unverstellt die Wunschmaschine arbeiten sehen – falls man schon »arbeiten« sagen kann, denn die Sachen sind zwar mit Eifer, ja mit Enthusiasmus geschrieben, aber eben noch nicht »gearbeitet«; die Lust ist noch nicht mit dem Realitätsprinzip vermittelt, darein integriert, damit imprägniert, auch wenn sich schon überlegte Reaktionen auf Tagesreste aus der wirklichen Welt der Kinder, »Zeitmarken« aus Politik und Familienleben, Auseinandersetzungen mit Gelesenem in Ansätzen finden. Bedürfnisse; Sehnsüchte, vor allem Wünsche nach Zärtlichkeit; Aggressionen;

Identifikationen, die schnell wieder zugunsten reizvollerer Identifikationen aufgegeben werden; Größenphantasien; Faszination durch die schiere Bosheit, die aber gleich wieder moralisch qualifiziert wird, damit das Gewissen rein bleibt; vielfältigste Inszenierungen Seiner Majestät, des Ichs – die ganzen psychischen Materialien und Instanzen der Kinder, sozusagen protokolliert von Charlotte, tauchen auf, sind aber wie ein Spiel von jedem Druck der Luft, werden meist schnell wieder kassiert und haben doch genügend Kraft und Konstanz, schließlich ein ganzes Erzähluniversum zu bilden, welches fehlende Stringenz durch leuchtende Wunschhaftigkeit des Erzählten ersetzt.

Die – auch literarische – Phantasie als Schonbezirk innerhalb des Gültigkeitsbereichs des Realitätsprinzips; der »Gemeinsame Tagtraum« als Resultat des unbewußten Erkennens der Gleichheit unbewußter Wünsche – Sigmund Freud und Hanns Sachs hätten keine besseren Beispiele finden können für ihre Theorien der Phantasie und des »Gemeinsamen Tagtraums«, wie sie sie 1908 in »Der Dichter und das Phantasieren« bzw. 1924 in »Gemeinsame Tagträume« formulierten. Die Texte erstrahlen von der heimlichen und doch ganz lachhaft offenbaren »Lust, seine eigene Person im Spiegel des Tagtraumes groß und ruhmreich, schön, mächtig und geliebt zu sehen«, sie sind ein einziger »Wunsch und dessen szenische Darstellung auf der Phantasieebene«. Was bei einem erwachsenen Autor peinlich wäre: zu sehen, wie wunschhaft alles Erzählen ist, wie frech und trickreich Realitätspartikel expropriiert und in eine Erzählwelt mit neuer Funktion eingefügt werden, wie kindisch bei allem Erzählen Erwachsenenwelt imitiert wird; zu sehen auch, wie viel seiner narzißtischen Libido einer bei phantasierten *Inhalten* belassen hat, statt sie in die durchgearbeitete Schönheit der künstlerischen *Darstellung* (nicht des Dargestellten) zu konvertieren – das verzeiht man den Kindern, die hier unter Verwendung allerlei literarischer Klischees, Kulissenstücke und rhetorisch-stilistischer Ornamente endlos ihre

Wünsche immer neu eingekleidet in Geschichten überführt haben, die sie – »lichtscheu«, wie der Tagtraum halt ist – natürlich geheimhielten. Die Kinder wußten durchaus etwas von der asozialen Seite ihres Tuns.

Was ihre Texte atemberaubend, aber erheiternd deutlich machen, ist die Nähe allen sogenannten »vitalen« Erzählens zu primärprozeßhaftem Schwadronieren, unsere niemals gestorbene Lust auch daran, ungebrochen fühlen, denken, erzählen zu können oder zu dürfen. Gewiß war Literatur schon immer ein gebrochenes Phänomen, war zwar Phantasie, aber durchtränkt von Arbeit, kontrolliert vom Realitätsprinzip, strukturiert und sozial verbindlich gemacht durch sekundäre Bearbeitung, aber der Blick auf die Grundlagen von Erzählen, das wunschhafte Sich-selbst-als-bedeutsam-Inszenieren, wie es hier so schamlos zum Vorschein kommt, stößt einen noch einmal darauf, daß künstlerische Arbeit heute offenbar noch abstrakter, noch hochgetriebener, noch arbeitsteiliger und noch weniger bildlich verlaufen kann als im 19. Jahrhundert; daß bei vieler moderner Kunst sinnliche Lust nur noch so vergeistigt gegenwärtig ist, daß kaum noch die Rede davon sein kann. Es ist viel lustvoller, zu schreiben und zu lesen (und zu leben), wenn die Welt in Schwarz und Weiß zerfällt und ihre Mechanismen eindeutig sind bzw. wären: Dinge sind großartig oder niedlich; Menschen sind gut oder böse; Licht kommt entweder von einer glühenden Sonne oder einem glanzvoll-milde strahlenden Mond; Gesten von Herrschern sind immer pathetisch und grandios, auf jeden Fall: bedeutend; und wenn etwas grandios ist, dann ist das zugleich ein ästhetisches, moralisches und intellektuelles Phänomen – ein Adeliger ist immer hochgewachsen, leidenschaftlich und mit sowohl soldatischen als auch sportlichen Fähigkeiten begabt; Aufstände werden durch Bösewichter angezettelt, und ein großer Mann in der Politik erweist sich nicht zuletzt dadurch, daß er im Parlament Ratlosigkeit durch *eine* große Rede beseitigt.

Moderne Literatur, und verstärkt die des 20. Jahrhunderts,

kann man als Programm der Austreibung jeglicher Naivität, Unmittelbarkeit, Ungebrochenheit sehen, auch der Austreibung der unmittelbaren Lust an jenem Sprachgebrauch, mittels dessen man durch simple nennend-narrative Setzung von einigen wenigen Wörtern eine Welt hinstellen kann. Zu diesem intellektuell gebrochenen Erzählen bieten die Kinder Brontë ein fast lustig zu nennendes Kontrastprogramm; sie wissen, wie sie's anstellen, sich wichtig zu fühlen: Sie sagen zu ihrer erdachten Stadt »unser großes Babel« – und schon steht ihre Schöpfung, stehen sie selbst imaginär in weitläufig-bedeutsamen Zusammenhängen, partizipieren sie an größten Reminiszenzen und an gewaltigsten Traditionen.

Mary Taylor zu Charlotte Brontë: »Ich sagte ihr zuweilen, sie [die Brontë-Kinder] kämen mir bisweilen vor wie Kartoffeln, die in einem dunklen Keller keimten. Sie sagte traurig: ›Ja! Ich weiß, so sind wir.‹«: Das ist die eine Seite: Die literarischen Tagträume sind – wie sollte es auch anders sein – kompensatorischer und eskapistischer Natur; aber zugleich sind sie doch auch Belege eines immensen seelischen Reichtums. »Ihre Stiefmutter bereitete sie auf ein Leben ohne Vergnügungen vor und kaum auf ein Leben des Selbst-Ausdrucks«, schreibt Winifred Gérin zu Recht, aber das Bedürfnis nach Selbst-Ausdruck war so stark, daß es sich Bahn brach, bis hin zu einer Trunkenheit, in die die Kinder sich steigerten dadurch, daß sie merkten, *was man mit Worten machen kann.* Und sie machten ungehemmt etwas mit Worten auf etwa 3000 Seiten, sozusagen etwas ganz Großes im Mini-Format, etwas Altkluges, Frech-Großspuriges, das dann vor allem Charlotte doch immer näher an die Realitäten von Psyche und Gesellschaft heranführte. Sie setzten sich zuerst mit Göttern gleich, mit Dschinnen und Elementargeistern, mit Riesen und Königen, schließlich mit Gräfinnen, mit verstoßenen Geliebten, mit einfachen Soldaten – sicher werden sie langsam nüchtern, langsam erwachsen. Aber am buntesten, am bewegendsten ist ihre Welt doch, wo sie noch herzerfrischend unbedingt ist. »Man möchte einmal wieder von einem edlen Volke hören«, notiert Peter Handke in den »Phantasien der Wiederholung«. Ich verstehe diese Sehnsucht nach einer anderen Sprache, nach einem anderen Verhältnis zur Welt, als sie unser ratlos-grämliches Zerdachtsein und Zerdenken hervorbringt. Es führt aber kein Weg zurück, neue Unmittelbarkeit ist melancholisch wünschbar, aber nicht dekretierbar, auch nicht *fromm* dekretierbar. Aber bei dem Kind Charlotte Brontë glaubt man für einen Moment, daß es das geben könnte: einen »edlen Jüngling« wie etwa ihren jungen Marquis von Douro – jedoch auch nur, weil sie Kind ist; sonst wäre es wohl nur Kitsch, heute mehr noch als damals.

Während Branwell aus dem, was er selbst seine »scribblemania« nennt, bzw. aus dem, was ihr zugrunde lag, nicht mehr herausfand, als Autor den Weg vom primärprozeßhaften zum sekundärprozeßhaften Schreiben nicht fand, rettete Emily Brontë sich offenbar die Leidenschaftlichkeit, mit der sie ihre »Gondal«-Phantasie betrieb, in ihre ›erwachsene‹ Literatur, also in den Roman »Sturmhöhe« hinüber – übrigens vielleicht gerade deshalb, weil sie zu den »Schurken« ihrer »Gondal«-Geschichten fast von Anfang an auch ein spöttisch-distanziertes Verhältnis einnehmen konnte. »Sturmhöhe« schließt so eng an die »Gondal«-Atmosphäre an (soweit wir davon aus den Gedichten wissen), daß man bei der Lektüre manchmal das Gefühl hat, man lese eine nach Yorkshire transponierte »Gondal«-Story. Charlotte Brontë aber hat offenbar seit Mitte der dreißiger Jahre zunehmend Angst gehabt, sie könnte sich nicht mehr aus den »Angria«-Phantasien retten; die »höllische Welt«, die »Welt drunten« drohte sie zu verschlingen. Sie wußte, daß sie mit ihren Phantasien eine suchtähnliche und auf die Dauer gefährlich einfache »Korrektur der unbefriedigenden Wirklichkeit« (Freud) vornahm. Das Aufschreiben der Tagträume mag ja zunächst auch ein Stück Distanzierung und Bearbeitung gewesen sein, doch der Wiederholungszwang war offenbar gefährlich stark, und es fehlte ihr nach und nach die Leichtigkeit, die gute Laune und der Humor, welche die Kinder-Schriften ja auch zeigen: Da wird Branwell immer wieder mächtig auf den Arm genommen; da zieht Charlotte auch sich selbst durch den Kakao; da schreibt sie in die »Anzeigen« hinten in einem der fingierten Zeitschriften-Exemplare aus Verdopolis die Titel angeblich soeben erschienener Bücher hinein, und das liest sich so:

»BÜCHER / Ein Traktat über das Wesen von Wolken. Von Hauptmann Snuff / Ein Buch der Nützlichkeiten von Monsieur [?] Preis 3 half pence / Eine Kneipenerzählung von Schütze Ian Wilthhim Preis 5 Schillinge / Ein Buch der Politik von Sergeant RAUF & RUNTER Preis 2 P. 2 Sch. / Wie kräuselt man seine Haare von Monsieur Wasdortherum / Eine Abhandlung über Parfümherstellung von Hauptmann Hahnenkamm Preis / Der Zauberer eine wilde Romance von Hauptmann Tree Preis 1 P. 1 Sch.«

Doch so leicht wie hier zu Ende der Erzählung »Der Silberbecher« vom September 1829 konnte sie das »Spiel« jetzt nicht mehr nehmen. Tagebuchaufzeichnungen und Gedichte aus der Zeit ihres zweiten Aufenthaltes in der Schule von Mrs. Wooler in Roe Head klingen so, als sei sie hochgradig gefährdet gewesen, in Tagträumen zu versinken. Sie scheint bisweilen vollständig geistesabwesend in Roe Head herumgesessen zu haben, in Tagträume von Angria tranceartig versunken, und wenn ein Schüler kam, wurde sie wütend: »Aber genau in dem Moment kam so ein Dötz daher mit einer Lektion. Ich dachte, ich würde mich übergeben.« Sie beschreibt, wie sie unter ihren Figuren bisweilen so konkret und hautnah wandelte, daß sie gar nicht mehr das Gefühl hatte, daß dies ihre Schöpfungen waren, sondern diese Geschöpfe waren so selbständig geworden, daß sie sich wie eine Voyeurin unter ihnen vorkam: *die* waren Realität, sie war nur Beobachterin. »Das Überwuchern und Übermächtigwerden der Phantasien stellt die Bedingungen für den Verfall in Neurose oder Psychose her« – die Feststellung Freuds ist mit Charlottes Zustand in jenen Jahren schlagend zu illustrieren. »Die Träume, die mich absorbieren, und die feurige Phantasie, die mich verzehrt und die Gesellschaft gräßlich dumm erscheinen läßt«, erzeugen ihr momentweise schier panische Angst; doch bisweilen notiert sie auch ganz fasziniert, was da mit ihr passiert, wenn sie hellwach in der Dunkelheit auf ihrem Bett liegt, die anderen Schülerinnen über sich sprechen hört, sich dabei nicht rühren kann und nur den Gestalten ihrer Phantasie nachstarrt, die sich wie ohne ihr Zutun vor ihren Augen bewegen: mit »krankhafter Lebhaftigkeit« stehen ihr die Angrianer vor Augen, und unter ihnen natürlich vor allem der Herzog von Zamorna, ihre Lieblingsfigur aus der Welt von Angria, der – wie sie in einem Gedicht von 1835 schreibt – »ein Seelenfürst mir war / und all mein Denken königlich beherrschte«:

»Nie werde ich, Charlotte Brontë, vergessen, welche Stimme wilder und klagender Musik so erregend an mein inneres – und mein körperliches – Ohr drang; noch auch, wie deutlich ich, im Klassenzimmer in Roe Head sitzend, den Herzog von Zamorna gegen jenen Obelisk lehnen sah, mit der stummen marmornen Victoria über ihm, Farn zu seinen Füßen wogend, sein schwarzes Pferd frei grasend unterm Heidekraut, das Mondlicht so milde und köstlich ruhig-schläfrig auf der weiten leeren Straße liegend, und der afrikanische Himmel zitternd und vibrierend von Sternen, über allem ausgebreitet. Ich war gänzlich hingerissen. Ich hatte wirklich vollständig vergessen, wo ich war und die ganze düstere Freudlosigkeit meiner Lage. Ich fühlte, wie ich rasch und kurz atmete, als ich den Herzog den Zobelhut lüften sah, der bebte wie die Feder eines Pfaus, die im Winde sich wiegt, und ich wußte, daß diese Musik ihn erregte und seinen immer raschen Herzschlag noch beschleunigte. – ›Miss Brontë, woran denken Sie denn?‹ sagte eine Stimme, die allen Zauber vertrieb, und Miss Lister schob ihren kleinen groben schwarzen Kopf mir vor's Gesicht! Sic transit usw.«

Und sie notiert auch, in jenen Tagebüchern aus Roe Head wie auch an einigen Stellen ihrer spätesten Erzählungen aus Angria, wo die Schwäche ihrer Schriftstellerei liegt, die ja keine pur handwerkliche, erzähltechnische oder stilistische war, sondern nicht zu trennen ist davon, daß sie sich eben zu leicht der gleitenden Flut von Bildern überläßt: »Ich würde ja gerne zu einer stetigeren Schreibweise übergehen, doch ich kann nicht; mein Geist ist wie ein Prisma voll von Farben, aber nicht von Formen. Tausend Farbnuancen sind da, funkelnd und verschieden, und wenn sie sich in den Farbton einer Blume oder eines Vogels oder eines Edelsteins verwandeln und auflösen würden, dann könnte ich ein Bild vor dich hinstellen. Ich fühle, daß ich es könnte. Doch um mich ist ein Panorama, dessen Szenen sich verschieben, bevor ich ihre Umrisse überhaupt fixieren kann.«

Zugleich muß der Entschluß zu einem neuen, ›erwachsenen‹ künstlerischen Programm auch eine moralische, eine ethische Seite gehabt haben; in der Vorrede zu ihrem ersten nach-angrianischen Roman »The Professor« schreibt sie: »Ich sagte mir, daß mein Held mit Arbeit seinen Weg durch's Leben machen sollte, wie ich wirkliche Menschen ihren Weg habe gehen sehen… daß, was immer er erwürbe, er im Schweiße seines Angesichts erwerben solle… Als Adams Sohn sollte er Adams Schicksal teilen und sein Leben hindurch eine gemischte und bescheidene Schale von Freuden leeren.« Sie beschloß, auch bescheidenere Lebensläufe als die von angrianischen Grafen und adeligen Mätressen bedeutend, auch Reife nicht langweilig, auch einfachere Leute wie sie selbst beschreibenswert zu finden. Sie legte ihre Autoren-Ichs ab, hieß nicht mehr Hauptmann Tree, Lord Charles Albert Florian oder Lord Arthur Augustus Adrian Wellesley, nicht mehr Charles Townshend und nicht mehr Hauptmann Henry Hastings, sondern wollte sie selbst sein, wollte Nüchternheit aushalten und nicht mehr alles, was in Politik und Literatur ihrer Zeit gut und teuer, geheimnisvoll und exotisch, wohlklingend und romantisch war, hemmungslos plündern. Die frühen vierziger Jahre verbrachte sie mit Schreibversuchen, von denen nichts erhalten ist, weil nichts ihrer Kritik standhielt. Wahrscheinlich vom Ende des Jahres 1839 stammt das Prosastück, das traditionell von Herausgebern mit »Lebewohl an Angria« überschrieben wird und in dem Charlotte davon spricht, daß sie sich in ihrem Schreiben nun »kühleren Regionen« zuwenden will, in denen »die Morgendämmerung grau und nüchtern heraufkommt«. Grau – das ist die unangrianischste Farbe, die sich denken läßt.

Wie schwer es ihr gefallen sein muß, ohne den Trost ihrer afrikanischen Spiele zu leben, ohne Kompensierung ihres Gouvernantenlebens durch das Ausmalen eines Landstrichs voller Wärme, über den sie jederzeit eine von ihr selbst komponierte Nationalhymne ertönen lassen konnte, kann man ermessen, wenn man die Eintragung liest, die sie an einem Morgen in Brüssel, am 14. Oktober 1843 nach der ersten Unterrichtsstunde des Tages an Monsieur Hegers Schule, auf die hintere innere Umschlagseite von Russells »Allgemeinem Atlas der Modernen Geographie« machte: »Mir ist sehr kalt – es brennt kein Feuer – ich wünschte, ich wäre daheim mit Papa – Branwell – Emily, Anne und Tabby – Ich bin's müde, unter Fremden zu sein – es ist ein trübseliges Leben – vor allem, weil es nur eine Person in diesem Haus gibt, die liebenswert ist – und noch eine, die eine rosige Zuckerpflaume scheint, aber ich weiß, daß sie gefärbte Kreide ist.«

»Er war damals viel mit einem gleichaltrigen Knaben beisammen, der ihm eines Tages vorschlug, sie sollten sich miteinander auf den Weg nach Indien machen«, heißt es in einem der Fall-Berichte, die Hanns Sachs in seinem Buch über »Gemeinsame Tagträume« gibt. Alle Brontë-Kinder am Anfang und dann Charlotte und Branwell machten sich miteinander auf den Weg nach Afrika. Was wir von ihren imaginierten Reiseberichten und den erfundenen Dokumenten ihrer Herrschaft noch haben, ist aufregendstes Material für eine Studie zur Psychologie literarischen Schöpfertums; insbesondere die Aufzeichnungen Charlottes in Roe Head lassen das Aufsteigen literarischer Tagträume so plastisch vor uns erstehen wie kaum ein anderes Dokument von der Arbeit eines Schriftstellers. Aber jene rund hundert Büchlein mit den Phantasien um Glass Town und Angria von Branwell und vor allem von Charlotte sind mehr als nur Stoff für eine atemberaubende Fall-Studie, so sehr die auch zu wünschen ist, wenn es endlich einmal eine vollständige Ausgabe der »Roe Head Journals« gibt. Die »gläsern-glühenden Groß-Reiche«, wie Arno Schmidt sie ehrerbietig apostrophierte, und die Fülle ihrer Personen wirken vielmehr deshalb so unvergleichlich, weil sie schon ganz Literatur sind und zugleich doch nur die Vorstufe dazu, verantwortungsloses literarisches Zuckerzeug und Luftschlösser aus Sprache, deren Kindlichkeit unseres Verzeihens sicher ist, und zugleich sind sie schon ganz ernst zu nehmen, so ernst wie alles, was von innen angestrahlt ist von den ungebrochen und unbedingt leuchtenden Wünschen unserer Kindheit.

*Jörg Drews*